Jacek Debicki
professeur d'Histoire de l'Art
à l'Université de Cracovie (Pologne)

Jean-François Favre
professeur agrégé d'Arts Plastiques
au Lycée Bellevue à Saintes (France)

Dietrich Grünewald
professeur d'Histoire de l'Art
à l'Université de Coblence-Landau (Allemagne)

Antonio Filipe Pimentel
professeur d'Histoire de l'Art
à l'Université de Coïmbra (Portugal)

Histoire

peinture

de

sculpture

L'Art

architecture

HACHETTE
Éducation

Tous ceux qui ont contribué
à la réalisation de ce livre
et la direction de Hachette Éducation,
dédient cette *Histoire de l'Art*
à Jacques Montaville
qui en fut l'initiateur
et y participa avec beaucoup
d'enthousiasme
et de plaisir.

Ont collaboré à l'ouvrage :

Création maquette : Noemi Adda.
Préparation et mise en pages : Denise Gaillard.
Couverture : Philippe Gentil.
Traducteurs : Bernadette Deschamps (Allemand) ;
Pierre Léglise Costa, Michelle Waymel (Portugais) ;
Richard Korn (Polonais).

Couverture : – **Jacques Stella** (1596-1657), *La Sainte Famille avec ronde d'anges*. Coll. particulière. Cliché Galerie Emmanuel Moatti.
– **Auguste Rodin** (1840-1917), *Le Baiser*, marbre. Musée Rodin, Paris. N° d'inventaire S. 1002.
Photo René Jacques, 1941 (détail). © Ministère de la Culture, France.

Avant-propos

L'originalité de cette *Histoire de l'Art* est d'avoir été écrite par quatre professeurs européens de pays différents : Allemagne, Pologne, Portugal et France. Elle a pris forme lors de nombreuses rencontres au cours desquelles les auteurs ont échangé leurs visions sur l'histoire de l'art, ce qui a permis une approche renouvelée des faits artistiques.

Cet ouvrage étudie l'Art de l'Europe occidentale, depuis les origines jusqu'à l'art contemporain. Il s'adresse aux étudiants et à tous ceux qui ressentent la nécessité de découvrir le monde de l'art. Il s'efforce d'employer un vocabulaire simple mais précis. Il apporte ordre et clarté dans l'abondance des noms propres, des dates et des styles, et prépare ainsi le lecteur à la consultation d'ouvrages plus spécialisés. Les textes s'appuient sur de nombreuses reproductions d'œuvres d'art, parfois très célèbres, parfois moins connues mais choisies pour leur qualité et leur représentativité.

La présentation est chronologique et l'approche synthétique. Cette méthode permet d'éclairer la compréhension et de développer le jugement face à la diversité des faits artistiques. Une même organisation dans la structure des chapitres oriente la lecture avec précision :

– **Une reproduction grand format**, ouvre sur l'introduction qui dégage les problématiques du chapitre étudié.

– Une rubrique « **contexte** » met en lumière les faits historiques, sociologiques et culturels qui, par leur influence, permettent de comprendre le mouvement artistique étudié.

– Une rubrique « **caractéristiques et diffusion** » décrit et analyse le mouvement ou la période selon une vision synthétique. Elle définit et facilite l'identification d'un style, elle en montre l'unité, et expose chronologiquement et géographiquement l'évolution d'un mouvement. Elle développe les relations exercées d'un pays à l'autre.

– Une **analyse d'une ou plusieurs œuvres** significatives conclut chaque chapitre. Elle comprend la description de l'œuvre, l'étude de ses innovations techniques et de ses apports artistiques.

Les œuvres d'art ne doivent pas apparaître comme des objets culturels isolés, destinés à enrichir les musées. Elles existent en rapport avec les sociétés qui les ont engendrées. C'est pourquoi cette *Histoire de l'Art* s'efforce de les mettre en relation avec leur contexte. Cependant, les œuvres d'art s'avèrent trop complexes pour qu'on leur applique uniquement les procédés rigoureux de l'analyse scientifique. L'artiste traduit et imite, mais aussi il crée : de là l'intérêt multiple de son œuvre, et, si nos analyses nous aident à la mieux saisir, elles ne doivent point se flatter d'en décomposer toutes les données.

L'Éditeur

Le signe * correspond à une œuvre reproduite dans l'ouvrage.
Le signe • renvoie à un mot défini dans le glossaire.

N.B. : On pourra utilement consulter le glossaire et l'index des auteurs qui se trouvent en fin d'ouvrage.

Sommaire

Peintures rupestres de la grotte de Lascaux.
Paroi gauche de la grande salle des Taureaux.
© Colorphoto Hinz Allschwil, Bâle.

Introduction

La naissance de l'art

Une histoire de l'art : non pas trajet linéaire, mais déploiement toujours vivifié par des apports extérieurs, où les mélanges et les connexions géographiques et temporelles déplacent inlassablement les formes et les fonctions de l'art.

Toute œuvre, dit le sculpteur Robert Smithson, se charge de la course du temps, plongeant aussi bien dans la Préhistoire que dans les plus lointains futurs. En art, la durée importe plus que l'originalité, valeur contingente et fugitive, condamnée à un éternel dépassement. C'est pourquoi Delacroix voulait être « un pur classique ».

Cette capacité à durer constitue un critère de l'art. De là son mystère : l'étonnement de constater que l'art grec nous émeuve après des siècles, que les peintures rupestres• à leur découverte et de nos jours encore, nous apparaissent comme une naissance de l'art.

L'éblouissement d'un commencement, tel se manifeste toujours l'art. À Lascaux, ce qui nous touche c'est l'apparition d'une pensée créatrice comme une vie qui s'éveille sous nos yeux. En effet, la règle qui sous-tend cet art provient moins de codes préalables que d'une invention issue de la nature, entendue comme croissance vitale.

Parallèlement à sa fonction rituelle et magique, plus prégnante dans les époques anciennes, la fonction ludique, c'est-à-dire le jeu avec les codes, constitue une condition essentielle de l'émergence de l'art. Par l'art, depuis toujours, l'être humain défie la mort.

« Vénus de Willendorf ».
Musée d'histoire naturelle de Vienne.
© E. Lessing/Magnum.

Les premières formes d'expression

Empreinte de main en négatif. Grotte de Castillo (Espagne), autour de 40 000 ans avant J.-C.
© Photo Jean Vertut.

Dessin d'un mammouth, autour de 20 000 ans avant J.-C. Grotte de Pech-Merle (Lot).
© Tetrel/Explorer.

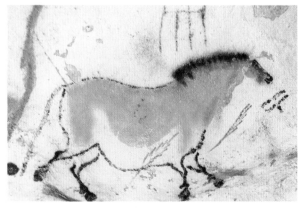

Peinture d'un cheval et de signes abstraits, autour de 15 000 ans avant J.-C. Grotte de Lascaux (Dordogne).
© Photo Jean Vertut.

Des traces de doigts imprimées dans la terre glaise molle, ainsi que des marques de mains peintes au pochoir, comme dans la *grotte de Castillo* (Espagne)*, il y a 40 000 ans, montrent combien l'homme tient à laisser son empreinte, à porter sa marque sur le monde qui l'entoure. On trouve ainsi, dès les origines, les deux motivations essentielles de l'artiste : se projeter sur le monde en y inscrivant sa marque et s'annexer le monde en le faisant sien.

L'art, marque d'un pouvoir magique

La représentation de la femme, envisagée comme le symbole de la fécondité, montre que l'homme primitif à créer des images à fonction magique. Les statuettes appelées « Vénus » accentuent fortement les éléments sexuels liés à la fécondité : large bassin, poitrine et ventre très développés. Il faut remarquer que des figurines très semblables apparaissent à travers l'Europe entière, il y a 25 000 ans. À la *Vénus de Willendorf** (p. 7) en Autriche répondent celles de *Lespugue* en France, de *Grimaldi* en Italie ou de *Gagarino* en Ukraine.

L'art à la conquête de la ressemblance

L'« artiste-sorcier », poussé peut-être par le désir d'obtenir un pouvoir sur les proies convoitées par les chasseurs, ou animé par des intentions mythiques ou religieuses, trace, à l'aide d'un morceau de charbon de bois, des silhouettes d'animaux vers – 20 000, comme dans la *grotte de Pech-Merle**.

On constate, vers – 15 000 l'apparition d'un matériel plus élaboré : des pinceaux faits d'une touffe de plumes ou de poils ; un tube en os creux qui sert à souffler de la poudre colorée ; la découpe de caches de cuir utilisés avec la technique du pochoir, permettent d'obtenir des dégradés qui suggèrent la superposition des plans et le rendu du modelé.

L'artiste préhistorique fixe les animaux dans une représentation qu'il souhaite la plus complète possible. Il dessine l'animal de profil, pour pouvoir représenter les quatre pattes, et place de face les sabots et les cornes. Cette perspective pluriangulaire correspond au tracé le plus explicite.

À côté d'un style « réaliste », on trouve une manière plus schématisée, une première utilisation du signe. Ainsi, autour des animaux peints dans la *grotte de Lascaux**, on trouve des formes abs-

Cercle mégalithique. Fin du IIIᵉ millénaire avant J.-C., à Stonehenge (Angleterre).
© Dagli Orti.

traites : suite de points, ensemble de traits parallèles ou se recoupant à angle droit, dont le sens nous échappe.

La découverte en 1995 de la *grotte Chauvet* (France) semble remettre en question la date d'apparition des peintures d'animaux qui remonteraient à 30 000 ans avant J.-C.

Apparition de la sculpture

Un os, un simple caillou ou les aspérités d'un rocher suggèrent une forme animale à un artiste, et, en accentuant cette ressemblance accidentelle par l'adjonction de quelques traits gravés, l'homme crée les premières sculptures. On rencontre ainsi tout le jeu des modes d'expression qui s'étend de la gravure fine au bas-relief.

Ébauche de l'architecture

À la fin de l'âge néolithique, au IIIᵉ millénaire av. J.-C., un art nouveau fait son apparition en Europe : l'architecture. Le dolmen, le premier ensemble construit, se compose de deux énormes pierres plantées verticalement sur lesquelles repose horizontalement une troisième dalle. Ces grosses pierres, appelées « mégalithes »*, annoncent déjà par leur mode d'assemblage le système du linteau. En juxtaposant des dolmens, l'homme crée des allées couvertes qui forment de véritables salles. Il dresse parfois sur le sol d'énormes pierres oblongues : les menhirs.

Il faut remarquer qu'au IIᵉ millénaire av. J.-C., l'Europe de l'Ouest est encore à l'époque mégalithique, alors que d'autres civilisations du Moyen-Orient ont déjà atteint un stade de développement très important.

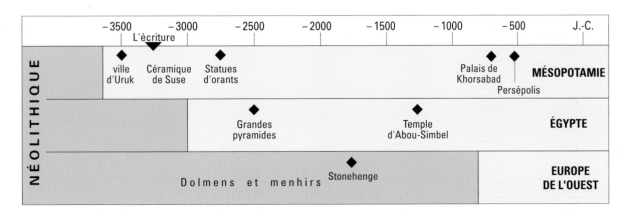

Première partie

Les arts de l'Antiquité

L'art de la Mésopotamie et de l'Égypte
L'art grec
L'art romain

On nomme « Antiquité » la période qui s'étend de la fin de l'âge néolithique au début du Moyen Âge. Le mot « antiquités » désigne également les productions anciennes, et ceci depuis la Renaissance italienne, en opposition avec les créations « modernes ».

L'Antiquité porte essentiellement sur la partie des temps historiques qui commencent avec l'apparition de l'écriture vers le IVe millénaire avant J.-C. Elle se prolonge jusqu'à la chute de l'Empire romain en 476 avec la déposition du dernier empereur. Malgré cette date symbolique, la limite entre l'Antiquité et le Moyen Âge reste floue. Il y a une lente évolution marquée par la christianisation de l'Empire romain et sa division en deux parties, tandis que se produisent les grandes invasions germaniques.

L'Antiquité concerne une vaste région du monde, principalement organisée autour de la Méditerranée qui offre une voie de communication naturelle. On distingue l'Antiquité orientale avec principalement les Égyptiens, les Mésopotamiens et les Perses, et l'Antiquité classique avec les Grecs, les Étrusques et les Romains.

La naissance et le développement des cités entraînent la création d'un art monumental qui s'enrichit de plus en plus avec la constitution des États, puis des empires.

Le développement des cités ne se produit pas au même moment autour du bassin Méditerranéen. Un puissant courant de civilisation vient d'Orient puis essaime vers l'Occident, créant une filiation entre ces grandes civilisations. De ce fait, en Europe, se superposent des périodes différentes.

Ce chapitre, à travers 4 000 ans d'histoire, nous montrera l'évolution de l'architecture, de la construction colossale mésopotamo-égyptienne, à l'élégance de la colonnade grecque. Rome reprendra cet héritage dans une proposition organisée autour de la grandeur et de la démesure. Parallèlement, l'art de la représentation – peinture et sculpture – connaîtra les mêmes évolutions. L'artiste inventera des formes de plus en plus souples et vivantes, allant peu à peu de la surface plane à un monde complexe en trois dimensions. Ainsi, l'étude de l'Antiquité révèle, à une petite échelle, l'antagonisme toujours renaissant entre la civilisation de l'Orient et celle de l'Occident. La confrontation se révèle parfois brutale, mais l'Occident ne cesse jamais d'en subir les influences bénéfiques.

Site de Saqqarah, Égypte.
Ce vaste ensemble de 15 hectares rassemble tous les bâtiments
et les cours destinés à la célébration des fêtes rituelles que le roi
est censé accomplir dans son éternité.
Bordant le côté ouest de la cour de la fête-Sed,*
les massifs pleins des temples représentent les divisions de
l'Égypte. En arrière-plan la pyramide* de Djéser s'élève
en six gradins à une hauteur de 60 m. Elle reproduit l'image
d'un grand escalier qui évoque la butte primordiale d'où le soleil
s'est levé au premier matin.
© Erich Lessing/Magnum.

À la fin du paléolithique, entre – 10 000 et – 5 000 ans, l'homme chasseur et nomade entre dans la période de l'âge agraire. Le cultivateur, d'abord semi-nomade, se fixe peu à peu sur une terre déterminée. Alors, naît le village, bientôt la ville, c'est-à-dire la cité-État puis l'empire. Ces ensembles constitués sont dirigés par des chefs, rois-prêtres, et nécessitent une organisation du partage des sols cultivables.

Alors, comme le fait le géomètre dans les champs, l'artiste, qui travaille sur des parois planes, délimite la surface de l'image par un encadrement, divise le plan par des bandes horizontales ou verticales, et affirme un axe de symétrie.

Les conditions géographiques semblables qui ont fait apparaître les empires de Mésopotamie et d'Égypte ont créé entre eux une analogie remarquable pendant plus de 25 siècles. Dans ces deux empires, les constructions de plus en plus grandioses, aux dimensions gigantesques, traduisent une volonté de puissance. Le besoin de construire pour l'éternité entraîne une recherche d'effets de masses, une simplicité des lignes, une prédominance de l'horizontale sur la verticale. L'obsession de la majesté oriente l'art égyptien et mésopotamien, mais, alors que le premier est essentiellement religieux, attaché au culte des dieux et des morts, le second est surtout civil, tourné vers la gloire du souverain.

La sculpture, en particulier les bas-reliefs, connaît un développement considérable. Les compositions, souvent conventionnelles, s'intègrent parfaitement aux monuments. Le sculpteur et le peintre ne travaillent plus pour un petit groupe d'hommes, la tribu. Il doit, au milieu de la cité, satisfaire les besoins et les désirs des dirigeants. Ainsi, les artistes ont l'obligation de reproduire les mêmes scènes selon quelques modèles immuables. Dans ces conditions de travail, l'artiste reste un créateur anonyme.

Art sumérien. Statue en albâtre d'Itur-Shamagan, roi de Mari. Attitude de « l'orant ». IIIe millénaire. Musée national de Damas, Syrie. © Dagli Orti.

Chapitre

1

L'art de la Mésopotamie et de l'Égypte

L'urbanisation et la naissance des empires

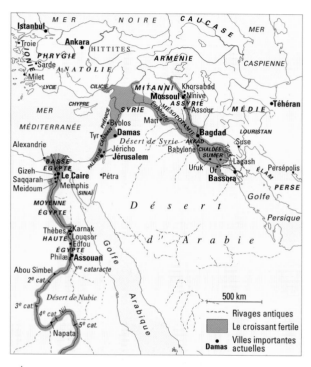

L'Égypte et la Mésopotamie : **Le Croissant fertile**.

E ntre 10 000 et 8 000 avant J.-C., des agriculteurs occupent déjà le Proche-Orient. Des maisons rondes, au plan sommaire, forment de petits villages. Les archéologues ont découvert dans les ruines de la ville de Jéricho* des restes de constructions plus élaborées, datant de 8 000 avant J.-C., sous la forme de tours avec des escaliers intérieurs.

Simultanément, d'autres peuplades se fixent dans la vallée du Nil. La sécheresse de ces régions oblige les habitants à se regrouper auprès des fleuves et à irriguer les vallées : celle du Nil pour les Égyptiens, celles du Tigre et de l'Euphrate pour les Mésopotamiens. Ces deux régions se situent aux extrémités d'une zone appelée « le Croissant fertile ».*

Grâce à une organisation rigoureuse, ces régions deviennent le centre de brillantes civilisations urbaines. L'absence de matières premières, en dehors de l'argile et du roseau, oblige les agglomérations de Mésopotamie à développer le commerce avec les pays environnants. Très tôt, une organisation sociale se met en place.

L'histoire de la Mésopotamie ne se conçoit pas d'une manière linéaire. À partir de 3 000 avant J.-C., plusieurs cités-États émergent et dominent une plus ou moins grande région. Elles donnent naissance parfois à des empires très importants. À l'opposé, l'Égypte forme très tôt un vaste ensemble lorsque les princes du Sud conquièrent les pays du Nord. Ces princes prennent le titre de « pharaons », véritables dieux de leur vivant et après leur mort. Malgré des luttes d'influences, le pays restera unifié pendant une longue période d'environ 2500 ans, entre la Ire dynastie vers – 3000 et la XXVe dynastie de la basse époque vers – 600.

En Mésopotamie, le « pays entre les fleuves », les Sumériens établissent un empire. Ils fondent la ville d'Uruk (vers – 3700, – 3300). De nouveaux foyers de civilisation se développent dans la région de Sumer, à Lagash où règne Goudéa*, et à Ur.

L'arrivée de populations d'origines et de cultures différentes engendre la formation de nouveaux empires plus ou moins stables. Les prêtres y détiennent une grande puissance. Ils déchiffrent la volonté des dieux en analysant le cours des astres, ce qui favorise le développement de l'astronomie et des mathématiques dont Sumer est le berceau. L'hégémonie des Sumériens s'interrompt au profit des Akkadiens entre – 2345 et – 2150, des Babyloniens entre – 1894 et – 1595, puis des Assyriens à partir de – 900. Enfin, les Perses fondent un immense empire qui, de la Méditerranée à l'Indus, englobe toute la Mésopotamie.

Vue d'une tour et des fortifications des murs de Jéricho. VIIIe millénaire. Jordanie.
© E. Lessing/Magnum.

Contacts entre l'Égypte et la Mésopotamie

Les deux civilisations, mésopotamienne et égyptienne, ont atteint le même degré de développement. L'administration devient importante et favorise rapidement l'usage de l'écriture. Les souverains seuls disposent des ressources du pays et des moyens pour les utiliser. Des savants et des scribes conçoivent alors des projets grandioses. La question du transport des matériaux se résout facilement par la navigation sur les canaux. L'utilisation systématique des esclaves, main-d'œuvre illimitée, bon marché, et renouvelable lors des guerres, permet de réaliser des constructions gigantesques.

À mesure que l'on avance dans l'histoire, les contacts, belliqueux ou pacifiques, se multiplient et les liens entre les pays se font de plus en plus étroits. Pendant le Nouvel Empire, le pharaon Thoutmosis III lance une expédition jusqu'à l'Euphrate. Il installe des gouverneurs égyptiens qui contrôlent les places fortes. La vie à l'égyptienne, avec son goût pour le luxe, devient un modèle pour les aristocrates locaux. Plus tard, l'Égypte subit l'occupation assyrienne avec la destruction de Memphis et de Thèbes (660 avant J.-C.).

Au milieu du IVe siècle, le conquérant Alexandre le Grand brise la puissance militaire perse, puis entre en Égypte et fonde la ville d'Alexandrie en – 332 avant J.-C. La culture grecque pénètre peu à peu en Égypte. Alexandrie connaît un développement considérable pendant cette période que l'on nomme « hellénistique ».

Statue en diorite de Goudéa,
prince de Lagash, vers 2150 avant J.-C.
Musée du Louvre, Paris.
© Dagli Orti.

Tombe de Toutankhamon, XVIIIe dynastie. Coffret de la chasse, détail du roi massacrant les Asiatiques. Musée égyptien, Le Caire.
© Dagli Orti.

Un art pour l'éternité

Thèbes. La Vallée des Nobles.
Nécropole de Cheik el-Gournah. Tombe de Ramose vers 1370 av. J.-C.
Vue de la paroi des funérailles, détail des pleureuses situées
en tête du cortège.
© Dagli Orti.

L'art égyptien présente pendant plus de trois millénaires des constantes remarquables : toute création a un but religieux centré sur le culte des morts. De son coté, l'art mésopotamien s'intéresse avant tout à la gloire terrestre du monarque, ainsi que le montre la série de statues de Goudéa, gouverneur de Lagash (IIIᵉ millénaire avant J.-C.).

Tant en Égypte qu'en Mésopotamie, les édifices s'imposent par des proportions gigantesques qui dénotent une volonté de construire pour l'éternité. Une structure architecturale identique se retrouve en **Égypte avec la pyramide**, et en **Mésopotamie avec la ziggourat·**. Parmi les plus vieilles pyramides, celle de Djéser à Saqqarah présente des degrés semblables à ceux des ziggourats. La pyramide assure à la momie du pharaon une vie éternelle après la mort. Conçue comme un tombeau inviolable, elle semble indestructible. En revanche, la ziggourat ne contient rien ; elle sert de support grandiose à un autel situé à son sommet.

En Égypte, l'architecture, essentiellement religieuse, concerne deux grands types de monuments : les tombeaux et les temples. La brique crue constitue le premier matériau utilisé pour leur construction. Vers 2660 avant J.-C., l'architecte **Imhotep** utilise pour la première fois la pierre pour la construction de l'ensemble funéraire du roi Djéser à Saqqarah. Il demeure de ce fait comme « l'inventeur » de l'architecture de pierre. Les constructions sont réalisées sans mortier, avec de gros blocs posés les uns sur les autres.

Les tombeaux égyptiens : mastabas· et pyramides·

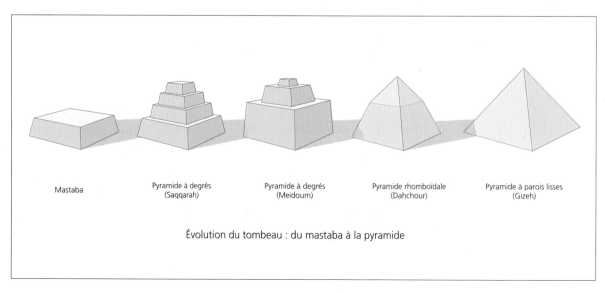

Mastaba

Pyramide à degrés
(Saqqarah)

Pyramide à degrés
(Meidoum)

Pyramide rhomboïdale
(Dahchour)

Pyramide à parois lisses
(Gizeh)

Évolution du tombeau : du mastaba à la pyramide

Les Égyptiens veulent préserver leur corps de la destruction après la mort, d'où l'embaumement et la reproduction sculptée de l'image du défunt qui sert de réceptacle à son âme. On place la momie et la statue incarnant le mort dans un mastaba, monument de forme trapézoïdale, élevé au-dessus d'une chambre mortuaire et relié à celle-ci par un puits comblé après les funérailles. Au mastaba, succède la pyramide à degrés comme celle du roi Snéfrou. Par la suite, à partir de la IVᵉ dynastie (– 2575, – 2465 avant J.-C.) apparaît la pyramide à parois lisses. Les plus importantes sont celles des rois Chéops (147 m de haut), Khéphren et Mykérinos, situées à Gizeh à côté du Caire.

Il existe aussi des hypogées, tombeaux souterrains creusés dans les falaises, comme ceux de la vallée des Rois, à l'ouest de Thèbes, au Moyen Empire. Sur les murs des tombeaux, les peintres et les sculpteurs des ateliers royaux, étroitement associés à l'activité religieuse des prêtres, matérialisent la grandeur divine du pharaon et lui assurent sa propre éternité. Une convention invariable, permettant la vie après la mort, impose aux personnages peints* ou sculptés une frontalité absolue et une immuabilité hiératique*. Sur les bas-reliefs et les peintures, les artistes reproduisent des portraits idéalisés dans une attitude sereine et digne. Les personnages sont dessinés sous différents angles de vue : d'une part le bassin et la tête de profil, et d'autre part l'œil et les épaules de face. Seule la peinture dans les tombes du Nouvel Empire manifeste un certain naturalisme spontané.

En 332 avant J.-C., la conquête de l'Égypte par Alexandre le Macédonien implante la culture grecque sur le sol égyptien. Apparaît alors un renouveau des arts sous les Ptolémée, derniers pharaons égyptiens entre le IVᵉ et le Iᵉʳ siècle avant J.-C.

Égypte. Le Caire.
La triade : Mykérinos, Hathor et une déesse
portant l'emblème de la province de Diospolis.
Schiste provenant de Gizeh. Ancien Empire - IVᵉ dynastie.
Musée égyptien du Caire.
© Dagli Orti.

Les temples égyptiens

L'autre grand type de monument, le temple divin, atteint son point de perfection sous le Nouvel Empire (voir analyse d'œuvre). Il abrite dans le Saint des Saints la statue où le dieu vient s'incarner, comme à Karnak et à Louqsor*. Ces temples ont un aspect imposant. La salle hypostyle• du temple d'Amon-Rê à Karnak mesure 103 m par 52 m ; 234 colonnes soutiennent le plafond à 23 m de haut. L'enceinte sacrée qui entoure ces temples comprend, outre la maison du dieu, tous les bâtiments annexes liés au culte et à l'entretien du clergé. Les temples les plus importants ont souvent perdu leur unité première à la suite d'adjonctions, par chaque pharaon, de nouvelles salles hypostyles, de cours et de pylônes•. Certains d'entre eux sont creusés dans la montagne. La façade se compose d'un pylône taillé dans le roc et de statues colossales disposées de part et d'autre de l'entrée comme à Abou-Simbel. Le temple funéraire, construit à proximité des tom-

Égypte. Temple d'Amon à Louqsor.
Salle hypostyle avec colonnes lotiformes
vue de la cour péristyle d'Aménophis III.
© Dagli Orti.

Temple funéraire de la reine Hatchepsout à Deir el-Bahari
(XVIIIe dynastie).
Les longs portiques, coupés en leur centre par de monumentales rampes d'accès, et les trois terrasses successives dialoguent avec la haute falaise. L'ensemble constitue un bel exemple d'intégration de l'architecture dans un site naturel.
© David Austen/Fotogram-Stone.

Apadana du palais de Persépolis.
À Persépolis, l'utilisation de la pierre est plus importante que partout ailleurs pour la construction de la structure du palais : colonnes, encadrement des portes et des fenêtres, escaliers d'accès.
© Duclos-Gaillarde/Gamma.

beaux comme ceux de Saqqarah et de Gizeh, sert au culte des souverains divinisés. Un des plus remarquables est le temple de la reine Hatchepsout à Deir el-Bahari*. Les techniques de construction, les proportions, la netteté des volumes restent des éléments très stables pendant la longue histoire de l'Égypte. Cette permanence dénote une conception d'un temps cyclique, non porteur de changements, car répétitif.

Le développement des villes mésopotamiennes : monuments et sculptures

En Mésopotamie, les nombreux bâtiments réalisés en brique de terre crue ou en pisé, mélange d'argile et de paille hachée, ne se présentent plus aujourd'hui que sous forme de traces. Ils sont toujours disposés de façon ordonnée les uns par rapport aux autres. Ainsi, l'ensemble d'Uruk montre un plan préconçu. La ville existe en tant que telle. Elle n'est plus une accumulation d'habitations. À partir du IIIe millénaire, les architectes conçoivent un nouveau type de bâtiment : le palais. Dans cet édifice, qui peut être construit de façons différentes, on distingue toujours la salle du trône, placée entre deux cours entourées par des ensembles qui ont un usage précis. Les bureaux et ateliers se répartissent autour de la première cour, les appartements privés autour de la seconde cour.

Les Perses édifient des palais grandioses sur des terrasses artificielles. Au centre, « l'apadana »*•, ou grande salle du trône, reste très impressionnante par sa forêt de colonnes. Des bas-reliefs représentent des longues files processionnelles de soldats. Ces sculptures stylisées décorent les façades avec un rythme répétitif.

En Mésopotamie, la sculpture sumérienne montre une raideur statique. Un sentiment d'oppression, de peur, émane des nombreuses statues de dieux et de déesses, de rois et de dignitaires et parfois de gens du peuple. « L'orant » demeure le type sculptural le plus caractéristique. Cet homme en prière joint les mains sur sa poitrine dans une attitude fixe. Ses deux yeux, démesurément agrandis, cernés par un trait de bitume noir, paraissent regarder au-delà de l'horizon. Les statues forment parfois des groupes où l'on ne peut distinguer les dieux des mortels, le roi de son sujet. Chez les Babyloniens, dans les palais de Mari, la peinture décrit des scènes très réalistes comme celle de l'habillage du roi. Les Assyriens utilisent la sculpture pour embellir leurs palais. Des bas-reliefs glorifiant le monarque accompagnent d'immenses taureaux ailés à cinq pattes et à face humaine. Les effigies du roi abondent avec leurs longues barbes rectangulaires, frisées avec régularité et leurs robes finement travaillées. Les scènes montrent la vie à la Cour (réception et hommage des sujets), à la chasse ou la guerre, avec une vérité impressionnante, comme on le voit sur les bas-reliefs des palais de Sargon II à Khorsabad*.

Mésopotamie. Khorsabad. Palais de Sargon II.
Deux prêtres tenant un bouquetin et des capsules de pavot.
Musée du Louvre, Paris. © Photo RMN

Chronologies comparées

	MÉSOPOTAMIE Périodes d'hégémonie des empires	ÉGYPTE Évolution de l'Empire	Architecture - Productions artistiques
−3500	**Civilisation présumérienne**	**Période prédynastique**	● Premières agglomérations urbaines ● Fondation d'Uruk -Poteries ● Céramiques de Suse
−3000		**Époque thinite** Ire et IIe dynastie vers −3100 −2660	● Temple Blanc d'Uruk ● Grandes tombes en brique crue Saqqarah ● Restes d'Ur - Sceaux - Statues d'orants
−2500	**Hégémonie de SUMER** −2800 −2350 **Gilgamesh** vers −2675 **EMPIRE D'AKKAD** −2345 −2150 **Sargon** jusqu'en −2314	**ANCIEN EMPIRE** −2660 −2180 IIIe dynastie Djéser IVe dynastie Chéops	● Pyramide de Saqqarah ● Pyramides de Gizeh ● Premières ziggourats ● Lagash - Ur - Uruk
−2000	**SUMER** Nouvelle hégémonie −2150−2016 **Goudéa** −2144 −2124 **1er EMPIRE BABYLONIEN** −1894 −1595 **Hammourabi** −1792 −1750	**MOYEN EMPIRE** −2040 −1780 XIe dynastie les Montouhotep XIIe dynastie les Sésostris et les Amménémès	● Statues de Goudéa Restes de palais immenses ● Nombreux temples à Thèbes ● Suse - Mari
−1500		**NOUVEL EMPIRE** −1552 −1070 XVIIIe dynastie Thoutmôsis III −1458 −1425 Amenophis III −1390 −1352 Toutankhamon −1336 −1327 XIXe dynastie Ramsès II −1279 −1212	● Grand temple de Karnak (vers −1500) ● Temple de Deir el-Bahari (vers −1460) ● Temple de Louqsor (vers −1380) ● Temples d'Abou-Simbel (vers −1230)
−1000			
−500	**NOUVEL EMPIRE ASSYRIEN** −900 −612 **Sargon II** −721 −705 **Assurbanipal** −668 −626 **NOUVEL EMPIRE BABYLONIEN** −612 −539 **EMPIRE PERSE** −539 −331	**Périodes tardives Basse époque** XXVIe dynastie	● Assour - Ninive ● Palais fortifié de Khorsabad (−713 −707) ● Restes de Babylone ● Suse - Persépolis −447 **GRÈCE** Parthénon ● Alexandrie (−331)
J.-C.			

Le temple d'Horus à Edfou

(IIIᵉ et IIᵉ siècles avant J.-C.)

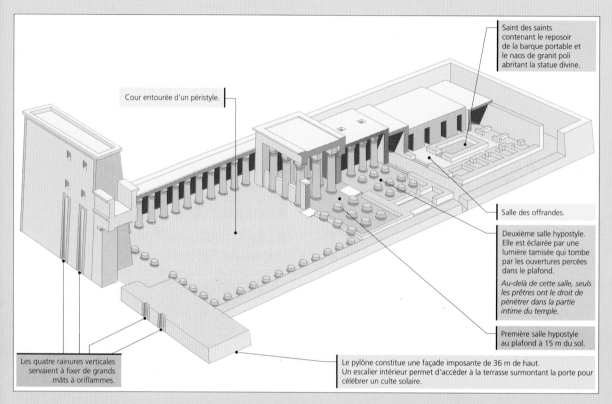

Saint des saints contenant le reposoir de la barque portable et le naos de granit poli abritant la statue divine.

Cour entourée d'un péristyle.

Salle des offrandes.

Deuxième salle hypostyle. Elle est éclairée par une lumière tamisée qui tombe par les ouvertures percées dans le plafond.
Au-delà de cette salle, seuls les prêtres ont le droit de pénétrer dans la partie intime du temple.

Première salle hypostyle au plafond à 15 m du sol.

Les quatre rainures verticales servaient à fixer de grands mâts à oriflammes.

Le pylône constitue une façade imposante de 36 m de haut. Un escalier intérieur permet d'accéder à la terrasse surmontant la porte pour célébrer un culte solaire.

Schéma du temple d'Horus.

Pylônes d'entrée du temple d'Horus.
© Hervé Champollion. Agence Top.

Les symboles cosmiques et la progression initiatique vers le monde divin

La disposition du temple égyptien donne une image exacte de la conception du monde en un ordre parfait.

– L'enceinte, mur en brique crue, évoque par ses ondulations l'état liquide du monde avant la création.

– Le niveau plus élevé du temple, construit en pierre, représente le monde solide surgissant des eaux.

– Les pylônes (entrée) symbolisent Isis et Nephthys « les deux déesses qui élèvent dans le ciel le disque solaire ».

– Les deux obélisques évoquent les cornes des têtes des deux déesses. Ces cornes portent le soleil.

La salle hypostyle :

• son pavement représente la terre au sol craquelé, et le plafond le ciel avec des étoiles d'or peintes sur fond bleu ;

• sur les architraves, de grands oiseaux sacrés aux ailes ouvertes assurent le passage vers le ciel ;

• les fleurs de lotus des chapiteaux des colonnes les plus hautes sont ouvertes, tandis que celles des colonnes les plus basses sont fermées parce qu'elles ne recoivent pas le soleil. Cette salle représente la végétation nourrie par le sol fertile et la force vivifiante du soleil.

– Le Saint des Saints, domaine obscur, permet le repos du soleil pendant la nuit.

Les parois de chaque salle représentent le mystère sacré qui s'y déroule. Les bas-reliefs peints donnent une âme à l'architecture. L'image a valeur de réalité pour l'Égyptien :

– salle d'entrée : le dieu va à la rencontre du pharaon ;

– salle des offrandes : chaque région du Nil donne des fleurs, des fruits et des vivres pour le culte. Le pharaon chasse les animaux offerts en sacrifice ;

– Saint des Saints : les prêtres portent la barque sacrée en procession.

Lecture du temple égyptien au niveau du parcours physique

En pénétrant dans le temple, l'homme vit physiquement le passage du monde extérieur au monde divin, à travers un cheminement imposé par la conception du plan de l'édifice :

• Orientation est-ouest selon le trajet solaire.

• On accède au temple par une **allée bordée de sphinx**, gardiens de l'entrée.

• **Deux obélisques** (hautes pierres monolithes) élèvent le regard vers le ciel.

• **Les pylônes** constituent l'entrée du temple. C'est un portail monumental qui défend l'accès du sanctuaire.

• **Une vaste cour** entourée d'une galerie bordée de colonnes (**portique**) est réservée aux fidèles.

• Par une légère montée on accède à la **salle hypostyle**. Cet immense volume est envahi par un ensemble d'énormes colonnes soutenant un plafond très élevé. Les ouvertures en claustra permettent d'éclairer la travée centrale.

• Le sol continue à s'élever pour donner accès au **Saint des Saints**, chambre fermée où réside le dieu. Sa statue est enfermée à l'intérieur d'un **naos**. La hauteur des salles va en diminuant et l'obscurité est croissante.

Commentaire

Dans les édifices sacrés de toutes les religions, du temple bouddhique à l'église chrétienne, se retrouve l'évocation de la conception du monde à travers la distribution du plan et des masses architecturales.

Les colonnes du péristyle du temple d'Horus.
© Dagli Orti.

Le Saint des Saints du temple d'Horus.
© Richard Nowitz/Explorer.

Les Trois Musiciennes, Thèbes, tombe de Nakht.

(vers 1420 av. J.-C.)

© Dagli Orti.

L a tombe de Nakht, scribe et astronome au temple d'Amon sous le règne de Thoutmosis IV (1425-1408 av. J.-C.), se situe dans la Vallée des Nobles de la nécropole de Thèbes.

Le plan très simple des hypogées• privés sous la XVIIIᵉ dynastie (1580-1314 av. J.-C.), se présente sous l'aspect d'une ou deux chapelles funéraires décorées de bas-reliefs ou, plus souvent, de peintures. Celles de la tombe de Nakht ont gardé une fraîcheur exceptionnelle.

Le sujet

Toutes les scènes représentées concourent à préparer symboliquement les offrandes nécessaires à l'approvisionnement du banquet funéraire : le défunt pourra y prélever sa provende pour assurer sa survie. Les scènes se juxtaposent dans un ordre logique à la manière d'une bande dessinée. La lecture commence en bas et finit en haut de la surface peinte. Sur une

paroi, se trouvent représentés les travaux agricoles : labourage, semailles, moisson, vannage, etc. Sur un autre mur, apparaît le défunt chassant les oiseaux et pêchant au harpon dans le marais. En face, figure un banquet où, parmi les différents groupes de personnages, on découvre ce trio de musiciennes : une joueuse de double flûte, une joueuse de luth et une harpiste. Sur leur tête, repose un cône de crème parfumée que portent tous les personnages dans les scènes de festin. Chaque tête, par son attitude et le mouvement des nattes, paraît avoir une expression propre. Les deux jeunes filles en robe longue moulante encadrent une danseuse nue, portant une petite ceinture autour des hanches. Une convention constante impose aux personnages une frontalité absolue avec les épaules de face, la tête de profil mais l'œil de face, le bassin de trois quarts, et les jambes de profil. Pour exprimer sa souplesse, la danseuse regarde en arrière tout en esquissant un pas de danse.

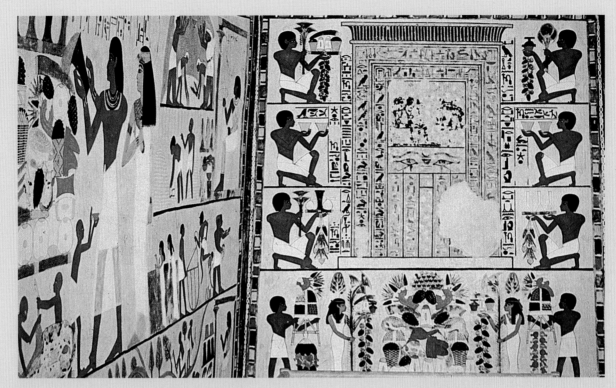

Vue intérieure de la tombe de Nakht. Côté sud.

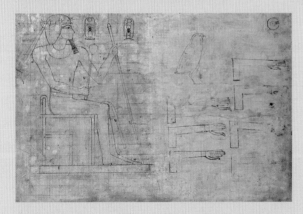

Exercice de dessin sur planchette de bois stuqué. XVIIIᵉ dynastie :
– Image du roi mise au carreau en vue d'un agrandissement.
– Études de hiéroglyphes.
British Museum, Londres. D. R.

La technique

Sur la paroi rugueuse du rocher, l'artiste applique en plusieurs fois une épaisse couche de torchis, argile mêlée de paille, pour lui donner de la consistance. Puis, la surface reçoit un enduit mince de stuc, composé de plâtre et de pierre broyée en poudre. Le peintre y trace des lignes horizontales pour séparer les registres à l'intérieur desquels il établit un quadrillage suivant un canon traditionnel. Il peut ainsi situer chaque personnage à l'emplacement voulu, comme le montre la planchette conser-

vée au British Museum. Après cette mise en place, il peint le fond des scènes en gris-bleu clair, puis réalise les personnages avec des couleurs en aplat° et sans ombre. La palette du peintre égyptien comprend des ocres rouges, jaunes et brunes, le blanc de chaux, le noir de la suie, le vert et le bleu produits par des traces de cuivre et de cobalt. L'artisan broie en poudre ces couleurs trouvées dans la nature et les dilue dans de l'eau et un peu de gomme arabique pour permettre l'adhérence à la paroi. Cette technique ressemble à celle de notre gouache° moderne.

Vers le milieu de la XVIIIᵉ dynastie, les peintres enduisent quelques scènes d'un vernis protecteur qui, en vieillissant, produit un aspect brun-orangé sur la carnation humaine comme dans le groupe des trois musiciennes.

L'expression

La peinture des tombes égyptiennes doit évoquer trois espaces : la vie terrestre, la représentation des rites funéraires accomplis sur le trépassé, la vie dans l'au-delà.

Malgré ces thèmes conventionnels, l'artisan du Nouvel Empire se révèle la plupart du temps un artiste original, reprenant chacun des motifs, suivant son génie propre. La peinture sait se dégager de son rôle religieux et décoratif, pour se révéler comme un art indépendant. Cette peinture nous touche par ce qui relève de l'invention de l'artiste : rendre vivante l'organisation d'un espace rigide et codifié.

Les Propylées, entrée monumentale de l'**Acropole** d'Athènes,
à droite, le petit temple d'Athéna Niké,
au second plan, le Parthénon.
© Scala.

Chapitre

L'art grec

L'art grec désigne la production artistique de la civilisation grecque antique. Il est cependant difficile d'en déterminer précisément les limites chronologiques. En effet, les arts qui se développent dans le monde grec (en Crète et à Mycènes) au IIe millénaire, sont-ils partie intégrante de l'art grec ? Cette question reste sujette à controverses. Néanmoins, s'ils ne peuvent être considérés comme les premières manifestations de l'art grec, les arts minoens et mycéniens en constituent assurément la genèse. Il conviendrait donc de placer la naissance de l'art grec aux alentours du IXe siècle avant J.-C., avec l'avènement de la période géométrique. L'art grec, qui connaît son apogée à la période classique, au Ve siècle av. J.-C., s'étend, par convention, jusqu'à la bataille d'Actium (en 31 av. J.-C.). La réalité est cependant moins arbitraire puisque, après cette date l'influence de l'art grec reste considérable dans l'art occidental autant que dans les productions orientales. L'importance de cette aire d'influence s'explique par l'immense expansion de la culture grecque.

D'abord cantonné au cadre restreint de la mer Égée, l'art grec, grâce aux mouvements de colonisation des VIIIe et VIIe siècles, gagne peu à peu tout le tour de la Méditerranée. Avec les conquêtes d'Alexandre le Grand, à la fin du IVe siècle, le monde grec s'étend à l'Est jusqu'aux confins de l'Inde, au Sud elle englobe toute l'Égypte, et surtout l'immense Empire perse. Cependant, à cette diversité géographique s'ajoutent de profondes divisions politiques.

En effet, même si les cités grecques se trouvent unies face à l'ennemi dans les guerres du Ve siècle ou dans leur participation commune aux Jeux panhelléniques, elles n'ont aucun sentiment d'appartenance à une même entité. Mais dans la diversité réside une identité culturelle commune qui fait que l'on peut parler d'un art grec.

Art de la Grande Grèce.
Cratère apulien à volutes,
représentant une scène de danse
lors des fêtes tarentines.
Musée archéologique, Tarente.
© Dagli Orti.

Les cités grecques

Art des Cyclades. *Idole* en marbre provenant de Syros.
Musée National, Athènes.
© Dagli Orti.

Monnaie d'or du roi Crésus, VIIe s. av. J.-C.
Royaume d'Anatolie, Lydie. *Lion et Taureau.*
Document Jean Vinchon, Paris.
© Dagli Orti.

La Grèce tient une place centrale dans le monde méditerranéen. Ses paysages sont composés en grande partie de massifs montagneux. La mer est donc un élément essentiel pour les communications. Au IIIe millénaire (à l'âge du bronze ancien) **les Cyclades** connaissent une activité artistique* et commerciale qui se développe dans le cadre restreint de la mer Égée.

Au IIe millénaire s'épanouit la puissance de **la Crète**, et les petites îles n'ont plus qu'un rôle passif. La culture crétoise, appelée **minoenne**, connaît sa phase la plus brillante entre 1700 et 1450 av. J.-C. Les Crétois établissent une véritable thalassocratie• commerciale en Méditerranée. La société minoenne est organisée autour de grands palais, dont on ne connaît pas la fonction exacte.

Cependant, aux alentours de – 1450, les palais crétois sont brutalement détruits, vraisemblablement par des invasions venues du continent. En effet, la **civilisation mycénienne** apparaît au même moment dans le Péloponnèse, mais n'atteint son apogée qu'au bronze récent (1400 - 1200 av. J.-C.). La société mycénienne, fortement hiérarchisée, est profondément guerrière. À sa tête se trouvent des chefs puissants, dont le prestige est relaté dans les poèmes homériques de l'*Iliade*. Les Mycéniens développent une écriture, le linéaire B, aujourd'hui déchiffrée.

Les « âges obscurs »

Pour des raisons encore inconnues (invasions doriennes ou catastrophe naturelle), la civilisation mycénienne disparaît au XIIe siècle av. J.-C. Avec elle, c'est **tout l'équilibre du monde méditerranéen qui s'écroule**, entraînant la disparition de l'écriture et de nombreuses techniques. Les civilisations reviennent à un état plus primaire qu'il nous est difficile de connaître.

Expansion et avènement de la démocratie

Au VIIIe siècle av. J.-C., l'explosion démographique et la crise économique poussent les populations à s'exiler. Celles-ci se répandent autour du Bassin méditerranéen, formant ainsi les premières colonies grecques. Au VIIe siècle av. J.-C., l'apparition du système monétaire* ravive l'économie. Il enrichit une nouvelle classe bourgeoise de commerçants et d'artisans, qui réclame sa participation à la vie politique.

Le VIe siècle voit naître les premiers « philosophes de la nature » dont un des plus connus est **Héraclite**.

À la fin du VIe siècle av. J.-C., les guerres Médiques opposent la Grèce au puissant Empire perse. Lorsqu'elles s'achèvent, en – 480, les cités grecques, sous la direction d'Athènes, sont victorieuses. Ce triomphe pose les assises de la **suprématie athénienne**. Celle-ci est renforcée par la création, en – 470, de la ligue de Délos•. Au début du Ve siècle, l'action égalitaire de certains tyrans• permet l'avènement de la démocratie à Athènes. Tous les citoyens prennent alors part à la vie politique. Cette démocratie connaît pourtant des limites, puisqu'une grande partie de la population (femmes, esclaves ou métèques) n'a pas droit au titre de citoyen. Athènes est le centre culturel du Ve siècle. **Périclès**, homme politique athénien, met la richesse de la cité au service de la réalisation de grands travaux de prestige.

La religion est le ciment unificateur de la société. En effet, par les traditions qu'elle implique (fêtes, jeux sportifs, théâtre*), elle réunit les citoyens dans un sentiment d'appartenance à une même communauté.

À la fin du Ve siècle, les guerres du Péloponnèse opposent Athènes à Sparte, cité attachée à l'oligarchie•. Les cités grecques sont appauvries et affaiblies par ces querelles politiques. Cette déstabilisation provoque une **crise religieuse**. Beaucoup d'esprits sont alors influencés par les nouvelles théories des **sophistes**, à l'origine de la dialectique, et dont la philosophie empiriste et sensualiste aboutit à une critique des croyances religieuses de la Grèce antique. En brisant le consensus religieux, le sophisme apparaît dangereux pour les pouvoirs en place et, en – 399, le philosophe **Socrate**, en bouc émissaire, est condamné à mort pour non-respect de la religion.

La Grèce hellénistique

À partir de – 359, Philippe II, roi de Macédoine, étend ses prétentions sur le monde grec. Face à ses assauts, les cités affaiblies capitulent rapidement. Elles sont réunies dans la « ligue de Corinthe », placée sous la tutelle du monarque. En fait, les cités grecques gardent leur autonomie économique et politique, mais sont soumises à la direction militaire du royaume macédonien. L'organisation de la cité ne varie donc pas. **Alexandre le Grand***, fils de Philippe II, repousse les frontières de son royaume jusqu'en Inde. À sa mort, en – 323, ses généraux (les diadoques) se disputent son Empire. Ils créent trois grands royaumes, à l'aube du IIIe siècle : la dynastie des **Séleucides** règne en Orient, celle des **Ptolémées** (Lagides) en Égypte et celle des **Antigonides** en Macédoine. Mais le IIIe siècle marque aussi le début de la conquête romaine qui progresse très rapidement. Le dernier bastion de la culture hellénistique est le royaume ptolémaïque d'Égypte, qui tombe à son tour, face à Octave-Auguste lors de la bataille d'Actium (31 av. J.-C.). À cette date, on peut considérer que le monde grec dans son entier est devenu province romaine.

Épidaure, Péloponnèse. Vue du *théâtre* construit par l'architecte POLYCLÈTE LE JEUNE. IVe s. av. J.-C.
© Dagli Orti.

Portrait d'Alexandre le Grand.
Marbre sculpté par LÉOCHARÈS vers 330 av. J.-C.
Musée de l'Acropole, Athènes.
© Dagli Orti.

Un art en quête de perfection

Crète. Palais de Cnossos.
Grand escalier avec les galeries
maintenant une fraîche pénombre.
© Dagli Orti.

Art mycénien, XVIᵉ s. av. J.-C. Masque en or dit d'Agamemnon,
provenant de la tombe V de Mycènes.
Musée National, Athènes.
© Dagli Orti.

J usqu'au début du XXᵉ siècle, les origines de l'art grec demeuraient mystérieuses car on n'avait trouvé en Grèce aucun vestige de l'âge de pierre. On sait maintenant que la naissance de l'art grec puise sa source dans la confrontation de plusieurs civilisations qui occupèrent le bassin oriental de la Méditerranée.

L'art cycladique

Le plus ancien témoignage artistique du monde grec est l'**art cycladique**. À l'âge du bronze ancien, les Cyclades produisent de nombreux objets en terre cuite ou en bronze, mais leurs plus belles manifestations artistiques résident sans doute dans la production des « idoles » cycladiques* (p. 26). Ces statuettes de marbre représentent des personnages fortement stylisés. Sous une apparence simple, leur réalisation répond à des proportions très rigoureuses, qui leur confèrent ce superbe équilibre. Malgré les nombreuses hypothèses des historiens, il nous est impossible de connaître leur signification exacte. Leur production décline à la fin du IIᵉ millénaire.

L'art minoen

À la montée en puissance de la Crète correspond, aux environs de – 1800, la construction d'une première génération de **palais**, dont ceux de **Cnossos*** et **Malia**. Ces édifices sont constitués d'une cour rectangulaire autour de laquelle s'articulent une multitude de pièces, de couloirs processionnels et portes d'apparat. Ces palais sont fortement inspirés des modèles orientaux. Après leur destruction brutale, on reconstruit sur les mêmes sites, au XVIᵉ siècle av. J.-C., les « seconds palais crétois ». Ils présentent un plan similaire. Leurs murs sont couverts de magnifiques fresques aux coloris éclatants. Elles expriment, à travers des sujets religieux ou des motifs floraux, la joie de vivre, la spontanéité. La céramique peinte reprend le même style naturaliste et allègre, se délectant dans la représentation d'éléments marins. La production de petits objets de bois, métal ou ivoire est abondante. Les Crétois produisent aussi de très beaux bijoux d'orfèvrerie.

L'art mycénien

Alors que la civilisation minoenne rayonne encore, deux grandes tombes probablement princières sont réalisées à Mycènes, au XVIᵉ siècle av. J.-C. Leur opulence étonne, dans un environnement relativement pauvre. Ces tombes contiennent des objets en métaux précieux (éléments de parure, coupes ou vases, armes d'apparat, etc.) dont beaucoup proviennent de l'Europe entière ; les créations autochtones sont, quant à elles, décorées de scènes volontiers violentes, dans un style presque brutal. Ainsi en est-il pour le très beau masque d'Agamemnon*. À partir de – 1400 environ, après l'écrasement de la Crète, les Mycéniens construisent de **puissantes citadelles fortifiées**, dont l'aspect contraste avec l'ouverture généreuse du palais crétois sur la nature. Leurs murs sont constitués d'énormes blocs de pierres, si massifs que, d'après les légendes, seuls les cyclopes auraient été capables de les transporter. Cette architecture est donc dite « cyclopéenne ». À l'intérieur des citadelles, les palais sont de taille moindre. Leur pièce principale est construite selon le principe du mégaron• qui est à la base de la future architecture grecque. On trouve aussi, chez les Mycéniens, des bâtiments funéraires en « pain de sucre », fruits d'une grande perfection technique qui en imposent par leur ampleur. Les Mycéniens développent une production de petits objets rudimentaires et originaux, qui reprennent en général la forme des lettres Φ Ψ Τ (phi, psi, tau).

La disparition de la civilisation mycénienne entraîne la perte de ses acquis techniques et une diminution considérable de sa production artistique.

Le développement de la céramique

Le style géométrique

Au XIe siècle av. J.-C. la fabrication de céramiques réapparaît. Elle présente un décor simple. À partir du IXe siècle av. J.-C., elle connaît un grand essor : les vases sont alors ornés de motifs géométriques* et sont abondamment décorés. Vers – 850 environ, la représentation de la figure humaine réapparaît. Intégrée dans ce décor géométrique, elle est stylisée à la limite de l'abstraction. Peu à peu les scènes figuratives prennent de plus en plus d'importance sur la surface des vases, et à partir du VIIIe siècle av. J.-C., le style géométrique disparaît au profit d'un goût plus réaliste.

Le style orientalisant

Au VIIe siècle, l'art s'enrichit des apports de l'Orient, avec lequel les artistes ont des contacts de plus en plus étroits. Pendant l'« époque orientalisante » la céramique peinte s'orne alors d'un **bestiaire fabuleux** ; les scènes descriptives sont remplacées par des **sujets épiques ou mythologiques**. Corinthe et Athènes deviennent les deux grands centres de la céramique, aux VIIe et VIe siècles avant J.-C.

Les artistes se concentrent de façon presque exclusive sur la représentation de la figure humaine. Dès lors, dans la céramique peinte, n'apparaissent plus que les éléments significatifs du décor, autour du personnage central. À la technique de la **figure noire**• succède, vers – 530, l'invention de la technique de la **figure rouge**• qui permet d'aller encore plus loin dans la précision du dessin et la quête du réalisme.

Mycènes. Trésor d'Atrée, XIVe s. av. J.-C.
Vue intérieure avec coupole.
© Dagli Orti.

Style géométrique. *Amphore* du VIIIe s. av. J.-C. provenant du cimetière du Dipylon (h. 1,23 m.)
© Dagli Orti.

Art archaïque. **Kouros** funéraire de Kroisos
provenant d'Anavyssos, v. 525 av. J.-C. Marbre de Paros.
Musée National, Athènes.
© Dagli Orti.

Apparition de la grande statuaire, et de l'architecture de pierre

La statuaire se concentre sur deux types précis : la représentation du jeune homme nu (le kouros*) et de la jeune fille habillée (la koré) qui sont le point de départ de toute la statuaire grecque.

Ces statues en pierre, comme celles des époques suivantes, étaient entièrement peintes. Les sculpteurs archaïques ont trouvé leurs modèles dans la statuaire égyptienne. Le kouros en adopte donc l'attitude hiératique. Les sculpteurs marquent certains détails anatomiques de façon schématique par des incisions. La koré présente un même aspect figé, sous des drapés* simples où le volume du corps s'affirme difficilement. Un traitement décoratif de la chevelure caractérise cette statuaire.

Mais peu à peu, aux environs de – 500, les figures s'animent, le modelé devient plus réaliste. Les korés, quant à elles, sont alors représentées avec des vêtements légers qui laissent transparaître les formes féminines.

Les temples, objets de tous les soins, sont peu à peu construits en pierre. Cette architecture n'utilise aucun mortier, les éléments étant scellés entre eux par des crampons, ou simplement superposés.

Le temple, d'abord constitué d'un simple mégaron précédé d'un porche, évolue pour aboutir, au VIᵉ siècle, à un plan en trois parties.

Celui-ci comporte un sanctuaire (**naos•** ou **cella•**) généralement divisé en trois nefs, et destiné à recevoir la statue du culte. Il est précédé d'un vestibule (**pronaos•**), et doté à l'opposé de l'**opisthodome•**.

Lorsqu'un temple est entouré d'une rangée de colonnes sur les quatre faces, il est appelé **périptère**. Il est **diptère** lorsque les colonnes s'alignent sur plusieurs rangs.

De plus, c'est au VIᵉ siècle que se mettent en place les deux grands ordres architecturaux* : l'**ordre dorique** se diffuse en Grèce continentale (envahie par les Doriens au XIᵉ siècle), et l'**ordre ionique** se développe dans les îles et sur les côtes d'Asie Mineure (en Ionie).

Les temples doriques* sont massifs et de dimensions moyennes. Leur construction est basée sur une grande rigueur architecturale qui privilégie la structure avant le décor. Leur décoration extérieure est la transposition en pierre d'éléments fonctionnels de bois.

L'ordre ionique offre un aspect plus élancé accentuant volontiers les éléments décoratifs. En Asie Mineure, sous l'influence de l'Orient, se construisent des temples colossaux dont la renommée est grande. Les temples des îles présentent des dimensions beaucoup plus modestes. Malheureusement, des vastes créations ioniques du VIᵉ siècle, très peu nous sont parvenues.

Paestum. **Temple d'Héra** dit la « **Basilique** ». VIᵉ siècle av. J.-C. © Dagli Orti.

Le premier art classique

L'ordre dorique domine la création architectu-rale. Les architectes se penchent sur les problèmes structurels de la construction pour lui donner l'ex-pression la plus parfaite. Ils réalisent des **corrections** qui permettent d'atténuer les déformations dues aux effets d'optique. L'harmonie du temple est réalisée grâce à l'élaboration du **ratio**, mesure de base qui correspond au rayon moyen d'une colonne. Ainsi, chaque partie du temple est calculée sur ce module. À partir de – 447, la construction du **Parthénon*** (p. 34) **marque l'apogée de cette archi-tecture classique**. Grâce à une solution originale, qui mêle à l'ordre dorique de nombreux éléments ioniques, il devient le modèle de toute la création architecturale de la seconde moitié du siècle.

D'autre part, les sculpteurs brisent les conven-tions archaïques pour donner à la statuaire son ultime souffle de vie : **le mouvement**. Le travail du bronze se généralise, et la maîtrise de la technique de la fonte à la cire perdue• lui donne plus de sou-plesse. Malheureusement, presque toutes ces œuvres en bronze ont été refondues au cours des époques postérieures. Seules les copies romaines (plus ou moins fidèles) réalisées en marbre – ou les écrits des Anciens – témoignent aujourd'hui de cette grande statuaire classique. La statuaire du début du Vᵉ siècle répond au nom de **style sévère** en raison de l'austérité marquée sur le visage des sculptures.

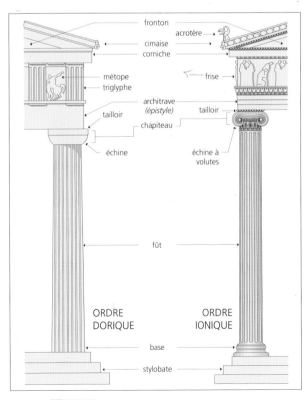

Ordres grecs : dorique et ionique.

31

Réplique du **Discobole de Myron**,
provenant de la villa Palombaro sur la colline Esquilino,
d'après un original de MYRON vers 450 av. J.-C.
Musée national des Thermes, Rome.
© Dagli Orti.

PHIDIAS. Frise côté est du Parthénon (détail).
La procession des Panathénées. 445-438 av. J.-C.
Musée du Louvre, Paris.
© Dagli Orti.

Au milieu du siècle, ce style évolue insensiblement vers le premier classicisme, incarné par les trois grands sculpteurs du siècle : **Myron**, **Polyclète** et **Phidias**. Le classicisme cherche à donner une impression de réalisme parfait, grâce à une reconstitution d'un homme idéal qui exprime sagesse et harmonie. Myron, dans son fameux *Discobole** (environ – 450), développe le principe de l'eurythmie• et réussit à travers sa statue à faire la synthèse de plusieurs mouvements successifs. Polyclète, quant à lui, travaille sur le problème du corps de l'athlète au repos. Il élabore un canon• idéal qui veut que la taille de la tête soit comprise sept fois dans la hauteur totale du corps humain. À travers son *Doryphore*, ou son *Diadumène*, il élabore un système de balancement des masses du corps, qui devient le modèle de toute la statuaire classique. L'œuvre la plus fameuse de Phidias est la réalisation de la **frise du Parthénon***. Dans un très bas-relief caractéristique, il y exprime, par une composition équilibrée et des mouvements pondérés, toute la sérénité idéale de l'esprit grec.

Par les récits de Pline et quelques rares témoignages concrets, nous savons que la peinture connaît un grand développement à l'époque classique. Les artistes travaillent dans le sens d'un meilleur rendu du réalisme et recherchent des effets en trompe-l'œil•.

Le second art classique

Le IVᵉ siècle av. J.-C. est une période de transition qui annonce l'art hellénistique. L'architecture développe un goût nouveau pour le décor tout en maintenant son souci des proportions. Un troisième ordre, l'**ordre corinthien**, apparaît à l'intérieur des édifices et le mélange des ordres est de plus en plus fréquent. L'architecture religieuse crée un type nouveau de petit édifice circulaire (la tholos*•) dont la fonction exacte nous échappe. Au même moment, la grande architecture funéraire renaît, avec des édifices le plus souvent rupestres, aux façades très soignées.

La sculpture abandonne la sévérité presque froide du premier classicisme et se charge de sentiments. Ainsi, se développe un courant sensuel, qui privilégie les formes sinueuses et gracieuses. Le corps féminin revient à l'honneur. Au milieu du siècle, le sculpteur **Praxitèle réalise le premier nu féminin** : l'*Aphrodite de Cnide**. Pour ce faire, ce grand sculpteur revient au travail du marbre, dont la texture est plus onctueuse. À l'opposé, perce une tendance plus réaliste et tourmentée qui préfigure l'art hellénistique. L'**art du portrait**, qui ne correspond en rien à l'esprit du premier classicisme, apparaît en même temps. Ce courant est dominé par **Lysippe**, portraitiste à la cour d'Alexandre. D'autre part, ce grand sculpteur repense le canon de Polyclète, et établit de nouvelles proportions : huit fois la hauteur de la tête, créant ainsi des statues plus élancées.

Le IVe siècle voit le déclin progressif de la céramique peinte. Cependant, la grande peinture connaît un âge d'or, comme en témoignent les peintures qui ornent la tombe de Philippe de Macédoine (– 330).

L'art hellénistique

La période hellénistique voit la création de nombreuses villes nouvelles et l'**avènement de l'architecture civile de pierre**. Ce sont toujours les principes de symétrie et de rationalisme qui régissent les lois de l'urbanisme, mais la préoccupation première des architectes reste l'adaptation à la configuration des lieux et du paysage. À cet égard, les théâtres sont de magnifiques exemples puisque, construits à flanc de colline, ils en épousent la pente. Partout dans la cité, bâtiments sportifs, administratifs et culturels, ainsi que les résidences privées, sont alors construits en pierre. Les « stao » (portiques) rythment et délimitent le cadre urbain. Chaque édifice fait maintenant l'objet des soins et raffinements qui jusque-là étaient réservés à l'architecture religieuse. La plus belle réalisation de cet urbanisme hellénistique est sans doute la ville haute de Pergame. L'architecture évolue aussi dans sa structure. À l'opposé de la rigueur classique, elle exhibe un goût de l'apparat et du faste. Les éléments sont détournés de leur valeur architectonique pour satisfaire un souci décoratif toujours croissant.

La sculpture hellénistique offre aussi une sensibilité radicalement différente de l'esprit classique. Dans la première moitié du IIIe siècle av. J.-C., les sculpteurs portent un intérêt nouveau à l'étude des corps infantiles ainsi qu'à la statuaire féminine, d'où la réalisation de nombreuses *Vénus* et *Aphrodite* nues ou drapées. Mais à la fin du siècle, apparaît une **nouvelle tendance expressionniste** qui affectionne les musculatures exacerbées, les attitudes emphatiques, ainsi que les thèmes du combat et de la douleur. Ce style domine la sculpture hellénistique. Le décor architectural est maintenant traité en très haut-relief. Il répond aux mêmes caractéristiques que la statuaire. En outre, l'art du portrait connaît un succès grandissant auprès des dynasties hellénistiques ou des nouveaux envahisseurs romains.

La grande peinture grecque de l'époque hellénistique est reproduite dans les **fresques˙ de Pompéi**. Les peintres maîtrisent l'expression de la tridimension. Ils affectionnent le trompe-l'œil, qu'ils développent dans la représentation de cadres architecturaux dénués de personnages.

L'art grec disparaît avec la conquête romaine, mais son écho retentira très longtemps. En effet, de Michel-Ange à Rodin, il est la source d'inspiration de tous les sculpteurs et architectes.

Delphes. Tholos de l'ancien temple d'Athéna. IVe s. av. J.-C.
© Dagli Orti.

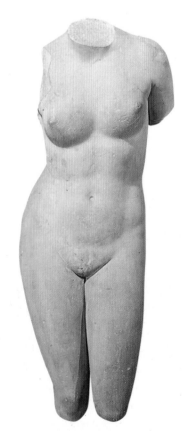

Aphrodite de Cnide.
Réplique romaine de PRAXITÈLE, vers 350 av. J.-C.
Musée du Louvre, Paris. © Dagli Orti.

Le *Parthénon* à Athènes (vᵉ s. avant J.-C.)

© Dagli Orti.

Après les destructions occasionnées par le pillage d'Athènes par Xerxès en – 480, Périclès décida de reconstruire les différents monuments situés sur l'Acropole. **Phidias**, qui supervisait l'ensemble, confia à Ictinos et Callicratès le soin de réaliser un temple dédié à Athéna. Les travaux commencèrent en – 447 et la consécration du temple eut lieu en – 438.

Détail de la façade occidentale, où l'on peut voir l'alternance des triglyphes et des métopes. © Dagli Orti.

Description

Le Parthénon, construit en marbre blanc, est un temple périptère (colonnade faisant le tour complet de l'édifice) qui repose sur un soubassement de trois hauts gradins constituant une plate-forme de 30,80 m x 69,47 m. La répétition des colonnes, qui – tout en délimitant le champ visuel autour du temple – brise l'uniformité de la masse des murs, confère à ce type d'édifice un caractère particulier où se marient force et élégance.

Le sanctuaire est constitué par **le naos**, salle rectangulaire profonde de cent pieds attiques. Cette salle, divisée en trois nefs inégales, abritait en son centre la statue d'**Athéna chryséléphantine** (c'est-à-dire en or et en ivoire), haute de 12 m, réalisée par Phidias.

La pièce arrière, l'**opisthodome**, renfermait le trésor colossal de la « ligue de Délos » dirigée par Athènes. L'importance de l'accumulation de richesses explique les grandes dimensions de cette salle.

La recherche de la perfection

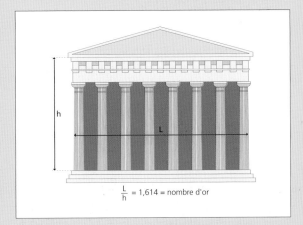

Croquis 1.
L'architecte choisit les dimensions d'ensemble et de détail
en fonction d'une unité de mesure, **le module**
(rayon moyen de la colonne). On multipliait ce module
de façon à obtenir en plan et en élévation l'eurythmie,
c'est-à-dire un jeu de rapports simples et harmonieux
entre les parties elles-mêmes et entre les parties et le tout.
Ces rapports étaient fondés sur les nombres 2 et 3, les carrés
de 2 et 3, et les carrés de ces carrés. En outre, les proportions
de la façade correspondent au nombre d'or.

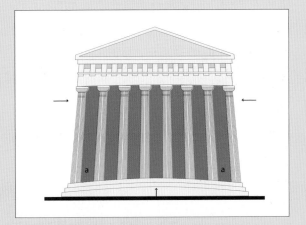

Croquis 2.
Les Grecs avaient observé que certaines corrections
devaient avoir lieu pour atténuer les déformations provoquées
par les effets d'optique, ce qui permettait de s'approcher
de la perfection idéale.

1) Les axes des colonnes sont inclinés vers le naos
(7 cm pour une colonne de 10 m) ;

2) renflement de toutes les horizontales ;

3) léger galbe du fût de chaque colonne (entasis) ;

4) les espaces (a) entre les colonnes les plus proches des angles
sont plus petits.

Commentaire

Les notions de rythme et d'harmonie traitées
avec une rigueur mathématique s'unissent à un raffinement extrême qui confère à l'architecture
grecque une dimension exceptionnelle.

Le Parthénon représente l'une des plus hautes
réalisations classiques où s'équilibrent sobriété et
énergie, austérité et imagination. L'art grec a réussi
ce difficile mariage de la raison et de la poésie qui
deviendra un exemple pour les architectes des
siècles ultérieurs.

La sculpture

La sculpture, œuvre de Phidias, se situe, comme
dans tous les temples grecs, uniquement sur les
éléments architecturaux qui n'ont pas de rôle fonctionnel. Ainsi pour le Parthénon, on trouve les
décors sculptés sur :

– les 92 métopes représentant le combat des
Centaures et des Lapithes* ;

– le fronton est (exposé au soleil levant) montrant la naissance miraculeuse d'Athéna ;

– le fronton ouest (exposé au soleil couchant)
décrivant la dispute de Poséidon et d'Athéna ;

– le sommet du mur de la cella où se développe
une frise qu'on apercevait dans les intervalles des
colonnes, le cortège des Panathénées comportant
quatre cents personnes et deux cents animaux.

Une des métopes de la frise du Parthénon,
représentant le combat des Centaures et des Lapithes.
British Museum, Londres. © Werner Forman Archive, Londres.

Cette frise donne une impression de vie et de
liberté par la variété des attitudes. Le modelé des
corps animé par le jeu des drapés entretient le mouvement tout en évitant la monotonie.

Le sculpteur Phidias sait allier la sobriété et
l'énergie du style dorique à l'élégance et la grâce du
style ionique.

Le *Grand Autel de Zeus et d'Athéna* à Pergame (entre 180 et 170 av. J.-C.)

Musée Pergamon, Berlin.

Aile gauche de l'*Autel de Zeus*.
Musée Pergamon, Berlin.
© Erich Lessing/Magnum.

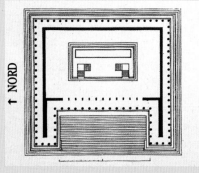

NORD

Plan d'ensemble de l'*Autel de Zeus*.

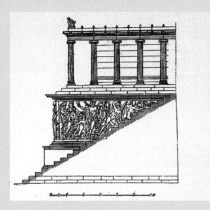

Coupe et élévation.

Extraits de l'*Histoire abrégée de l'architecture en Grèce et à Rome*, de G. Gromort.
Éd. Vincent, Fréal et c^{ie}, 1947. D. R.

Le roi Eumène II, allié des Romains, régna sur Pergame en Asie Mineure durant 40 ans. Il éleva plusieurs monuments sur l'acropole de sa capitale et notamment un très grand autel de sacrifices dédié à Zeus et Athéna entre 180 et 170 av. J.-C.

Les fouilles dirigées à partir de 1873 par l'Allemand Humann permirent de retrouver ce monument. La frise fut transportée au musée de Berlin où l'autel a été reconstitué.

Description

Cinq marches constituent le soubassement de l'ensemble qui mesure 36 m x 34 m.

Côté ouest, un escalier monumental, large de 20 m, haut de presque 6 m, conduit à une colonnade permettant d'accéder à une esplanade rectangulaire de 20 m sur 30 m. Un mur ferme l'esplanade sur 3 de ses côtés. Un portique• d'ordre ionique entoure ce mur côté extérieur.

L'autel, construit pour pouvoir brûler les restes des victimes, occupait au centre de la plate-forme un rectangle de 7 m x 14 m.

Autour du socle du portique extérieur se déploie une frise longue de plus de 120 m et haute de 2,30 m. Ce bandeau déroule les épisodes de la lutte des dieux contre les géants : la Gigantomachie. Une corniche très saillante couronne cette frise.

Détail des **sculptures de la frise**.
© Bildarchiv preussischer kulturbesitz, Berlin.

La sculpture

Plusieurs artistes, dont les noms sont gravés sur le socle, ont collaboré à l'exécution de la frise de Pergame. Parmi les inscriptions on peut déchiffrer les noms de Dionysiadès, Melanippos, Orestès.

Le thème de la frise met en scène la lutte des dieux et des titans contre les géants.

À l'ouest, figurent l'océan et les divinités marines et terrestres, au nord celles de la nuit et des astres.

À l'est, sur la façade principale, se trouvent Zeus et Athéna.

Sur le mur entourant l'esplanade de l'autel, une deuxième frise, haute de 1,57 m, court sur une longueur de 79 m. Elle représente un thème mythologique, la légende de Télèphe.

Les artistes visent nettement à des effets dramatiques. La bataille fait rage, les regards expriment détresse et douleur chez les uns, force et fureur chez les autres. Les draperies s'envolent, les corps se tordent, les muscles se gonflent sous l'effort surhumain réalisé par les combattants.

Pour augmenter l'effet réaliste, les reliefs très accusés se détachent fortement sur le fond et certains personnages prennent appui sur les marches de l'autel. L'ensemble crée des effets de clair-obscur qui renforcent encore l'émotion intense engendrée par cette œuvre.

Vue d'ensemble de l'*Autel*.
© Erich Lessing, Magnum.

Commentaire

À l'autel de Pergame, le réalisme déchaîné de la sculpture s'équilibre avec la calme géométrie de l'architecture : horizontales du grand escalier et verticales du portique ionique.

Loin du raffinement de la sculpture grecque classique, l'époque hellénistique s'efforce d'émouvoir en représentant un monde de violence et de brutalité où peuvent s'exprimer la souffrance physique et l'angoisse de l'âme. L'art de Pergame témoigne d'une démarche expressionniste intense. La sculpture grecque atteint ici son ultime évolution.

L'Arc de triomphe de Titus,
élevé en 81, Rome.
© Dagli Orti.

L'art romain se développe à Rome et dans l'Empire romain du IIᵉ siècle av. J.-C. au début du IVᵉ siècle après J.-C. Pourtant, dès la fin du IVᵉ siècle av. J.-C., Rome est une République autonome. Il lui faut donc plus de trois siècles avant de se dégager des arts grecs et étrusques et d'exprimer, selon son propre génie, des formes et des structures qu'elle fait rayonner pendant plusieurs siècles sur la totalité de son Empire. Géographiquement, c'est au IIᵉ siècle après J.-C., sous le règne de l'empereur Ḥadrien, que l'Empire atteint son extension maximale : il occupe alors tout le pourtour méditerranéen (les côtes d'Afrique du Nord et de Syrie, la Gaule, la Grèce et la Macédoine), l'Europe occidentale et une partie de l'Europe centrale.

L'art romain est reproduit à travers la totalité de cet immense Empire et, sous une appellation unique, il regroupe une telle diversité que nous pourrions, en fait, parler d'arts romains au pluriel. Il nous serait impossible d'évoquer ici toutes les variantes de cet art. C'est pourquoi nous nous concentrerons sur la création artistique de Rome qui, bien évidemment, fait figure de modèle à travers tout l'Empire.

L'art romain, dans le domaine architectural, celui de la sculpture ou des arts décoratifs, répond à des principes de base qui n'évoluent pas sensiblement sur le plan technique au cours de son développement stylistique. Ainsi, à l'origine des différents domaines de la création artistique, c'est un profond attachement à la propagande, un goût inaliénable pour le grandiose qui, systématiquement, apparaît. S'il s'inspire très largement de l'art grec, à tel point qu'on a pu parfois parler d'art grécoromain, l'art romain cherche avant toute chose à être utile et grandiose.

Chapitre 3

L'art romain

Art étrusque, Vᵉ s. av. J.-C.
La louve allaitant Romulus et Rémus. Bronze.
Les deux enfants sont des ajouts de la Renaissance.
Musée du Capitole, Rome.
© Dagli Orti.

La conquête du monde méditerranéen

Arc étrusque.
Porte de Volterra (IIIᵉ-IIᵉ s. av. J.-C.). Toscane.
© Dagli Orti.

Le mur d'Hadrien entre l'actuelle Angleterre et l'Écosse.
© D. Ball/Diaf.

Il est surprenant de constater que les plus anciens vestiges d'habitats retrouvés à Rome correspondent à la date de sa fondation légendaire, au VIIIᵉ siècle av. J.-C. Il s'agit de quelques cabanes de branchages regroupées en petits villages. Il faut en fait attendre l'arrivée des Étrusques, qui s'installent sur le site de Rome, à la fin du VIIᵉ siècle av. J.-C., pour que les sept collines deviennent une véritable ville, ceinte de murailles. Les **Étrusques** entretiennent des liens étroits avec la Grèce. Ils vont transmettre aux Romains leur alphabet, leur religion et la technique de la voûte*.

De la République à l'Empire

En – 509, les **Tarquins**, rois d'**Étrurie**, sont chassés de Rome. On y proclame alors **la République**. Celle-ci est fondée sur le principe de la séparation des pouvoirs ; **les comices** (assemblées du peuple) élisent **les magistrats** qui possèdent le pouvoir exécutif. Ceux-ci nomment **les sénateurs**, responsables de la politique étrangère et des finances. Malgré cela, la société romaine est profondément inégalitaire. En effet, **les patriciens** (l'aristocratie) détiennent le pouvoir alors que **les plébéiens** (le peuple) en sont évincés, jusqu'à ce qu'une série de réformes, au IVᵉ siècle, leur permette d'accéder à la magistrature.

Le IVᵉ siècle marque le **début de la politique expansionniste de Rome**, qui, à la fin du IIIᵉ siècle, a conquis la péninsule italienne dans son entier. Au IIᵉ siècle, l'expansionnisme romain, toujours plus audacieux, entreprend la conquête de tout le pourtour méditerranéen, et notamment celle de la Grèce. Ainsi, au Iᵉʳ siècle, l'Empire s'étend de l'Espagne aux côtes syriennes, transformant la Méditerranée en véritable mer intérieure (*Mare Nostrum*). Cette extension donne lieu à un mélange culturel qui, désormais, va constituer la civilisation romaine. Ainsi, les mystères de l'Orient conquièrent les esprits mais c'est surtout le raffinement intellectuel de la Grèce qui suscite l'admiration des Romains. De fait, la religion change. Elle accepte certains dieux orientaux, tel le culte de Mythra. Les Romains sont fascinés par l'imaginaire de la mythologie grecque qui contraste avec l'austérité de leurs dieux étrusques. Ils forment ainsi leur propre panthéon, qui reproduit celui des Hellènes.

Mais, dans le même temps, inadaptée à la rapide extension de Rome, la vie politique sombre dans le chaos et, au Iᵉʳ siècle, la guerre civile éclate. Plusieurs généraux, dont **Pompée** et **César**, sont tour à tour portés au pouvoir. C'est finalement **Octave**, neveu et fils adoptif de César, qui rétablit l'ordre en proclamant **l'Empire**.

L'Empire (Iᵉʳ-IIᵉ s. après J.-C.)

En 31 av. J.-C., **Octave-Auguste*** élimine **Antoine**, prétendant au pouvoir. Dès lors, commence son ascension vers les sommets de la hiérarchie. Des assemblées, il obtient petit à petit les pouvoirs absolus. Dans le domaine militaire, il est nommé **imperator**•, en politique **princeps**•, et en matière religieuse il est appelé **auguste**•.

À la dynastie des Julio-Claudiens (celle d'Auguste) succède celle des Flaviens, issue de la bourgeoisie. Mais c'est sous les Antonins et les Sévères, au IIᵉ siècle ap. J.-C., que l'Empire connaît son âge d'or. Ses structures se sont fixées : les différentes assemblées ont disparu, et le pouvoir impérial est représenté dans les provinces par des préfets, placés sous l'autorité directe du souverain. L'administration, appuyée sur une forte bureaucratie, est très développée. En 117 ap. J.-C., à la mort de Trajan, l'Empire a atteint son extension maximale et la conquête prend fin. Ses territoires sont alors délimités à certains endroits par un mur : le **limes***. Ce mur est protégé par des garnisons qui romanisent les régions les plus reculées. La paix (**pax romana**) règne dans l'Empire. Elle permet la libre circulation des produits grâce à un réseau routier très développé. L'économie est donc florissante. De plus, l'autorité impériale est relativement tolérante face aux potentats locaux. Cependant, l'empereur impose dans tout l'Empire le culte de sa personne.

La lente agonie de Rome (IIIᵉ-Vᵉ s.)

La fin du IIᵉ siècle voit le déclin de cet équilibre. Les **Germains**, envieux de la richesse romaine, franchissent le limes. L'effort de guerre doit reprendre. Le pouvoir impérial est alors déchu au profit de chefs militaires portés à la tête de l'Empire par l'armée. Ces derniers se succèdent à partir du milieu du IIIᵉ siècle, dans le chaos le plus total : c'est l'anarchie militaire. L'autoritarisme de ces chefs est mal vécu par les populations. De plus, la guerre appauvrit l'Empire qui, après les fastes du IIᵉ siècle, sombre dans la crise économique. Enfin, à la fin du IIIᵉ siècle, l'empereur **Dioclétien** (284-305) restaure l'autorité impériale. Ainsi, pour une meilleure gestion du pouvoir, l'Empire est divisé en deux : Empire d'Orient et Empire d'Occident. Son successeur, **Constantin**, fort de cette restructuration, réunifie l'Empire et installe sa nouvelle capitale en Orient, à Byzance, qui devient Constantinople. Le centre de l'Empire, se déplaçant vers l'est, Rome perd définitivement son rôle de premier plan.

Par l'édit de Milan, en 313, l'empereur reconnaît la religion chrétienne, jusqu'alors interdite et persécutée. Cette reconnaissance marque l'avènement de la christianisation de l'Empire. Ainsi, avec la fin du paganisme, une grande partie de l'identité culturelle et artistique de Rome s'éteint marquant alors la disparition de l'art romain.

L'empereur Auguste vêtu d'une cuirasse.
Statue de marbre provenant de la *Prima Porta* à Rome.
Hauteur : 204 cm. Musée du Vatican, Rome.
© Erich Lessing/Magnum Photos.

La Porta Nigra de Trèves.
Un des vestiges de l'Empire romain
en Allemagne.
© Dagli Orti.

Des Étrusques aux Grecs : la synthèse romaine

Art étrusque. *Sarcophage des époux*, 520 av. J.-C., provenant de Cerveteri. Musée national de la villa Giulia, Rome. © Dagli Orti.

Art étrusque. *Collier d'or* provenant de Todi (Vᵉ-IVᵉ s. av. J.-C.). Musée national de la villa Giulia, Rome. © Dagli Orti.

Apparu au début du VIIᵉ siècle av. J.-C., **l'art étrusque** connaît sa période d'apogée aux VIᵉ et Vᵉ siècles. Il reçoit alors des influences d'Orient, et surtout de la Grèce archaïque. Dans tous les domaines de la création, ces influences seront cependant largement réinterprétées selon le propre génie étrusque qui privilégie un style décoratif, spontané et allègre, fortement attaché au réalisme.

Les temples, inspirés de leurs homologues grecs, présentent des proportions trapues, et sont élevés sur un podium. Ils sont composés de trois *cellae* successives précédées d'un porche à colonnes. De ces temples, constitués de briques et de bois, il ne nous reste aujourd'hui aucun exemple. Ils nous sont cependant connus grâce à l'architecture funéraire qui tient une place importante dans le monde étrusque. Les salles intérieures de ces impressionnants tombeaux surmontés par des tumulus• reproduisent en effet l'architecture religieuse, ou celle des bâtiments civils.

La statuaire étrusque utilise principalement la terre cuite et le bronze.

Dans le domaine de l'art funéraire, la terre cuite est aussi largement employée, notamment pour les grands sarcophages en forme de gisants à demi allongés* caractéristiques du style étrusque. De plus, les grandes tombes étrusques nous ont livré un abondant mobilier funéraire, dont de remarquables créations d'orfèvrerie, qui privilégient les techniques du filigrane• et de la granulation•.

Outre ce mobilier, les murs de ces immenses tombes offrent à nos yeux de magnifiques fresques qui, à travers une riche palette•, évoquent les canons de la Grèce archaïque, réinterprétés dans un style vivant et imaginatif.

De l'art étrusque à l'art romain

Avec la chute des Tarquins, l'art étrusque amorce un recul. Cependant, durant près de trois siècles, il dominera, avec l'art grec, la production artistique de Rome. À partir du IIᵉ siècle av. J.-C., lorsque l'art romain aura trouvé sa propre identité, l'art étrusque restera présent, notamment dans la production d'urnes funéraires de pierre. L'art étrusque se fond peu à peu à l'art romain, mais son empreinte est toujours sensible dans le courant réaliste de ce dernier.

L'architecture romaine

L'architecture romaine affirme son identité propre à partir du IIᵉ siècle av. J.-C. en mettant au point la technique du **blocage*** : un mortier dur dans lequel sont mêlés des morceaux de pierre. Ce matériau malléable constitue la structure de tout édifice romain. Petit à petit, les architectes en étudient toutes les qualités techniques. Ainsi, le blocage permet l'élaboration et la vulgarisation de formes de plus en plus complexes : l'arc, la voûte et enfin la coupole. Ces trois éléments deviennent caractéristiques de l'architecture romaine. Cependant le blocage n'est pas agréable à l'œil. Il est donc masqué par des blocs de pierre taillée : **les parements**. Ces parements sont en marbre pour les édifices les plus majestueux et les riches intérieurs. À partir de l'Empire, la brique est aussi fréquemment utilisée comme parement. Les murs extérieurs, libérés de tout rôle structural, acquièrent une fonction décorative très importante qui favorise le développement du décor en trompe-l'œil. La colonne d'applique se répand alors, ainsi que l'usage de l'ordre corinthien, plus propice aux fastes décoratifs. D'autre part, les grandes capacités techniques du blocage permettent l'élaboration d'édifices de plus en plus colossaux, correspondant au goût romain pour la démesure.

L'urbanisme

À l'instar de la civilisation grecque, la ville est au cœur du monde romain. À partir du IIᵉ siècle, et selon son sens aigu de l'organisation, Rome développe un urbanisme très rigoureux. Celui-ci s'inspire du plan grec en damier, et des camps militaires. Ainsi, les villes sont quadrillées par un réseau de rues* se coupant à angles droits, et divisant l'espace en îlots (*insulae*). Ce quadrillage prévoit les développements ultérieurs de la cité, selon la même ordonnance stricte. Au centre de la ville, les deux axes principaux : le **cardo** (orienté nord-sud) et le **decumanus** (est-ouest) se coupent à angles droits. À leur point de rencontre se trouve le **forum*** (p. 44), **lieu privilégié** de la vie urbaine. Le forum est une place rectangulaire entourée de portiques, autour de laquelle se répartissent, selon un axe strict, **le temple** (centre religieux), **la basilique** (centre commercial et judiciaire), et **la curie** (centre politique). La reproduction minutieuse de ce plan dans toutes les villes de province, permet aux pouvoirs politiques d'uniformiser et de romaniser l'Empire. Paradoxalement, Rome, la capitale, fait figure d'exception. En effet, avec les aléas de l'histoire, son urbanisme s'est développé de façon plus anarchique, tout comme ses forums (républicains et impériaux) juxtaposés sans aucune ordonnance. La ville romaine s'inscrit dans l'immense réseau de routes et de canalisations qui sillonne l'Empire. La construction d'aqueducs* (p. 44), qui se développe à partir du IVᵉ siècle av. J.-C., montre la maîtrise parfaite des possibilités de l'arc.

Thermes de la villa d'Hadrien, Tivoli, où apparaît bien la technique du blocage.
© Dagli Orti.

Via Stabiana à Pompéi.
© Dagli Orti.

Vue générale du **forum romain**.
© Dagli Orti.

Le Pont du Gard, aqueduc romain
du Ier siècle av. J.-C.
© Dagli Orti.

L'architecture civile et de loisirs

L'architecture civile romaine répond à deux impératifs majeurs : d'une part, un souci d'exigences pratiques et, d'autre part, mêler un aspect grandiose et monumental.

Les quatre formes principales de l'architecture romaine sont : la basilique, les thermes, le théâtre et l'amphithéâtre.

La basilique est, tour à tour, marché ou tribunal. Elle se présente sous la forme d'un bâtiment rectangulaire, divisé généralement en trois nefs, la nef principale étant plus haute que les nefs latérales et percée de fenêtres dans sa partie supérieure. La nef centrale s'achève par une abside dans laquelle siégeait la **curie**.

Les thermes sont, quant à eux, une invention typiquement romaine. Lieu de bains et de rencontre ils tiennent une place primordiale dans la vie quotidienne.

Le théâtre, issu du concept grec de gradins appuyés sur une colline, est, chez les Romains, un bâtiment à part entière. Le mur de scène (*scenae frons*) en reçoit tout le décor.

L'amphithéâtre* (p. 48), invention proprement romaine, est conçu peu avant le début de notre ère, pour les jeux du cirque et les combats de gladiateurs.

L'architecture domestique

L'architecture domestique, luxueusement décorée, témoigne d'un art de vivre très raffiné. En ville, les familles aisées habitent **des domus**. Ces maisons, reprenant le schéma des habitations de la Grèce hellénistique, s'organisent autour d'un atrium et d'un péristyle*. À la campagne, **les villas** tiennent autant de la résidence luxueuse que de la ferme. Pourtant, ce luxe s'oppose à la misère des habitations communes (*insulae*) urbaines.

L'architecture religieuse

Dans l'Empire romain, l'architecture religieuse représente non seulement la puissance du dieu mais aussi, à partir d'Auguste, celle de l'empereur. D'ailleurs, bien souvent consacré au culte de l'empereur divinisé, le temple* reprend le schéma étrusque et italique. Il est érigé sur un haut podium qui lui assure une position dominante. Son porche de façade est soutenu par une colonnade qui se prolonge, sur les côtés du temple, par des colonnes appliquées sur le mur de la cella. Le temple romain est donc **pseudo-périptère**•. Sa décoration, sobre à l'extérieur, est particulièrement luxuriante à l'intérieur. Il existe aussi des petits temples circulaires inspirés du tholos grec. Cependant, au IIe siècle ap. J.-C., les innovations architecturales réalisées dans le domaine civil gagnent l'architecture religieuse qui adopte des formes plus originales. On voit alors apparaître des temples circulaires sous coupole, dont le **Panthéon** (118-128) d'Hadrien reste l'exemple le plus magnifique* (p. 50).

L'arc de triomphe

De l'aspect propagandiste de l'architecture impériale, l'arc de triomphe est le meilleur exemple* (p. 38). C'est une construction destinée uniquement à présenter un décor à la gloire de l'empereur. Sa forme est simple : une ou trois arches supportent un attique sur lequel se dresse une sculpture de l'empereur victorieux. Son aspect monumental est renforcé par la place stratégique qu'il occupe dans la ville.

Une sculpture marquée par l'individualisation

Le portrait

Le sens du portrait est la caractéristique la plus originale de l'art romain. En effet, contrairement à l'esprit grec qui était attaché à l'expression d'un homme générique, la mentalité romaine privilégie l'individualisation et l'identification. Dans le domaine de la sculpture, leur importance est telle qu'elle minimalise celle de l'étude du corps humain. À tel point que, très souvent, on fabrique en série les corps des statues auxquels on ajoute ensuite des têtes sculptées personnalisées. Le portrait est donc au cœur de la création sculptée. Il est un moyen

Atrium et premier péristyle de la *Maison du Faune* à Pompéi.
© Scala.

Triclinium de la *Maison de Neptune et d'Amphitrite* à Herculanum.
© Scala.

Maison Carrée de Nîmes datant de l'époque d'Auguste.
© Dagli Orti.

Statue en marbre de Marc Aurèle, datant du IIe siècle.
Place du Capitole à Rome.
© Dagli Orti.

Un des bas-reliefs de l'*Ara Pacis* (autel de la Paix), Rome.
© Artephot Nimatallah.

d'affirmer son statut social. Il trouve son origine dans deux sources principales. L'une est le portrait hellénistique, l'autre la **tradition funéraire étrusque**, qui voulait que l'on modèle sur le visage du défunt un masque de cire, qui reproduisait fidèlement tous ses traits.

Sous l'Empire, l'art du portrait se charge d'une dimension propagandiste très forte. Il véhicule l'image du souverain à travers tout l'Empire. Il n'est donc jamais totalement réaliste puisqu'il traduit les valeurs psychologiques que le souverain souhaite attacher à son image. Ainsi, l'empereur Auguste reprend à son compte les notions d'ordre et d'équilibre chères à la Grèce classique, en privilégiant un style fortement classicisant. Tous les empereurs Julio-Claudiens s'ingénieront à lui ressembler, afin de marquer symboliquement leur filiation. Ce courant classicisant se retrouve au IIe siècle, sous l'empereur Hadrien, mais doté d'une signification différente. Interprété de façon plus profonde, il confère au souverain l'image d'un érudit, imprégné de la grande culture grecque*. D'autre part, le portrait impérial se fait parfois l'héritier du courant hellénistique. Sous Néron ou Caligula, ce style donne une image romantique et pathétique de l'empereur.

Le relief sculpté

Le relief sculpté romain est l'héritier du relief grec. Cependant, il se place dans une perspective totalement différente, et présente donc un style radicalement nouveau. Il est toujours réalisé en haut-relief, sur plusieurs plans, et marqué d'une grande animation. Le relief historique, qui mêle propagande et individualisme, a pour but de mettre en valeur les rapports qui lient le citoyen aux dieux et surtout à l'État. Il décrit donc toujours des scènes précises qui se déroulent à des moments précis. Il en est ainsi dans la scène de recensement que nous présente le relief de Domitius Ahenobarbus (Ier siècle av. J.-C.), premier relief historique jusqu'alors retrouvé. Sous l'Empire, le relief historique est, bien entendu, utilisé à des fins propagandistes, en particulier sur les arcs de triomphe ou les colonnes commémoratives. L'identification et l'individualisation des protagonistes représentés sont alors primordiales. L'évolution stylistique du relief impérial, relativement similaire à celle du portrait, peut être étudiée à travers ses jalons les plus importants : l'***Ara Pacis*** d'Auguste (premier relief impérial), les reliefs de l'**arc de Titus** (vers 71 ap. J.-C.), de la **colonne Trajane*** (113 av. J.-C), ou ceux de l'**arc de Constantin** (environ 312), le dernier des arcs de triomphe.

À côté du relief historique, on trouve des reliefs mythologiques qui répondent à des besoins culturels. D'autre part, dès le IIe siècle, le rite de l'inhumation se généralise, remplaçant peu à peu celui de l'incinération. La production de sarcophages de marbre explose alors, et le relief funéraire connaît un grand développement. Ces reliefs combinent, dans des représentations stéréotypées, une grande complexité, issue du baroque hellénistique, à de fortes influences orientales (guirlandes de feuilles, représentation d'architectures). Ces influences orientales vont se généraliser et, au IVe siècle, lorsque l'Empire devient chrétien, elles seront prépondérantes dans le domaine de la sculpture.

Le décor intérieur témoin d'un art de vivre très raffiné

La peinture romaine nous est bien connue grâce aux vestiges de fresques*• des villes comme Pompéi détruite par l'éruption du Vésuve en 79 après J.-C. Ces vestiges nous permettent de repérer l'évolution de la peinture romaine à partir du IIe siècle av. J.-C. Les murs sont divisés en panneaux encadrés par des éléments décoratifs (colonnes, candélabres) d'une très grande finesse. De petits tableaux, représentant des scènes mythologiques ou des paysages, figurent au centre de ces panneaux.

La mosaïque• est une composante essentielle du décor architectural et couvre la surface des sols aussi bien que celle des murs.

La production de mosaïques connaît de nombreuses variantes régionales, l'école la plus créatrice étant sans doute celle d'Afrique.

Détail de la *Colonne Trajane*. Trois reliefs avec, en bas, la boucle du Danube et les épisodes de la campagne contre les Daces.
© Dagli Orti.

Fresques de la maison des Vetii à Pompéi. © Dagli Orti.

L'amphithéâtre Flavien : le *Colisée*

(vers 70-80 après J.-C.) Rome

© Dagli Orti.

Les trois empereurs Flaviens interviennent dans la construction de l'édifice. Le premier, **Vespasien**, commence le chantier en 70. Son fils **Titus** inaugure le bâtiment en 80, et **Domitien** à partir de 81 achève les travaux. L'amphithéâtre Flavien se dresse à l'emplacement d'un lac artificiel créé pour le plaisir de Néron dans le parc de la Maison Dorée. Cet amphithéâtre, le plus vaste qui fut jamais réalisé, prit le nom de *Colisée* vers le VIIIe siècle de notre ère. L'origine de ce nom est une allusion à la statue « colossale » de Néron qui se dressait à proximité.

Cet amphithéâtre servait à l'empereur pour offrir à un maximum de ses sujets des spectacles qui allaient du combat de gladiateurs aux représentations théâtrales à grands effets de mise en scène.

Description

Le terme d'« amphithéâtre » décrit l'édifice ; il s'agit de deux théâtres accolés qui forment ainsi une arène de forme circulaire. Pour accroître la capacité du *Colisée*, on lui donna une forme elliptique. La dimension extérieure est de 188 m sur 156 m, celle de l'arène de 86 m sur 54 m, et la hauteur totale de 48,50 m. La façade est constituée par trois rangées d'arcades superposées surmontées par un quatrième étage attique percé de fenêtres.

Ces arcades évitent l'aspect disgracieux qu'aurait un mur plat de grande dimension et permettent de diriger les poussées de l'énorme masse de maçonnerie afin d'éviter les risques de fissuration.

Quatre-vingts arcs couvrent la totalité du périmètre du *Colisée*. Les piliers qui les séparent, construits en travertin, mesurent 2,40 m de large sur une profondeur de 2,70 m. Chaque pilier est orné d'une demi-colonne de style dorique (toscan) au 1er niveau, de style ionique au 2e niveau, de style corinthien au 3e niveau. L'attique plat qui surmonte ces trois rangées d'arcades est rythmé par autant de pilastres corinthiens.

À chaque extrémité des 2 axes de l'ellipse s'ouvre une porte. Ces entrées principales donnaient accès directement à l'arène. Pour permettre la circulation des 50 000 personnes que pouvait contenir le *Colisée*, un ensemble de couloirs concentriques courait à chaque niveau sous les gradins. Des escaliers intérieurs reliaient chaque étage selon des axes radiaux.

Une suite de consoles au milieu de l'étage supérieur supportait des mâts d'une dizaine de mètres qui, traversant la saillie de la corniche, servaient à tendre un vélum protégeant les gradins de l'ardeur du soleil. Le maniement de cette toile reste encore difficile à comprendre.

Une chape de mortier garnissait la plus grande partie de l'arène. Le reste était couvert d'un plancher amovible qui permettait de faire apparaître des éléments de décor. Sous l'arène, des couloirs et des cellules abritaient les « services » nécessaires aux jeux.

Commentaire

Les trois ordres superposés, plaqués contre les murs entre les arcades, n'ont aucune utilité fonctionnelle. Ils ne constituent qu'un habillage décoratif propre à l'architecture romaine.

Contrairement aux constructions des théâtres helléniques toujours adossées à une colline, l'amphithéâtre du *Colisée*, établi sur un terrain plat, constitue une innovation typiquement romaine. La maîtrise des architectes s'y manifeste dans l'emploi différencié des matériaux : **blocage à base de lave** pour les fondations, de **tuf** pour les parties qui travaillaient moins, de **pierre ponce** pour les voûtes qu'il fallait tenir légères.

Les fondations de plus de 6 m établies dans un lieu marécageux, les solutions trouvées pour permettre l'écoulement des eaux, montrent la grande maîtrise technique des ingénieurs romains. Le *Colisée*, miracle de perfection organisatrice, reste l'expression monumentale d'un certain aspect de la grandeur romaine. Il deviendra une référence obligée pour tous les architectes qui, à partir de la Renaissance, s'inspireront de sa façade où se superposent les trois ordres (dorique, ionique et corinthien).

Intérieur du Colisée. © Dagli Orti.

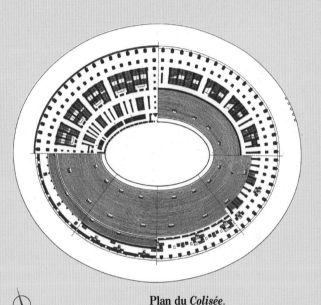

Plan du *Colisée*.
Dessin de D. Grötze d'après F. Rakob.

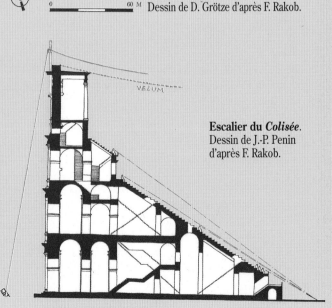

Escalier du *Colisée*.
Dessin de J.-P. Penin d'après F. Rakob.

VÉLUM

49

Le *Panthéon* d'Hadrien (118-128 après J.-C.), Rome

© Scala.

Dès l'origine le temple avait été dédié à plusieurs dieux, ce qui justifie le nom qu'on ne tarda pas à lui donner. Entre 118 et 128, l'empereur Hadrien entreprend la reconstruction du monument érigé par Agrippa et disparu lors d'un incendie.

Description

Le Panthéon présente la plus grande salle à coupole de l'Antiquité avec un diamètre de 150 pieds romains (43,30 m).

Des méthodes traditionnelles très simples ont été mises en œuvre pour la construction de cette coupole. Sur un coffrage en bois, on prenait soin de tasser des cailloux et du mortier par couches horizontales, puis après un temps de séchage on démoulait.

Cette coupole repose sur des murs particulièrement résistants. Les poussées sont déviées vertica-lement par un système d'arcs de soutien dissimulés dans les murs du cylindre derrière les piliers engagés. Deux colonnes délimitent l'espace de chaque niche aménagée entre chaque élément de soutien. La coupole commence à mi-hauteur de l'espace intérieur. Ce niveau apparaît à l'extérieur par la présence d'une corniche qui fait le tour du bâtiment. Les 145 caissons de la coupole, disposés en cinq rangées horizontales dont la taille diminue avec une régularité mathématique, dirigent le regard dans une ascension vers le grand oculus• (8,92 m de diamètre), situé au sommet de la coupole.

Le dessin du pavage du sol en marbre polychrome, restauré au XIXᵉ siècle, présente le même répertoire de cercles et de carrés que celui de la coupole, et reprend les lignes de fuite de ses caissons.

Du stuc• et des incrustations de marbre donnent à l'intérieur de la cella un aspect d'une extrême magnificence.

Intérieur de la coupole du *Panthéon*.
© E. Lessing/Magnum.

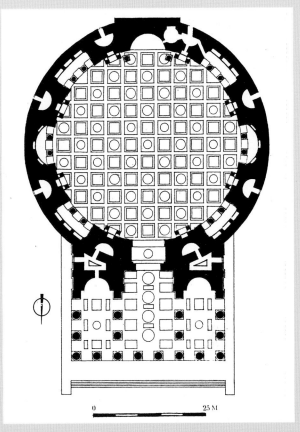

D'après W. L. Mac Donald.

Commentaire

L'architecture grecque était conçue pour être vue de l'extérieur. En effet, le peuple se réunissait autour de l'autel situé devant le temple pour assister au sacrifice liturgique. Les Romains, avec le Panthéon, créent au contraire un univers intérieur où les fidèles se rassemblent pour communier avec les dieux en s'isolant du monde extérieur. Plus tard, les édifices chrétiens reprendront cette nouvelle conception de l'espace intérieur.

Les articulations de l'architecture du Panthéon correspondent à des motifs symboliques et à des nécessités cultuelles. L'édifice, dédié aux divinités du panthéon céleste, symbolise à travers la coupole, autrefois décorée d'étoiles, la voûte du ciel. La grande ouverture centrale qui constitue l'unique source de lumière correspond au soleil. Le rayon lumineux qui passe par cette ouverture décrit toute la circonférence du cylindre en suivant la rotation de la terre.

Autour de la cella, la disposition des niches• et des édicules•, sur des axes orientés selon les points cardinaux, montre que les statues des dieux étaient placées à des endroits symboliques déterminés par les augures. Ainsi, le cosmos tout entier entrait en relation avec cet espace intérieur qui rendait sensible l'image de l'univers.

Le Panthéon se compose de trois parties distinctes :

Le porche avec ses huit colonnes corinthiennes surmontées d'un haut fronton, annonce que l'on entre bien dans un temple. En arrière deux rangées de quatre colonnes constituent un vestibule ouvert.

La zone de transition, faisant suite au porche, est une zone rectangulaire qui constitue une sorte de sas permettant d'accéder à la cella du temple par l'antique porte en bronze.

La cella. Après le dessin rectiligne du vestibule, la grande salle du Panthéon nous surprend par sa forme circulaire. Par la conjonction du cylindre et de la coupole, le bâtiment semble enclore une sphère. Le regard se sent irrésistiblement attiré par l'évidence de cette composition qui engendre un mouvement tournant de la salle.

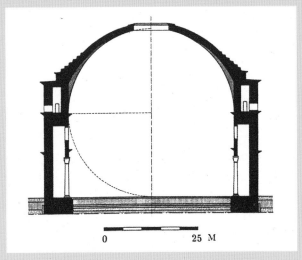

Coupe du *Panthéon*. Dessin de D. Grötze d'après F. Rakob.

51

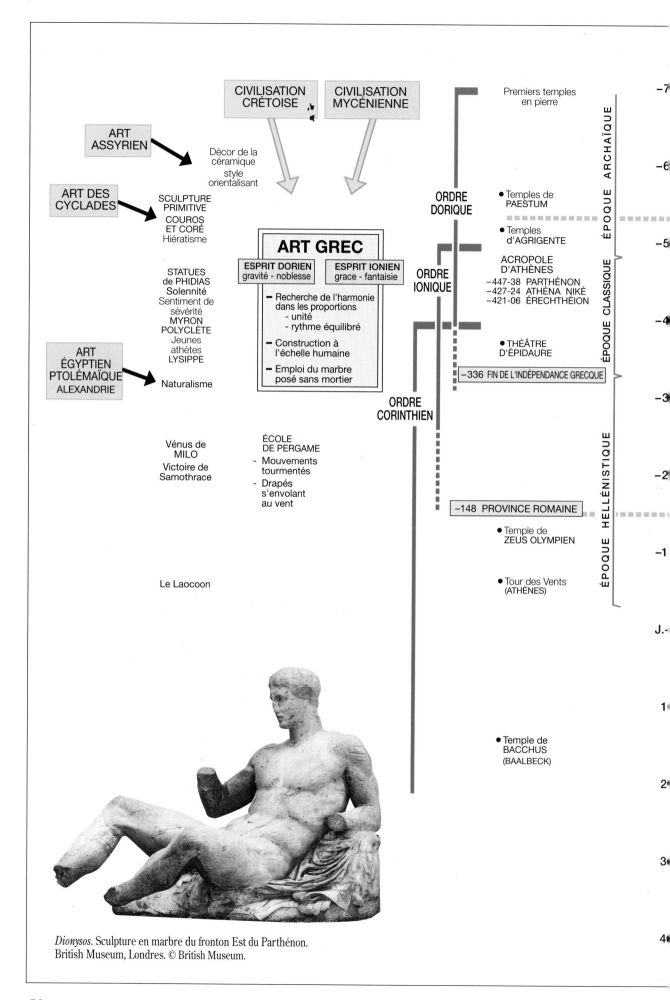

CIVILISATION CRÉTOISE

CIVILISATION MYCÉNIENNE

ART ASSYRIEN

Décor de la céramique style orientalisant

ART DES CYCLADES

SCULPTURE PRIMITIVE
COUROS ET CORÉ
Hiératisme

STATUES de PHIDIAS
Solennité
Sentiment de sévérité
MYRON
POLYCLÈTE
Jeunes athètes
LYSIPPE

ART ÉGYPTIEN PTOLÉMAÏQUE ALEXANDRIE

Naturalisme

ART GREC

| ESPRIT DORIEN gravité - noblesse | ESPRIT IONIEN grace - fantaisie |

– Recherche de l'harmonie dans les proportions
  - unité
  - rythme équilibré

– Construction à l'échelle humaine

– Emploi du marbre posé sans mortier

Vénus de MILO

Victoire de Samothrace

ÉCOLE DE PERGAME
- Mouvements tourmentés
- Drapés s'envolant au vent

Le Laocoon

ORDRE DORIQUE

ORDRE IONIQUE

ORDRE CORINTHIEN

Premiers temples en pierre

● Temples de PAESTUM

● Temples d'AGRIGENTE

ACROPOLE D'ATHÈNES
–447-38 PARTHÉNON
–427-24 ATHÉNA NIKÉ
–421-06 ÉRECHTHÉION

● THÉÂTRE D'ÉPIDAURE

–336 FIN DE L'INDÉPENDANCE GRECQUE

–148 PROVINCE ROMAINE

● Temple de ZEUS OLYMPIEN

● Tour des Vents (ATHÈNES)

● Temple de BACCHUS (BAALBECK)

ÉPOQUE ARCHAÏQUE

ÉPOQUE CLASSIQUE

ÉPOQUE HELLÉNISTIQUE

–7
–6
–5
–4
–3
–2
–1
J.-
1
2
3
4

Dionysos. Sculpture en marbre du fronton Est du Parthénon.
British Museum, Londres. © British Museum.

52

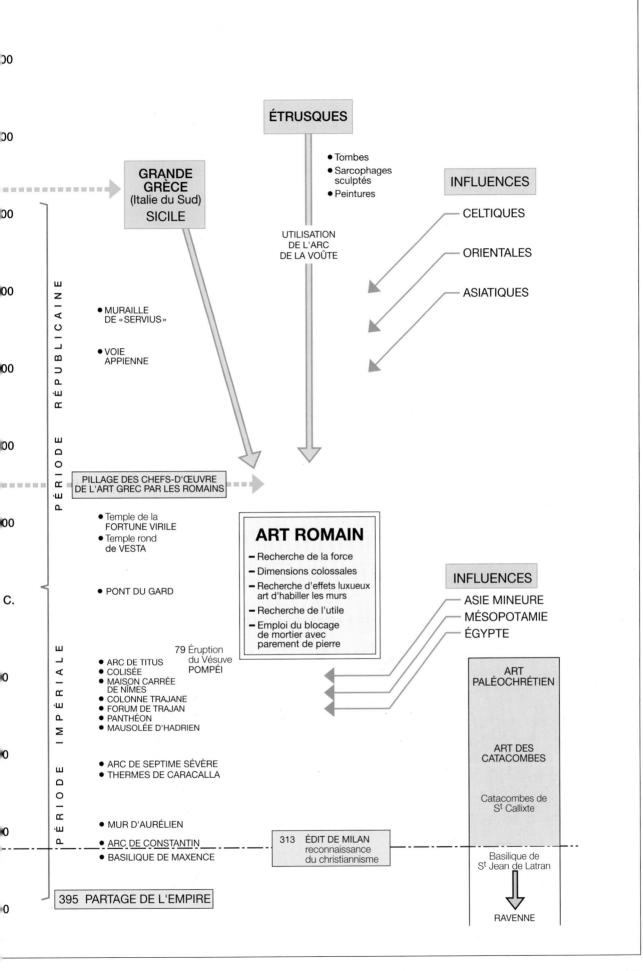

ÉTRUSQUES

- Tombes
- Sarcophages sculptés
- Peintures

INFLUENCES

CELTIQUES

ORIENTALES

ASIATIQUES

GRANDE GRÈCE
(Italie du Sud)
SICILE

UTILISATION
DE L'ARC
DE LA VOÛTE

P É R I O D E   R É P U B L I C A I N E

- MURAILLE DE «SERVIUS»

- VOIE APPIENNE

PILLAGE DES CHEFS-D'ŒUVRE
DE L'ART GREC PAR LES ROMAINS

- Temple de la FORTUNE VIRILE
- Temple rond de VESTA

- PONT DU GARD

ART ROMAIN

- Recherche de la force
- Dimensions colossales
- Recherche d'effets luxueux art d'habiller les murs
- Recherche de l'utile
- Emploi du blocage de mortier avec parement de pierre

INFLUENCES

ASIE MINEURE
MÉSOPOTAMIE
ÉGYPTE

C.

79 Éruption du Vésuve POMPÉI

P É R I O D E   I M P É R I A L E

- ARC DE TITUS
- COLISÉE
- MAISON CARRÉE DE NÎMES
- COLONNE TRAJANE
- FORUM DE TRAJAN
- PANTHÉON
- MAUSOLÉE D'HADRIEN

- ARC DE SEPTIME SÉVÈRE
- THERMES DE CARACALLA

- MUR D'AURÉLIEN
- ARC DE CONSTANTIN
- BASILIQUE DE MAXENCE

313   ÉDIT DE MILAN
reconnaissance
du christiannisme

ART PALÉOCHRÉTIEN

ART DES CATACOMBES

Catacombes de St Callixte

Basilique de St Jean de Latran

RAVENNE

395 PARTAGE DE L'EMPIRE

Le Moyen Âge englobe la période allant du Vᵉ au XVᵉ siècle. Il commence donc à la fin de l'Antiquité, marquée par la chute de l'Empire romain d'Occident en 476, et se termine à l'aube de la Renaissance italienne. Le Moyen Âge marque l'entrée définitive de l'Occident dans l'ère chrétienne.

C'est l'art paléochrétien qui, dès la fin de l'Antiquité, définit la base iconographique* des arts chrétiens qui vont naître.

Dès le IIIᵉ siècle, il constitue le ciment de l'art byzantin, entièrement voué à la glorification de Dieu et de l'Empereur. Cet art s'épanouit au VIᵉ siècle et se prolonge pendant près d'un millénaire dans la partie orientale de l'Empire romain.

En même temps que s'affirme, à l'Est, cet art homogène et somptueux, la partie occidentale de l'Empire voit se diffuser l'art des nouveaux envahisseurs ; dès la fin du Vᵉ siècle, s'y fixent différentes tribus germaniques : les Francs au nord de la Gaule, les Burgondes à l'est, les Ostrogoths en Italie et les Wisigoths dans la péninsule Ibérique.

De tradition nomade, ces peuples ignorent l'architecture. En outre, ils marquent une vive répulsion à représenter les figures humaines.

Leur art, essentiellement ornemental, s'épanouit dans la fabrication d'armes et de parures. Plus spécifiquement, les Germains excellent dans la technique de l'orfèvrerie cloisonnée. Leur vocabulaire artistique est essentiellement composé de formes abstraites et zoomorphes*, évoquant un imaginaire puissant.

Pour asseoir leur souveraineté, qui désormais doit passer par la reconnaissance du pouvoir papal, les peuples germaniques se convertissent peu à peu à la chrétienté. Ces conversions permettent la fusion de leur art avec l'héritage artistique de l'Antiquité. L'architecture et le relief sculpté, survivances des traditions de l'ancienne Rome, se trouvent alors « germanisés ».

Ce n'est qu'à l'aube du IXᵉ siècle, avec l'avènement de l'Empire carolingien, que l'Occident chrétien retrouve son unité politique, accompagnée d'une renaissance intellectuelle, culturelle et artistique. Si cette renaissance semble avoir été trop brève (environ 80 ans), elle marque cependant une rupture profonde dans la tradition artistique de l'Occident chrétien, qui en annonce une autre, plus durable.

Après les invasions normandes, hongroises et sarrasines au VIIIᵉ siècle, s'amorce une série de renouveaux qui, entraînant un regain de vigueur artistique, s'exprime dans l'art roman puis, dès le XIIᵉ siècle, à travers les innovations gothiques. Nourris de spiritualité chrétienne, le roman comme le gothique sont le reflet de la foi d'une civilisation entièrement dévouée à la gloire de Dieu.

Mosaïques de Saint-Apollinaire-le-Neuf à Ravenne.
© Scala.

À l'aube du IIIᵉ siècle, sous l'impulsion du goût populaire pour les images, le premier art chrétien, appelé art paléochrétien, voit le jour. Il apparaît simultanément, et selon un même esprit créatif, dans les communautés chrétiennes des métropoles romaines d'Orient et d'Occident.

L'art paléochrétien, fruit de petits groupes vivant dans la crainte perpétuelle de persécutions, se développe alors clandestinement.

Ce n'est qu'au IVᵉ siècle, lorsque l'Empereur lui-même se convertit au christianisme, que l'art paléochrétien apparaît au grand jour, pour devenir l'art officiel de l'Empire.

Après la chute de Rome, la partie orientale de l'Empire devient la seule garante du nouvel art chrétien.

Grâce à la diversité des influences des différentes civilisations qui l'entourent et le constituent, l'Empire d'Orient va créer un langage artistique spécifique. L'art paléochrétien devient ainsi peu à peu l'art byzantin. Cette mutation semble s'effectuer à l'aube du VIᵉ siècle avec le règne du grand empereur Justinien. Là, l'Empire byzantin connaît son extension maximale, implantant les germes de son art de l'Italie à la Tunisie, en passant par la Grèce, les Balkans, l'Asie Mineure et la Syrie, la Palestine, et l'Égypte.

De plus, grâce à la christianisation des pays slaves, l'art byzantin est largement diffusé vers la Russie, laquelle se révèle être la prolongatrice du vocabulaire byzantin après la chute de Constantinople en 1453.

Loin du réalisme de l'Antiquité, l'art byzantin, sur les bases de la révolution esthétique de l'art paléochrétien, établit un mode d'expression artistique nouveau, tout imprégné de symbolisme et qui détermine l'iconographie chrétienne jusqu'à nos jours.

Chapitre 4

L'art paléochrétien et l'art byzantin

Art byzantin. Calice en or, décoré d'émaux et de perles, Xᵉ s. Trésor de Saint-Marc, Venise.
© Dagli Orti.

Le passage de l'Antiquité au Moyen Âge

Art chrétien. Fragment de reliquaire en terre cuite décoré du chrisme dans une couronne de palme, Vᵉ s. Musée de Carthage.
© Dagli Orti.

Au début de notre ère, les apôtres, prêcheurs de la parole du Christ, répandent le christianisme dans tout l'Empire romain. Le christianisation touche, en priorité, les milieux populaires des grandes métropoles. Les chrétiens s'opposent à l'idéologie impériale en refusant de faire la guerre et de rendre un culte à l'empereur. Les souverains les considèrent donc comme une menace et organisent contre eux de violentes persécutions. Mais ces cruautés acharnées ne parviennent pas à interrompre l'extension de cette foi nouvelle qui gagne peu à peu les classes aristocratiques et les milieux les plus influents. Aussi, elle ne tarde pas à toucher l'entourage impérial et le souverain lui-même. L'édit de Milan, en 313, met un point final aux persécutions et, en 380, l'**édit de Théodose** fait du christianisme la religion d'État. Le IVᵉ siècle marque donc un tournant déterminant dans la conception de la chrétienté.

Après la peur des représailles, les conversions se font en masse. L'Église doit alors s'organiser. Elle établit une hiérarchie calquée sur celle de l'administration romaine.

Dans le domaine politique, la mort de l'empereur Théodose, en 395, marque une nouvelle division de l'Empire en Empire d'Orient et Empire d'Occident. Cette séparation n'est qu'administrative, et a pour but de permettre une meilleure gestion du territoire face aux menaces extérieures. Cependant, Rome ne résiste pas aux assauts barbares et, en 476, tombe sous leurs coups : c'en est fini de l'Empire romain d'Occident.

Constantinople est alors la capitale de la partie survivante du défunt Empire. En quelques siècles, l'Empire d'Orient va développer une culture originale et acquérir son identité propre. On parle alors d'Empire byzantin.

Naissance de l'Empire byzantin

En 330, l'**empereur Constantin** avait choisi, pour établir sa nouvelle capitale, le site de Constantinople (Byzance) pour sa situation privilégiée, passage de la mer Noire à la mer Égée et position clef aux confins des mondes occidental et oriental. Point de rencontre de trois grandes civilisations : grecque, romaine et orientale, l'Empire byzantin est un creuset culturel particulièrement fécond et original. En outre, sa position centrale assure la richesse de l'Empire, qui se trouve à la croisée de toutes les routes commerciales du monde méditerranéen.

Cependant, la splendeur de Constantinople fait d'elle un objet de convoitise. Aussi, s'il est le point de convergence de toutes les voies de commerce,

Catacombes de San Gennaro à Naples, Vᵉ s. Vestibule de l'étage supérieur.
© Dagli Orti.

l'Empire byzantin est aussi celui de toutes les tentatives d'expansion des civilisations voisines : les Arabes au sud, les Latins à l'ouest, les Bulgares au nord, et les Perses à l'est. L'Empire byzantin connaît donc une situation de guerre presque incessante pour sauvegarder son territoire. Son histoire est une succession de périodes d'éclat et de déclin. Elle réussit néanmoins à se dérouler sur près de mille ans.

Maturité de Byzance

C'est à partir du VIᵉ siècle, sous le règne de l'empereur Justinien, que l'Empire d'Orient se détache des institutions romaines. L'empereur entreprend des réformes en profondeur. Dans le domaine législatif, il établit le « code Justinien » qui régénère l'ancien droit romain.

Dans le domaine religieux, dès la fin du VIᵉ siècle, le concile de Chalcédoine jette les bases d'une doctrine nouvelle, l'orthodoxie (littéralement « foi droite ») qui sera celle de la chrétienté byzantine. Celle-ci place l'Empereur, élu de Dieu, à la tête de l'Église d'Orient et prétend faire du patriarche de Constantinople l'égal du pape de Rome. Ce lien immuable qui unit les pouvoirs politiques et religieux fait toute la force des empereurs byzantins et garantit l'unité de l'Empire.

Sur les plans politique et artistique, le règne de Justinien (527-565) marque le premier âge d'or de la culture byzantine. Grâce à sa politique expansionniste, l'ambitieux empereur reconstitue l'*Imperium romanum* dans sa presque totalité. Cependant, ses conquêtes assèchent les caisses de l'État et appauvrissent les populations. D'autre part, des troubles religieux secouent les provinces orientales de l'Empire, favorables à la doctrine du monophysisme•.

Sur le plan culturel, la langue grecque devient langue officielle en 631, marquant le recul définitif de la domination latine.

Du VIIIᵉ au milieu du IXᵉ siècle, l'histoire de l'Empire byzantin est assombrie par **la crise iconoclaste•**, qui oppose les milieux monastiques et populaires à la Cour et au haut clergé. Ces derniers interdisent les images sacrées, jugées idolâtriques. L'iconoclasme étouffe l'épanouissement culturel de l'Empire et rend de plus en plus tendus les rapports avec les autorités de l'Église occidentale, hostile à cette doctrine.

Cette période voit aussi s'émousser la querelle qui, depuis près de cinq siècles, oppose le pape de Rome au patriarche de Constantinople (soutenu par l'Empereur) pour la primauté de l'autorité suprême sur l'Église. En 1054, les deux parties s'excommunient mutuellement : c'est le schisme d'Orient.

En 1453, ce sont, cette fois, les armées turques qui assènent à l'Empire le coup de grâce : Constantinople la chrétienne est désormais Istanbul la musulmane.

Intérieur dominé par la coupole – Sainte-Sophie. Istanbul, VIᵉ s. © Dagli Orti.

Mosaïque : *Melchisédech et Abraham*, basilique Sainte-Marie-Majeure, Rome. © Scala.

L'avènement d'un art d'inspiration divine

Peinture paléochrétienne, Vᵉ-VIᵉ s.
Catacombes de San Gennaro, Naples.
© Dagli Orti.

Simultanément dans les territoires orientaux et occidentaux de l'Empire romain, les premiers signes d'un art chrétien voient le jour, au début du IIIᵉ siècle. Apparaissent alors des fresques peintes sur la paroi des lieux de cultes informels des chrétiens : simples maisons individuelles (*domus-ecclesiae*), ou à Rome, cimetières souterrains à étages (catacombes). Le style de ces peintures* s'inscrit dans le mouvement populaire romain contemporain. Leur iconographie simple est, elle aussi, largement empruntée à Rome puisqu'elle établit une traduction chrétienne du vocabulaire romain. Ainsi, Orphée devient le bon pasteur, ou encore Endymion endormi incarne Jonas sous la coloquinte. Les chrétiens créent leurs thèmes iconographiques lorsqu'ils ne trouvent pas d'équivalents dans l'art romain. Aussi, l'originalité de ce nouvel art chrétien ne réside pas tant dans son iconographie que dans le fait que chaque représentation contient une portée symbolique très forte : l'orante, les bras levés, est l'âme en prière, le bon pasteur est le Christ sauveur des âmes, etc.

Ce nouvel art chrétien apparaît aussi dans la production de sarcophages*. On y retrouve le vocabulaire simple et la symbolique élémentaire développés dans la peinture. Les reliefs de ces sarcophages présentent une qualité stylistique très variable, allant de la simple incision aux compositions de haut-relief plus classicisantes et raffinées.

L'art chrétien triomphant

Soutenu par l'Empereur, à partir des réformes du IVᵉ siècle, l'art chrétien peut enfin apparaître au

Art paléochrétien, IVᵉ s. Sarcophage d'Adelfia, femme du magistrat Valerio, provenant des catacombes de Saint-Jean.
Musée archéologique, Syracuse. © Dagli Orti.

grand jour. Devenu l'élément essentiel de la création artistique, il s'épanouit dans des formes monumentales qui prolongent le rôle des grandes créations romaines, à savoir faire rayonner (à côté de Dieu) le prestige de l'Empereur ou celui des grands commanditaires nouvellement convertis.

Dès lors, à Rome, à Constantinople, et dans tout l'Empire apparaît la première architecture chrétienne monumentale, dérivée des formes architecturales romaines. Les premiers lieux de culte, comme à Sainte-Sabine*, sont de type basilical, répondant cependant à un concept différent de celui de la basilique romaine.

Dès le milieu du IVe siècle, cependant, le goût des classes aristocratiques, nouvellement converties, entraîne un retour aux formes classiques. De même, l'influence des classes aisées ouvre l'univers des objets d'art à l'iconographie chrétienne.

Église Sainte-Sabine, Rome.
La nef de la basilique, Ve s.
© Dagli Orti.

De l'art paléochrétien à l'art byzantin

Les troubles qui menacent la partie occidentale de l'Empire au Ve siècle n'entravent pas pour autant la vivacité de sa création artistique. Ravenne*, la nouvelle résidence impériale, se couvre d'édifices religieux aux riches décors de mosaïques (mausolée de Galla Placidia, St-Apollinaire-le-Neuf* (p. 56), etc.). Mais, en 476, Rome entraîne dans sa chute la floraison de cet art chrétien naissant, rapidement submergé par les influences barbares : l'unité artistique du monde chrétien est alors définitivement brisée.

Constantinople est, en effet, seule héritière de l'art chrétien. Insensiblement, sur les bases de cet art nouveau, dont les caractéristiques seront de loin en loin accentuées, se crée, dans l'Empire d'Orient, un art original, totalement dépendant de l'Église et de l'Empereur, et qui tient sa singularité première du fait qu'il est le théâtre d'une rivalité perpétuelle des influences occidentales et orientales.

L'architecture religieuse : une quête de symbolisme

L'architecture byzantine est avant tout une architecture de brique. Celle-ci est laissée visible à l'extérieur, et couverte de revêtements à l'intérieur des édifices. Une autre technique de construction qui emploie des tubes de terre cuite emboîtés, noyés dans du mortier est aussi fréquemment utilisée. De ces techniques maniables, employant des matériaux légers, naît une architecture très souple, qui préconise l'usage de la coupole.

Aux Ve et VIe siècles, ce sont, bien entendu, les formes de l'architecture religieuse paléochrétienne (le plan basilical ou centré) que l'on trouve dans l'Empire d'Orient. Cependant, l'emploi du plan cen-

Intérieur de l'église Saint-Vital à Ravenne.
© Dagli Orti.

Art byzantin. Chapiteau de l'église Saint-Vital à Ravenne, VIᵉ s.
© Dagli Orti.

Mosaïque du « Bon Pasteur » (détail).
Mausolée de Galla Placidia, Ravenne.
© Scala.

tré à des fins cultuelles nécessite rapidement l'adjonction d'une abside• à ce type de bâtiments.

Cette innovation aboutit à la création d'une solution originale : la basilique• à coupole, dont la cathédrale Sainte-Sophie de Constantinople, édifiée au VIᵉ siècle par l'empereur Justinien, est le premier exemple.

Le type de plan en croix grecque• est la création la plus originale de l'architecture byzantine, dont il devient caractéristique. Il se présente sous la forme d'une croix à quatre branches égales, s'inscrivant à l'intérieur d'un carré. L'espace central, à la croisée des branches, est dominé par la coupole. D'une grande homogénéité intérieure et extérieure, il associe à des besoins pratiques un symbolisme très fort, caractéristique de l'esprit byzantin. Apparu au IXᵉ siècle, le plan en croix grecque est employé systématiquement à partir du XIᵉ siècle.

L'art du relief

À l'opposé du goût de l'Antiquité pour la ronde-bosse, qu'il occulte définitivement au cours du VIᵉ siècle, le monde byzantin, sous l'influence orientale, développe un art du relief avant tout ornemental et décoratif. Plusieurs techniques en sont caractéristiques : le très bas-relief, méplat qui donne à la surface sculptée l'aspect d'une véritable dentelle de pierre ; le relief champlevé qui présente des motifs sculptés sur un fond légèrement creusé et rempli de mastic sombre, parfois de pâte de verre colorée. Souvent plus proche des arts décoratifs que de la sculpture, le relief byzantin joue avec les couleurs, les oppositions de pleins et de creux, dans des motifs le plus souvent géométriques ou végétaux, fortement stylisés*. Les sarcophages• sculptés répondent aux mêmes exigences décoratives. Les représentations figuratives y sont remplacées par des éléments symboliques issus du vocabulaire oriental.

Arts de la couleur : la mosaïque et la fresque

L'art byzantin, amoureux des jeux de couleurs, préconise, pour le décor monumental, l'emploi de la mosaïque*, suivi de près par celui de la fresque. L'un et l'autre répondent à un rôle et une évolution similaires. Leur fonction première étant l'enseignement, leur programme iconographique est fortement réglementé par l'Église.

Les nombreux témoignages de mosaïques nous permettent de constater que, dès le VIᵉ siècle, celle-ci acquiert son originalité par rapport à la mosaïque paléochrétienne. Il n'est qu'à comparer, à Ravenne, les mosaïques de la fin du Vᵉ siècle avec celles qui ornent les constructions de l'âge d'or de Justinien, pour constater que les ambiances naturalistes, dominées par le bleu et le vert, de la haute Antiquité, font place à des scènes solennelles évoluant sur d'éblouissants fonds d'or qui seront désormais ceux de l'ensemble des mosaïques byzantines. Le but n'est donc plus de représenter le réel, mais de placer le fidèle en contact direct avec un monde supraterrestre, spirituel. Au même monde appartiennent les canons hiératiques des personnages. Pourtant, chaque période de renouveau artistique verra, pour les représentations figuratives, le retour à un canon antique, plus souple et allongé. Mais, à partir du VIIe siècle, la période iconoclaste entrave la création d'images religieuses. Cette période de pauvreté artistique donne lieu, cependant, à une réflexion profonde sur le rôle exact de ces images.

De fait, dès le milieu du IXe siècle, avec la fin de la crise, se met en place un programme iconographique très strict qui associe l'organisation du décor intérieur à la signification symbolique de chaque partie de l'église. Au centre de la coupole, qui symbolise le ciel divin, trône le Christ-Pantocrator*•. La conque de l'abside est réservée à la représentation de la Vierge, orante, ou tenant l'Enfant sur ses genoux. En avant de l'abside figure la représentation de l'**hétimasie** (trône vide préparé en prévision de la venue du Christ lors du Jugement dernier). Dans le reste du sanctuaire (qui symbolise le monde terrestre) la représentation de saints personnages occupe les murs.

Cet ordre strict se fixe définitivement en même temps que s'impose le plan de l'église en croix grecque, auquel il est intimement lié. Cependant, au cours des derniers siècles de l'Empire, la mosaïque, luxueuse par excellence, est souvent trop coûteuse. Elle tend à être supplantée par la fresque. Cette dernière, d'une plus grande souplesse, offre des attitudes plus spontanées, qui vont parfois jusqu'à représenter l'expression de sentiments humains.

Les icônes

Contrairement à l'acception usuelle, l'icône n'est pas uniquement une image peinte sur un panneau en bois. Elle est avant tout une image sacrée portative, qui peut recourir aussi bien aux techniques de la peinture qu'à celles de la mosaïque, de l'orfèvrerie ou de l'émaillerie.

Mobiles, les icônes permettent la propagation de l'art byzantin, notamment dans les pays slaves qui, convertis à l'orthodoxie, respectaient le caractère sacré de ces images. Les écoles russes* les plus fameuses furent celles de Novgorod et de Moscou (qui compte notamment le grand maître-artiste Andreï Roublev). Dès le XIVe siècle, et après la chute de l'Empire byzantin, ce sont elles qui perpétuent la tradition de l'icône.

Les objets d'art en matériaux précieux : l'ivoire, l'orfèvrerie, les émaux ou la soie furent à l'honneur dans le monde byzantin. Pillés en grand nombre par les Croisés puis par les Turcs, ils furent un facteur essentiel de la propagation de l'art byzantin dans le monde médiéval.

Christ-Pantocrator, chapelle Palatine, Palerme.
© Scala.

« **La Vierge de Vladimir** ».
Icône byzantine peinte au XIIe s.
© Novosti.

Les mosaïques de l'église Saint-Vital (vers 547)

L'empereur Justinien et l'impératrice Théodora, Ravenne.

L'impératrice Théodora entourée de sa Cour.
© Dagli Orti.

La conquête de l'Italie par les empereurs byzantins dans la première moitié du VIᵉ siècle renforce le rôle de Ravenne. L'empereur Justinien pare la ville de nouvelles églises, témoins en Occident de l'art byzantin. Parmi celles-ci, Saint-Vital, consacrée en 547, présente une structure extérieure sévère qui contraste fortement avec l'éblouissement de l'intérieur où se mêlent marbres précieux et admirables mosaïques.

Description

Le long des murs de l'abside, resplendissent les deux mosaïques représentant à gauche l'empereur Justinien et à droite l'impératrice Théodora.

L'empereur Justinien, la tête ceinte de la couronne, tient en main une patène* d'or pour l'hostie consacrée. À la droite de l'empereur, les nobles de la Cour et la garde armée personnifient le pouvoir terrestre ; à sa gauche, l'archevêque Maximien et le clergé représentent le pouvoir spirituel. Les deux diacres portent un encensoir et un évangéliaire orné de pierres.

Sur la paroi opposée, l'impératrice Théodora fait pendant à Justinien. Cette ancienne danseuse qui s'exhibait dans les bouges du port se reconnaît à son diadème et à ses pierreries. Elle offre l'image d'une reine incarnant le pouvoir absolu, d'une splendeur abstraite, d'un faste presque inhumain. Accompagnée de sa suite, elle s'apprête à pénétrer dans l'église. Les trois Rois Mages brodés en bas de son manteau suggèrent un acte de donation : elle tient entre ses mains un calice pour le vin eucharistique qu'elle vient offrir à l'église Saint-Vital.

L'impératrice
Théodora
(détail).
© Dagli Orti.

Technique

Pour réaliser une mosaïque, on assemble des petits cubes irréguliers dits « tessères » en marbre, pâte de verre, terre cuite, juxtaposés de façon à composer un décor et retenus par un mortier. Une feuille d'or recouvre certaines tessères utilisées pour les fonds. Des éléments en nacre servent à rehausser l'éclat des parures du couple impérial.

L'inclinaison variable des tessères par rapport à la surface du mur capte et reflète plus ou moins la lumière, ce qui donne un aspect miroitant à la surface de la mosaïque et rend les couleurs beaucoup plus intenses que celles de la peinture.

L'empereur Justinien
et sa Cour.
© Dagli Orti.

Commentaire

Les mosaïques deviennent des éléments complémentaires de l'architecture et semblent faire disparaître le poids de la maçonnerie.

La splendeur chromatique de ces deux mosaïques ne vise pas à des effets réalistes. Elle cherche au contraire à dissoudre la matérialité des corps dans un ensemble qui a quelque chose de sacré. Sur un fond doré, réservé comme dans les icônes à la représentation du monde divin, les personnages surgissent de face avec leur raideur altière et leurs visages fièrement impassibles. Les yeux immenses fixent le spectateur d'un regard hypnotique. Seul le mouvement d'un drapé ou le geste d'une main adoucit ce hiératique rituel. Les personnages représentés sans ombre, sans relief, dans un monde extra-temporel, semblent flotter dans l'air. Les souverains, Justinien et Théodora, représentants de Dieu sur terre, portent une auréole*, symbole de l'amalgame de l'Église et de l'État dans l'Empire byzantin.

65

**Tympan du portail ouest de l'église
de Conques** (XIIᵉ s.), Aveyron.
Le Jugement dernier (détail) :
Christ entouré des anges ;
en bas l'entrée de l'enfer et du paradis.
© Dagli Orti.

5

Chapitre

L'art roman

En linguistique, le terme de « roman » s'applique aux langues d'origine latine qui constituèrent les langues modernes dans les pays anciennement romanisés. Depuis le XIXe siècle, il est généralement adopté pour désigner l'art qui se développe, en Occident, après la dissolution de l'Empire carolingien.

Cependant, c'est avec l'art carolingien que nous amorcerons ce chapitre, car il révèle, à l'orée du IXe siècle, la première rupture avec les arts germaniques, opérant un renouveau artistique qui marquera durablement l'Occident.

À la fin du IXe siècle, l'écroulement de l'Empire carolingien, sous le coup de nouvelles invasions, brise profondément l'unité occidentale.

Autour de l'an mille, les invasions écartées et ses frontières stabilisées, l'Occident chrétien trouve un nouvel équilibre. Son développement artistique présente alors deux visages : dans le Saint Empire naît un art impérial, relativement homogène ; alors que dans le reste de l'Occident s'effectuent des expériences novatrices variées, qui constituent la genèse de l'art roman.

Dès la seconde moitié du XIe siècle, l'art roman entre dans sa période de maturation, qui culmine au XIIe siècle. Cependant, s'il se développe sur une base unique, qui en définit la direction fondamentale, l'art roman, fruit d'une société profondément religieuse, rurale et morcelée, s'exprime selon une immense diversité de formes.

Dans la seconde moitié du XIIIe siècle, il cohabite avec les formes gothiques qui s'épanouissent, depuis près d'un siècle déjà, dans nombre de cités occidentales. Beaucoup d'édifices, commencés en style roman, sont achevés en gothique.

Apocalypse de Saint-Sever.
Miniature du XIe s.
Bibliothèque nationale, Paris.
© Bibliothèque nationale.

Morcellement et unité du monde féodal

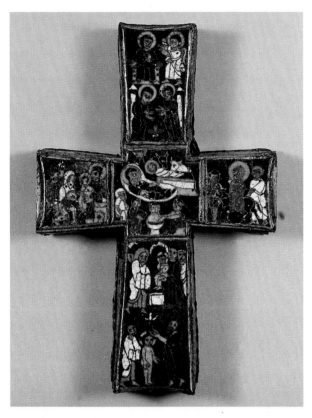

Croix en or et émaux cloisonnés représentant la vie de Jésus.
Bibliothèque du Vatican. © Scala.

Château de Loches. Donjon XIIe s., Enceinte XIIIe-XVe s.
© Dagli Orti.

En l'an 800, à Rome, Charlemagne reçoit la couronne impériale des mains du pape. Par ce geste hautement symbolique, Charlemagne s'affirme comme l'héritier de l'Empire universel romain et chrétien.

Pour la première fois, en effet, depuis la chute de l'Empire romain, l'Occident se trouve uni sous une seule et même autorité politique.

L'Église apparaît comme l'élément unificateur de cet Empire aux mille facettes. Avec le pape, Charlemagne en réforme la liturgie et les institutions cléricales.

De plus, en réunissant à sa Cour des érudits venus de tout l'Empire, l'empereur est l'initiateur du premier renouveau intellectuel de l'Occident depuis la chute de l'Empire romain. Dans les domaines de l'art, de l'écriture et de la vie spirituelle, cette renaissance se manifeste par un retour volontaire aux modèles antiques.

Cependant, après la mort de Charlemagne, l'Empire se désagrège. Ce déclin n'entrave pas pour autant le prestige de la culture carolingienne.

Enfin, après une brève renaissance de l'Empire dans les dernières années du règne de Charles le Chauve, à la mort de ce dernier, en 877, les nouvelles invasions hongroises, vikings et sarrasines achèvent de démanteler les restes de l'Empire carolingien.

Le tournant de l'an mille

Aux alentours de l'an mille, le morcellement de l'Occident est sensible à tous les niveaux : politique, géographique, social, culturel et religieux.

Le climat d'insécurité instauré par les invasions entraîne, progressivement, une profonde mutation de son organisation politique et sociale.

En effet, au début du Xe siècle, le pouvoir politique est démantelé et n'offre plus de garanties de sécurité. Les populations se tournent alors vers la protection des seigneurs locaux, dont les pouvoirs augmentent de fait. Ainsi, insensiblement se met en place **la féodalité** dont les châteaux forts* sont le symbole.

Cette nouvelle organisation sociale et politique établit des liens vassaliques entre les membres des couches supérieures de la société. Chaque seigneur a alors des obligations d'obéissance envers un autre plus puissant, et des devoirs envers les populations qu'il contrôle. Entre le Xe et le XIIe siècle, les institutions féodo-vassaliques se répandent à travers la majeure partie de l'Occident.

En France, elles se substituent aux pouvoirs politiques centraux. Le morcellement géopolitique y est donc extrême.

Ailleurs, en Europe, l'organisation féodale est plus ou moins contrôlée par un pouvoir central relativement fort.

C'est le cas de la Normandie, où les envahisseurs vikings se sont fixés, et à laquelle, lors de la bataille d'Hastings* en 1066, ils rattachent l'Angleterre.

Dans les contrées germaniques, le roi de Saxe, Otton Iᵉʳ, réussit, grâce à sa forte personnalité politique, à maîtriser le système féodal. Il mène une politique de conquêtes vigoureuse, qui agrandit les frontières de son territoire vers l'est, en arrêtant l'expansion hongroise, et vers le sud, englobant une partie de l'Italie. **À Rome, en 962, Otton Iᵉʳ est sacré empereur par le pape ; le Saint Empire romain germanique est né**, s'affirmant comme l'héritier spirituel des Empires romain et carolingien.

La vie intellectuelle est cloîtrée dans les monastères et abbayes qui regroupent l'essentiel du clergé.

L'Église de Rome est alors totalement dépendante des autorités laïques, qui se chargent de nommer, dans le désordre le plus total, abbés, évêques et le pape lui-même.

Autour de l'an mille une plus grande sécurité et le progrès de l'organisation et de l'outillage agricoles provoquent une explosion démographique générale. Une vaste politique de défrichement est alors engagée, qui atténue l'isolement des seigneuries.

Dans le domaine religieux, le développement de la pratique du culte des reliques accroît la fréquentation des routes de pèlerinages, favorisant, par là-même, la création de liens nouveaux.

Les grands ordres monastiques s'étendent sur tout l'Occident. L'expansion de l'ordre clunisien, remarquable par la richesse de ses monastères, s'effectue entre le xᵉ et xiiᵉ siècle. Celle de l'ordre cistercien bat son plein au xiiᵉ siècle. Ce dernier prône le retour à l'austérité et l'obéissance à la loi de pauvreté. Par leurs nombreuses constructions architecturales, et les ateliers qu'elles abritent, ces ordres jouent un rôle primordial dans la diffusion de l'art roman.

D'autre part, à partir du xiᵉ siècle, l'Église réunit l'Occident dans un même idéal de reconquête face à l'Islam et organise les Croisades.

Dès le xiᵉ siècle, le pouvoir papal cherche à se dégager de la mainmise impériale et des clans des familles romaines. Il dénonce l'inaptitude des pouvoirs laïques à nommer les représentants du clergé et affirme sa souveraineté universelle.

En 1122, le concordat de Worms confirme cet état de fait, marquant, pour un temps, la victoire de l'Église sur les différents pouvoirs séculiers. À nouveau, celle-ci se trouve unie derrière une seule et même autorité : le pape.

Tapisserie de la reine Mathilde, dont l'ensemble retrace les différents épisodes de la bataille d'Hastings en 1066. Détail : *Harold et la Comète*. Musée de l'Évêché, Bayeux.
© Dagli Orti.

Vue nord-est de l'**église abbatiale Sainte-Foy de Conques** (xiiᵉ s.), Aveyron.
© Scala.

La diversité de l'art roman

Art carolingien. Porche de l'Abbaye impériale de Lorsch (fin du VIIIᵉ s.).
© Archiv für Kunst und Geschichte, Berlin.

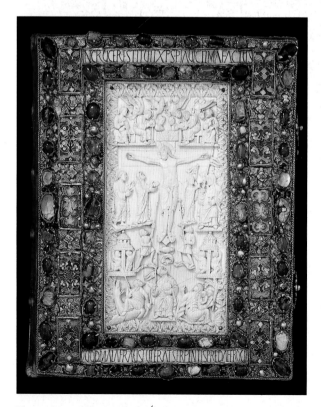

Plat supérieur de la *reliure de l'Évangéliaire de Metz* : ivoire représentant une crucifixion, pierreries et émaux cloisonnés sur cuivre repoussé.
Bibliothèque nationale de France, Paris. © B.N.F.

Après le temps des invasions, la réorganisation du royaume franc entraîne une remarquable éclosion artistique, entre le VIIIᵉ et le Xᵉ siècle. Pendant cette période dite du « Haut Moyen Âge » s'élaborent de nouvelles formes d'expression qui aboutiront progressivement à l'art roman.

La renaissance carolingienne

L'art carolingien se caractérise par un retour volontaire aux formes de la haute Antiquité. Cependant, il n'offre pas une copie servile des modèles antiques, mais en propose toujours une adaptation originale. La renaissance carolingienne, qui s'exprime à travers un art exclusivement au service du souverain, prend fin avec la mort de Charles le Chauve en 877.

De l'architecture carolingienne*, seuls quelques édifices religieux subsistent aujourd'hui ; ils reprennent **le plan**, **centré et basilical, de la haute Antiquité**. Cependant, pour répondre aux besoins liturgiques nouveaux, le plan basilical connaît une forte adaptation.

Ainsi, au chœur• de l'édifice religieux placé selon la liturgie romaine à l'est, est adjoint à l'ouest un second chœur parfaitement similaire au premier. **La basilique carolingienne présente donc deux chevets symétriques.** À l'intérieur de chacun des deux chœurs, l'autel est alors édifié sur une construction voûtée (mais non souterraine) appelée crypte. Celle-ci abrite les reliques autour desquelles les fidèles peuvent circuler.

Pour orner les édifices, on réemploie des œuvres issues de constructions antiques (chapiteaux et colonnes le plus souvent). Cette pratique semble avoir été largement suivie dans le domaine de la sculpture au détriment du développement d'une sculpture proprement carolingienne.

La peinture de manuscrits et les arts précieux constituent aujourd'hui la majeure partie de l'héritage carolingien qui remet au goût du jour les techniques illusionnistes antiques.

L'orfèvrerie carolingienne*, malgré la persistance de l'emploi de techniques germaniques, offre des styles et une iconographie empruntés à l'Antiquité gréco-romaine. D'un caractère particulièrement cossu, elle utilise des matériaux précieux.

Sous le règne de Charlemagne, les ateliers de fabrication d'arts mineurs sont rassemblés à la Cour. Ils se dispersent, sous le règne de son fils, Louis le Pieux, dans des ateliers monastiques dirigés par de hauts dignitaires (comme l'archevêque Ebbon à Metz), et forment chacun une école stylistique différente.

L'art ottonien

Il s'épanouit dans le Saint Empire romanique jusqu'à la fin du XIe siècle. **L'art ottonien est tout au service de la magnificence de l'image impériale.** Son inspiration s'abreuve donc à deux sources significatives : l'art carolingien d'une part, et l'art byzantin d'autre part. Ceux-ci incarnent en effet l'héritage, direct ou indirect, de l'Empire romain, et sont les exemples les plus proches d'arts exclusivement au service du souverain.

Les modèles carolingiens dominent la création architecturale. Si le plan centré semble délaissé (il apparaît sporadiquement, comme à l'église d'Ottmarsheim), partout la formule de l'édifice religieux à deux chevets symétriques connaît un grand essor. Au cours du XIe siècle, ces édifices gagnent en ampleur. Saint-Michel d'Hildesheim* en est un exemple particulièrement brillant. À l'extérieur, tours et clochers accentuent l'ampleur des bâtiments et la puissance des deux chevets.

Les emprunts à Byzance, introduits par des objets mobiles, sont particulièrement sensibles dans le domaine des arts précieux. Ils se manifestent par un certain hiératisme dans la représentation figurative, et une épuration des lignes, qui gagnent en élégance.

Le premier art roman

Cette appellation désigne l'ensemble des expériences et créations nouvelles qui s'effectuent, dès la fin du Xe siècle, dans le reste de l'Occident.

L'architecture : le foyer de la première architecture romane se situe dans la partie méridionale du défunt Empire carolingien, de l'Italie du Nord à la partie septentrionale de l'Espagne, en passant par le Sud de la France. À l'intérieur de cette ère géographique, les foyers lombards et catalans apparaissent particulièrement dynamiques.

Les édifices du premier art roman présentent un plan simple (une à trois nefs terminées par une abside•) qui tend à se complexifier au cours du XIe siècle.

Le but des architectes est alors de soigner l'appareil• de maçonnerie, au détriment d'une quelconque recherche d'ampleur. Cette architecture se présente donc sous la forme de petits édifices, généralement faits de pierres éclatées, imitant la brique.

Cependant, la première préoccupation des constructeurs se porte sur le mode de couvrement ; peu à peu, on tente de **remplacer la charpente de bois, propice aux incendies, par le voûtement de pierre.** La couverture de pierre s'applique alors à certaines parties du sanctuaire (absides, porches...) pour lesquelles son utilisation se révèle plus aisée. Parfois, comme à l'église Saint-Martin du Canigou*, en Catalogne, des constructeurs audacieux l'étendent à l'ensemble de l'édifice.

Art ottonien. Église Saint-Michel d'Hildesheim, Allemagne. Début du XIe s. © Dagli Orti.

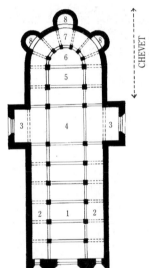

1. Nef centrale
2. Nefs latérales (bas côtés)
3. Transept
4. Croisée du transept
5. Chœur
6. Abside
7. Déambulatoire
8. Absidioles (ou chapelles rayonnantes)

Plan d'une église romane.

Premier art roman. *Saint-Martin du Canigou*, Pyrénées-Orientales. © Rosine Mazin/Agence TOP.

Ce changement dans le système de couvrement donne lieu à une réflexion sur les supports. Ainsi, les piles monolithes• sont remplacées par des piliers cruciformes, supportant colonnes engagées ou pilastres, qui scandent la hauteur intérieure du bâtiment. Ce souci de rythmer l'élévation des murs se retrouve dans le décor extérieur, animé par un système d'arcatures aveugles (bandes lombardes•) séparées par des bandes verticales en saillie (lésènes)★•. Parfois, des ouvertures, encore très modestes, sont percées dans la partie supérieure des murs.

La sculpture : pour orner les points d'articulation de l'architecture, les premiers essais de sculpture monumentale apparaissent à l'intérieur sur les chapiteaux, à l'extérieur dans des reliefs sculptés ou incisés. Cette sculpture, fortement inspirée de la technique des orfèvres, se développe dans des représentations naïves telles qu'on peut en voir à Saint-Génis-des-Fontaines*. Ses manifestations sont encore rares et timides. Cependant, dès la deuxième moitié du XIᵉ siècle, apparaissent des chapiteaux dont le style et l'organisation sont déjà parfaitement romans.

Les arts mineurs : le domaine de la peinture de manuscrits tient un rôle capital dans la genèse de l'art roman. Les contraintes techniques étant moins importantes que pour la sculpture ou l'architecture, certaines écoles précoces produisent des œuvres dont le caractère roman est perceptible dès le début du XIᵉ siècle* (p. 67). Il se manifeste par le recours à des aplats de couleurs, le développement d'un style relativement naïf, vif et narratif, et d'une iconographie où se mêlent sans cesse abstraction et réalité. La préoccupation des artistes n'est plus alors de créer des effets illusionnistes, mais d'occuper l'espace au maximum.

Deux écoles de peinture de manuscrits sont alors fondamentales : celle du Sud de l'Angleterre, et celle des peintres mozarabes• du Nord de l'Espagne.

Façade de l'église *Saint-Philibert* de Tournus (Bourgogne). Décor de bandes lombardes et de lésènes.
© Photo Jean Bernard.

Bas-relief du linteau de la porte de l'église *Saint-Génis-des-Fontaines*, Xᵉ s. (Languedoc).
© Jean-Paul Garcin - Diaf.

L'art roman

Le premier art roman s'est propagé, grâce au développement du commerce et aux routes de pèlerinages, en Occident. Ses innovations se retrouvent dans l'ensemble des créations à partir du XIIe siècle : elles constituent l'unité dans la diversité de l'art roman.

L'architecture : le plan basilical, en croix latine•, domine. Il présente un développement inédit du chœur et du transept• qui permet de répondre aux besoins liturgiques et à l'augmentation du nombre des pèlerins.

Pour la couverture, la charpente de bois* supportée par des piles demeure prépondérante dans le Saint Empire, l'Italie méridionale et les régions avoisinantes, ainsi qu'en Normandie et en Angleterre. Ce type de couverture permet de percer les murs des édifices de larges ouvertures.

Dans le reste de l'Europe se répand le couvrement de pierre, étendu à l'ensemble de l'édifice. Trois types de couverture : **la voûte en berceau*** (plein cintre ou brisé), **la voûte d'arêtes*** et **la coupole*** sont alors utilisés.

La voûte en berceau est un demi-cylindre de pierre posé sur la nef•. Dans certains édifices, les arcs-doubleaux, appuyés sur les piliers, aident au soutien de la voûte, formant ainsi des travées•. Lorsque la voûte est en plein cintre, ses poussées s'effectuent horizontalement vers l'extérieur. Lorsque le berceau est brisé, les poussées sont alors réparties vers l'extérieur et à la verticale, vers le bas des murs.

C'est le rééquilibrage de ces poussées qui détermine l'élévation de l'édifice. Plusieurs solutions sont alors adoptées.

Une première consiste à maintenir la poussée de la voûte, soit par des murs épais, soit par l'adjonction de bas-côtés, qui s'élèvent jusqu'à la hauteur de cette voûte, eux-même épaulés par de puissants contreforts•.

Charpente en bois de l'église *Saint-Étienne de Vignory*, Haute-Marne.
© Martin Guillou/Explorer.

Voûte en plein cintre (*Saint-Savin-sur-Gartempe*). © Dagli Orti.

Voûte en berceau brisé (*Abbaye de Fontenay*). © Alain Rivière-Lecœur/TOP.

Voûte d'arêtes (*Sainte-Marie-Madeleine de Vézelay*). © Dagli Orti.

Église de l'*Abbaye de Fontevrault* où l'on voit
la succession des coupoles. Maine-et-Loire.
© Hervé Champollion/Agence TOP.

Cloître de l'église *Saint-Pierre de Moissac* (Tarn-et-Garonne).
Fin du XIe s.
© Dagli Orti.

Une autre solution consiste à élever, au-dessus
des bas-côtés, des tribunes aveugles qui maintien-
nent les murs de la nef dans leur partie haute. L'éclairage des édifices s'effectue alors par les bas-côtés,
et l'élévation intérieure est dite à deux étages (grandes arcades et tribunes).

Ce même système peut être utilisé pour étayer
une voûte en berceau brisé. Les points de poussées
de la voûte étant déplacés vers le bas, la partie supérieure des murs peut alors être percée d'ouvertures, au-dessus des tribunes. L'éclairage de la nef
s'effectue directement, et son élévation est dite à
trois étages (grandes arcades, tribunes et fenêtres
hautes). Cette solution est largement adoptée en
Bourgogne.

Avec la voûte d'arêtes, formée de deux voûtes en
berceau se coupant à angles droits, l'essentiel des
poussées reposant sur les piliers d'angles, les murs
des édifices peuvent être largement percés d'ouvertures.

La coupole s'utilise souvent pour couvrir la croisée du transept afin d'en magnifier l'espace. Parfois
une « file de coupoles » assure la couverture de
l'ensemble de l'édifice. Ce système de couvrement
interdit l'aménagement de bas-côtés. En revanche,
reposant uniquement sur des piliers d'angles massifs, il permet un éclairage direct de la nef. Cette
solution se rencontre dans le Sud-Ouest de la
France.

Le décor intérieur : l'intérieur d'une église
romane était, à l'origine, **resplendissant de couleurs** : celles des peintures qui en couvraient les
murs, et des sculptures, elles-mêmes bariolées.

De nombreuses sources viennent alimenter l'essor du décor architectural : paléochrétiennes, caro-
lingiennes, germaniques, byzantines, orientales ou
musulmanes.

L'iconographie romane privilégie des sujets fortement symboliques, qui souvent évoquent un
monde imaginaire et monstrueux, correspondant
aux conceptions religieuses d'alors.

La fonction de **la sculpture romane est de
souligner les points clefs de l'architecture** :
chapiteaux et corniches à l'intérieur, porches et
tympans à l'extérieur. Le cadre, nécessairement
architectural, de cette sculpture est contraignant. Il
oblige les artistes à contorsionner les formes sculptées afin que celles-ci s'inscrivent dans l'espace qui
leur est imparti. C'est ce qu'on appelle la « loi du
cadre », qui, paradoxalement, pousse à une liberté
d'invention omniprésente.

À partir de la fin du XIe siècle, les arts mineurs
passent dans leur presque totalité au service de l'É-
glise. De nombreux progrès techniques sont réalisés. En particulier, le domaine de l'émaillerie est
révolutionné par la technique de l'émaillerie champlevée[•] sur cuivre, qui consiste à insérer les émaux
dans des formes réservées dans la plaque de cuivre.

Art roman de Bourgogne. Linteau du portail nord de la cathédrale d'Autun, XIIᵉ s.
La Tentation d'Ève, relief attribué à Gislebertus. Musée Rolin, Autun.
© Dagli Orti.

Pluralité de l'art roman

Le développement de l'art roman connaît de très importantes variations régionales et chronologiques. Nous déterminerons, ici, la disparité des formes de l'art roman à travers les différentes régions de l'Occident.

Cependant, l'explication de la diversité romane par un découpage régional reste arbitraire car, la liberté des artistes étant extrême, bien des œuvres, incluses dans un cadre géographique donné, échappent aux lignes générales de l'art d'une région.

La Bourgogne est un des centres les plus dynamiques, et connaît son plein développement dans la première partie du XIIᵉ siècle.

Son architecture d'une harmonie et d'une élégance particulières est marquée, de près ou de loin, par l'exemple de la basilique de Cluny III, achevée à la fin du XIᵉ siècle. Son élévation à trois étages lui confère une grande légèreté, malgré ses vastes dimensions, inégalées dans l'art roman.

Sa sculpture*, caractérisée par une tendance à l'élongation des formes, et des drapés pleins de vie, offre un remarquable sens de la narration.

Son enluminure se développe grâce aux ateliers clunisiens et cisterciens. Au début du XIIᵉ siècle, sous l'abbatiat de l'Anglais Etienne Harding, les ateliers cisterciens reçoivent d'importants apports anglo-saxons, adoptant un style vif et pittoresque caractéristique de l'art roman.

Art roman de Bourgogne. Tympan de la basilique
Sainte-Marie-Madeleine, Vézelay. XIIᵉ s.
Détail du Christ et des Apôtres.
© Dagli Orti.

Art roman du Languedoc.
Revers du portail de l'église de Souillac.
Le prophète Isaïe.
© Champollion/Agence TOP.

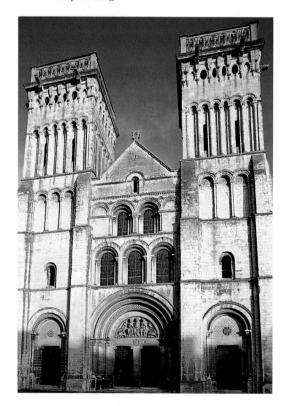

Art roman de Normandie.
Église de la Trinité à Caen.
© P. Hinous/Agence TOP.

Le Languedoc et le Limousin

La sculpture s'épanouit dans la lignée de l'atelier de Gilduin, actif à la fin du XIe siècle, et qui réinterprète dans la pierre des modèles d'ivoire et d'orfèvrerie.

Ce style, plus sophistiqué que celui de l'école bourguignonne, se caractérise par des drapés souples et d'une grande légèreté*.

L'émaillerie champlevée sur cuivre connaît un développement précoce et fulgurant dans le Limousin. Cette école se caractérise par l'emploi de couleurs vives.

La Normandie et l'Angleterre

L'architecture normande, qui s'étend sur la Normandie française et l'Angleterre, se développe dès le XIe siècle. L'ampleur de ses programmes favorise l'utilisation de la couverture charpentée, qui perdure très avant dans le XIIe siècle. Les édifices normands présentent, en général, une élévation à trois étages.

Lorsqu'elle a recours au couvrement de pierre, l'architecture normande utilise des voûtes d'arêtes très souvent doublées de moulurations formant des croisées d'ogives, qui préfigurent le gothique. À l'extérieur, les édifices présentent une façade harmonique à deux tours comme à Caen*.

L'ampleur de cette architecture laisse peu de place à la sculpture. Le décor intérieur est constitué de moulurations ornées de motifs simples.

Le Saint Empire romain germanique

L'architecture reste fidèle aux modèles ottoniens. Cependant, dans certains édifices, comme la cathédrale impériale de Spire*, une couverture de pierre vient, dès le début du XIIe siècle, remplacer la charpente de bois. Ces édifices sobres et massifs ne s'ouvrent pas à la sculpture monumentale avant la fin du XIIIe siècle.

L'émaillerie, grâce au développement de la métallurgie du cuivre et de ses alliages, connaît au XIIe siècle un grand essor dans la région de la Meuse. Ses émaux, dits romans-mosans, n'échappent pas à l'influence classique de l'orfèvre Renier de Huy.

L'Italie et la Provence. L'Italie reste fortement attachée à son fonds culturel antique, qui apporte à son art un certain conservatisme. De plus, par sa position géographique, elle reçoit de nombreuses influences : celle du Saint Empire au nord, de l'art roman à l'ouest, de Byzance à l'est. Ainsi, l'adoption des formes romanes s'y effectue selon une disparité considérable.

L'architecture, fidèle à la tradition, sépare baptistère• et campanile• de l'église elle-même. Le développement du décor extérieur de lésènes et bandes lombardes donne naissance à des murs ornés de galeries superposées qui doublent la façade des sanctuaires comme à Pise*.

L'architecture de l'Italie du Nord se développe sous l'influence des pays germaniques, tandis que la Lombardie reste fidèle au premier art roman.

Cependant, dans ces régions, le couvrement de pierre se généralise. L'Italie méridionale, plus fidèle à la tradition paléochrétienne, préconise des édifices à plan basilical simple et couverts par une charpente.

La sculpture, dès le début du XIIᵉ siècle, connaît un renouveau tout en conservant sa fidélité aux modèles antiques, visible notamment dans l'organisation des drapés des représentations figuratives.

Les modèles italiens se répandent largement en Provence, où la sculpture s'intègre, sur les façades, aux porches en forme d'arc de triomphe. La production sculpturale s'y développe à partir de la seconde moitié du XIIᵉ siècle.

L'Italie du Sud et la Sicile. Carrefour des influences byzantines, musulmanes et romanes (à partir de l'arrivée des Normands en 1130) elles produisent un art très original où se mêlent décors musulmans, mosaïques byzantines et chapiteaux romans.

L'Espagne. Au sud, l'art espagnol reçoit une très forte inspiration musulmane. Au nord, transmis par les échanges dus aux pèlerinages, l'influence de l'art roman est particulièrement sensible et se mélange au fonds culturel wisigothique.

L'Europe orientale. Ne possédant pas de traditions culturelles chrétiennes, ces pays (Pologne ou Hongrie) reçoivent successivement des apports importants venus d'Italie, de France et du Saint Empire. Ces derniers y resteront prédominants.

Art roman d'Allemagne.
Chevet de la cathédrale de Spire, fin du XIᵉ s.
© Dagli Orti.

Art roman d'Italie. « Le Champ des Miracles » à Pise, le baptistère, la cathédrale et la tour penchée.
© R. G. Everts/Rapho.

Initiale du livre de Kells (fin du VIIᵉ siècle)

Trinity College de Dublin

Évangile
de saint Matthieu.
© Bridgeman/
Giraudon.

Codex

Les premiers manuscrits des Évangiles étaient écrits sur des rouleaux de papyrus. Les codex (manuscrits formés par la réunion de cahiers reliés par l'un des côtés) écrits sur parchemin apparurent vers le Vᵉ siècle.

Le chrisme

Monogramme du Christ qui se dit *Kristos* en grec, figuré par un X (khi = C) et un P (rhô = R) entrelacés, auxquels s'ajoute le I.

Le christianisme fut introduit en Irlande au Vᵉ siècle. L'art chrétien s'épanouira d'une manière singulière dans cette civilisation aux traditions celtes que l'isolement du pays maintiendra avec force. En effet, l'Irlande a échappé à la conquête romaine comme aux invasions germaniques et s'est ensuite trouvée isolée de l'Europe occidentale par la présence en Angleterre des Saxons païens. Les monastères y prirent très vite une grande importance et leurs ateliers commencèrent à produire des codex diffusés à travers toute l'Europe : presque tous ces codex concernaient des évangéliaires.

Description

Le livre de Kells provient de l'île d'Iona avant son invasion par les Vikings en 807. Ce manuscrit, orné à profusion de riches miniatures, ressemble à un travail d'orfèvrerie. La page sur laquelle s'ouvre l'évangile de saint Matthieu est entièrement consacrée à un immense chrisme (monogramme du Christ). Le gigantesque « X » rassemble un grouillement d'arabesques et de rinceaux peuplés d'anges et d'animaux les plus humbles. En bas, deux rats se disputent une galette sous l'œil de deux chats.

Style

En Irlande, les moines se heurtèrent aux traditions artistiques des peuples celtes. Les copistes renoncèrent à s'inspirer des peintures de l'Antiquité, préférant puiser leur inspiration dans des motifs décoratifs d'origine germanique. Les entrelacs à la signification magique prennent leurs racines dans un monde païen antérieur à l'invention de l'écriture. Au naturalisme de l'art chrétien romain, vient se substituer un art abstrait, aux motifs compliqués, unique en Europe. Les spirales celtes associées aux entrelacs saxons puis scandinaves dominent dans ces ornements curvilignes traités avec une extrême minutie. L'inépuisable variété des motifs enluminés manifeste une immense fantaisie créatrice et une grande virtuosité technique.

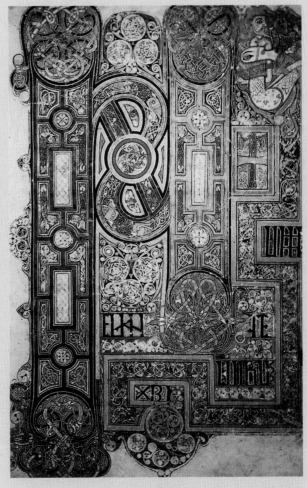

Évangile de saint Marc. © Bridgeman/Giraudon.

Commentaire

Les moines irlandais apportent dans les manuscrits une innovation importante. En effet, ils ne se bornent plus à disposer une illustration sur la page comme s'il s'agissait d'un petit tableau. Le copiste et le peintre ne faisant plus qu'un, une unité profonde s'établit entre le texte et l'illustration. La première lettre de la page devient énorme : la décoration confère à la page son caractère essentiel.

De nombreux textes illustrés par les ateliers irlandais ont été retrouvés dans plusieurs pays d'Europe. Les moines les emportaient avec eux lors de leurs pèlerinages et cette diffusion contribua grandement à la naissance des différentes écoles de miniatures de l'époque carolingienne.

Les sculpteurs romans du continent puiseront largement dans ces manuscrits et reproduiront sur certaines frises et chapiteaux les entrelacs savants de la thématique irlandaise.

Symbole des évangélistes.
© Edimedia.

Le portail de Saint-Pierre de Moissac

(vers 1115-1131)

Portail de l'église Saint-Pierre de Moissac,
Tarn-et-Garonne.
© Rapho.

Après avoir terminé la réalisation du cloître*, l'abbé Ansquitil songea vers 1110-1115 à la construction d'une tour-porche où figuraient à la porte ouest le tympan et les piédroits actuels. Après la mort d'Ansquitil, cet ensemble sculpté fut reporté entre 1125 et 1131 sur la façade sud. La surface sculptée fut notablement agrandie sans doute à l'imitation du tympan de Cluny.

Description

Le très vaste tympan, (6,55 m de large), est protégé par un profond porche. Plusieurs scènes sculptées se répondent sur le tympan, sur les piédroits et sur les côtés du porche.

Sur le tympan apparaît la vision du chapitre IV de l'Apocalypse de saint Jean annonçant la fin du monde. Au centre, le Christ en majesté trône entouré des quatre symboles des évangélistes. À sa gauche, le taureau de saint Luc et l'aigle de saint Jean ; et à sa droite, le lion de saint Marc et l'ange de saint Matthieu.

Deux figures d'anges très étirées encadrent ce groupe central.

Au pied du Christ, et remontant de part et d'autre du tympan, vingt-quatre vieillards chantent la gloire de Dieu. Chacun tient à la main une coupe et une cithare.

Sous le tympan, le linteau est décoré de rosaces entourées de cordages sortant de la gueule de deux monstres.

Au centre de l'ouverture du portail, le trumeau est orné de couples de lions inspirés de tissus importés d'Orient et que l'on voyait alors dans les trésors des églises. Sur les faces latérales du trumeau figurent saint Paul et le prophète Jérémie.

Le linteau repose de chaque côté sur des piédroits festonnés à l'effet oriental. À droite, s'insère la statue du prophète Isaïe et, à gauche, celle de saint Pierre qui serre contre son épaule ses clefs de portier céleste. Les personnages minces et comme étirés semblent pris dans un mouvement rythmique d'une grande élégance décorative.

Croquis explicatif du portail.

① tympan   ⑤ voussures
② linteau   ⑥ ébrasements
③ trumeau   ⑦ côtés du porche
④ piédroits

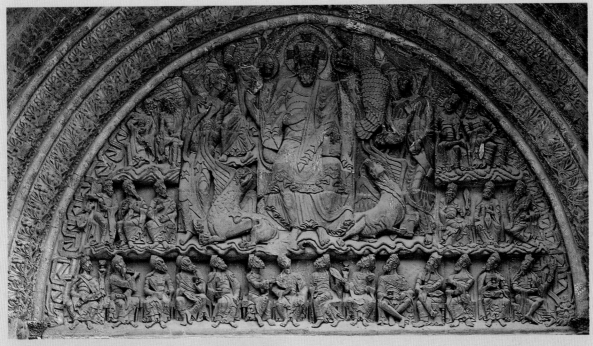

Tympan du portail :
La Vision de l'Apocalypse.
© Dagli Orti.

Détail du tympan
« les vieillards ».
© Vieil/Rapho.

Commentaire

Depuis son installation en Europe jusqu'au XIIᵉ siècle, le christianisme a ignoré l'art de la sculpture. Dans un premier temps, le bas-relief reprend les effets plats de la peinture des manuscrits. À Moissac, pour la première fois, le sculpteur a le sentiment des volumes qu'il dégage nettement du fond. Il utilise des proportions assez proches de la réalité et crée un immense sentiment de vie par la variété des postures et par l'orientation des regards des vingt-quatre vieillards, tous dirigés vers le Christ.

Sous ses pieds, une double bande évoquant les ondulations de l'océan, démultiplie les effets de vibration de la scène où tout n'est que frénésie et terreur. Le galon perlé qui borde le tympan à gauche et à droite reprend les mêmes effets par ses méandres à l'imagination incomparable.

Au Moyen Âge, les sculptures servaient à instruire le peuple que cette vision de l'Apocalypse maintenait dans la crainte du châtiment éternel.

Sculptures du portail.

Saint Pierre.
© Champollion/TOP.

Le prophète Jérémie.
© Serge Chirol.

81

Cathédrale Notre-Dame,
Amiens.
© Lessing/Magnum.

L'adjectif « gothique » est inventé par les humanistes de la Renaissance italienne. Il désigne avec mépris, comme étant barbare (des Goths, qui envahissent l'Europe au début du Moyen Âge), la culture qui s'est développée en Occident entre le XIIᵉ et le XVIᵉ siècle. Ce qualificatif s'applique d'abord à l'architecture, puis à l'ensemble des arts, et enfin à toute la culture de cette période. L'art gothique fut longtemps considéré avec dédain et l'on n'hésitait pas à en détruire des œuvres. Ce n'est qu'avec les romantiques du XIXᵉ siècle qu'il fut réhabilité.

L'art gothique voit le jour au milieu du XIIᵉ siècle, avec la construction du chœur de la basilique de Saint-Denis, à l'initiative de l'abbé Suger. Très rapidement, il s'épanouit dans tout le domaine royal français, et, de là, rayonne sur l'Europe entière.

Cependant, à partir de la seconde moitié du XIIIᵉ siècle, les différents pays d'Europe se détachent du modèle français. Chaque région donne à l'art gothique une inflexion originale, selon son propre génie, sans pour autant en changer ses fondements. C'est l'époque des gothiques régionaux. L'ère d'expansion de l'art gothique couvre un espace géographique très important. Au nord, il s'implante jusqu'en Scandinavie ; à l'est, il atteint la Pologne ; et au sud, il conquiert une partie de l'Orient latin jusqu'à Chypre et à Rhodes. Ainsi, la culture gothique apparaît comme le ciment unificateur de cette Europe politiquement morcelée.

Néanmoins, l'Italie fait figure d'exception. Elle reste en effet très longtemps fermée à l'art gothique, et en donne une interprétation tout à fait originale, n'en retenant que l'aspect décoratif.

De plus, au milieu du XIVᵉ siècle, un art nouveau se développe en Toscane : c'est la Renaissance qui, progressivement, mettra fin au règne de l'art gothique vers le milieu du XVIᵉ siècle.

Chapitre 6

L'art gothique

Rosace de la façade occidentale de la cathédrale *Notre-Dame*, Reims.
© Dagli Orti.

Renaissance des villes

Façade de la cathédrale de Reims, (XIIIᵉ - XIVᵉ s.).
© Artephot/Brumaire.

Cours à l'université. Miniature du XVᵉ s.
Bibliothèque Mazarine. © J. Vigne.

A vec le XIIᵉ siècle l'Europe entre dans une période appelée le « Beau Moyen Âge ». Elle connaît une forte poussée démographique qui entraîne la formation de nombreux centres urbains. L'art gothique est intimement lié à la naissance de ces villes, par opposition à l'art roman, qui demeure un art plus rural. Les municipalités construisent des édifices religieux au cœur des villes. Les cathédrales*, de plus en plus hautes, reflètent l'orgueil de chaque cité. Le rôle social et culturel de la ville devient primordial et entraîne de nombreuses transformations.

Ainsi, pour approvisionner les villes, le commerce se développe considérablement, empruntant le réseau des routes de pèlerinages et créant de nouvelles voies maritimes*. Les villes de l'Italie du Nord, notamment, occupent une place de premier plan dans ce développement commercial, et affirment leur domination sur la mer.

Ces échanges permettent aussi la diffusion des différents courants idéologiques. En effet, les XIIᵉ et XIIIᵉ siècles sont une période de grande émulation intellectuelle avec la naissance des premières universités. On y enseigne la philosophie grecque et les auteurs classiques antiques. Mais elles sont aussi le lieu de propagation des grands courants scolastiques et théologiques qui se regroupent surtout en deux grandes tendances opposées : l'une prônant l'idéalisme et le mysticisme, l'autre la rationalisation de la foi et le « naturalisme ». Ces différentes idéologies sont à la base des nouvelles formes artistiques.

L'université permet ainsi la diffusion du savoir qui n'est plus réservé à une élite monastique coupée du monde*. Parallèlement, la religion devient plus accessible et évolue vers un aspect plus humain.

En Europe, la diversité géopolitique est extrême. En France, les souverains tentent d'imposer leur pouvoir sur un ensemble territorial encore morcelé et Philippe-Auguste, au début du XIIᵉ siècle, réussit ainsi la reconquête des territoires passés sous la domination anglaise. Plus tard, le règne de Saint-Louis (1226-1270) marque le triomphe de la puissance des Capétiens.

En Allemagne, la situation demeure confuse : au cours de la seconde moitié du XIIIᵉ siècle, l'autorité impériale se désagrège et, derrière l'unité apparente du Saint Empire romain germanique, ce sont les pouvoirs locaux qui gouvernent.

Tout comme les villes de la Hanse•, sur la Baltique et la mer du Nord, leurs partenaires et rivales, les grandes villes d'Italie du Nord jouissent d'une réelle autonomie et leurs commerçants en font des centres de rayonnement culturel et intellectuel.

En Espagne, les différentes principautés s'allient pour la reconquête face aux musulmans.

Les « malheurs du temps »

Après deux siècles d'épanouissement, l'Europe du XIVᵉ siècle plonge dans une période troublée. De 1337 à 1453, la guerre de Cent Ans oppose la France à l'Angleterre*. Ce conflit, basé sur un litige pour la succession à la couronne de France, est le premier à revêtir une portée européenne (les différentes nations se regroupant derrière la France ou l'Angleterre). De plus, à cette époque, l'Europe, ravagée par la famine, voit un tiers de sa population disparaître dans la tragique épidémie de peste noire de 1348.

Dans le même temps, le pouvoir politique évolue : une conception moderne de l'État se substitue progressivement au pouvoir féodal, unissant les populations derrière le souverain, animées par un sentiment d'appartenance à une même nation. Cette affirmation du pouvoir régalien se heurte très vite à la papauté dont l'autorité est contestée. Le pape doit s'exiler en Avignon de 1309 à 1377. Dès lors, bien qu'Avignon soit une possession du royaume de Naples, la papauté se trouve placée sous influence française. Puis, pendant quarante ans, l'Église déchirée se voit dotée de deux, puis trois papes à sa tête. C'est le grand schisme d'Occident (1378-1417). L'Église sort affaiblie de ces épreuves, et le pouvoir papal a de plus en plus de difficultés à s'imposer sur celui des souverains.

Avec ces « malheurs du temps », l'Europe est traversée par de graves crises culturelles et sociales qui menacent son ensemble. La religion devient plus individualiste et le mysticisme connaît un nombre croissant d'adeptes.

Derniers feux de la culture gothique

Au milieu du XVᵉ siècle, l'Europe connaît un certain retour au calme : c'est la fin de la guerre de Cent Ans et l'État moderne se met progressivement en place. Le royaume de France a stabilisé ses frontières et affirmé sa puissance face à la menace des ducs de Bourgogne. Le Saint Empire reste divisé. L'Espagne achève la reconquête avec la prise de Grenade en 1492. Avec le Portugal, elle révolutionne l'espace européen par la découverte du Nouveau Monde, dont elle profitera pleinement au XVIᵉ siècle. L'Italie, de son côté, connaît une période de prospérité qui permet une grande émulation culturelle. En effet, le XVᵉ siècle est celui de la Renaissance italienne, qui se développe autour de l'humanisme. L'humanisme est la première doctrine qui place l'homme (et non plus le divin) au centre de toute réflexion ou création. Il faut un siècle au reste de l'Europe pour assimiler et reproduire les leçons de la Renaissance italienne. Ainsi, au milieu du XVIᵉ siècle, peut-on dire que la culture gothique tend progressivement à disparaître.

Bataille de Crécy (26 août 1346).
Chroniques de Jean Froissart.
Manuscrit du XVᵉ s. illustré par Loyset Liedet.
Bibliothèque nationale de France, Paris.
© B.N.F.

Palais Public et *Tour del Mangia*, Sienne.
© Guy Thouvenin/Explorer.

L'élan gothique : « Dieu est lumière »

Double déambulatoire de l'abbatiale de *Saint-Denis*, (XIIᵉ s.).
© Artephot/Takase.

L'**abbatiale de Saint-Denis***, reconstruite à l'initiative de l'abbé **Suger**, propose une architecture totalement nouvelle. Pour la première fois, en effet, l'architecture gothique apparaît dans l'avant-nef (consacrée en 1140), et surtout autour du chœur, dans le double déambulatoire (consacré en 1144), où la voûte sur croisée d'ogives est systématiquement liée à l'utilisation de l'arc brisé. Sa technique est désormais totalement maîtrisée. Les voûtes retombent sur de fines colonnettes, donnant à l'édifice un aspect de légèreté inédit. Les murs, dont le rôle porteur se trouve diminué, sont percés de baies ornées de vitraux• qui permettent un éclairage abondant.

Dès lors, cette nouvelle manière de construire fait école. Les architectes gothiques basent leurs travaux sur trois points essentiels qui sont : l'agrandissement des ouvertures, l'augmentation de l'élévation de l'édifice, et la recherche d'un espace homogène.

Développement de l'art gothique

Dans le domaine royal, Saint-Denis sert de modèle à tout un ensemble d'édifices dits du premier gothique. Ces cathédrales marquent la transition avec l'art roman. Elles sont donc caractérisées par une élévation• à quatre étages* : grandes arcades, tribunes, triforium et fenêtres hautes. La tribune demeure une survivance de l'art roman, utilisée comme élément de soutien à la retombée des voûtes sur les piles. De plus, pour supporter le poids des voûtes de plus en plus larges, on ajoute dans chaque travée un troisième arc d'ogives. Il joue le rôle d'un faux doubleau et permet de rajouter des piles intermédiaires. Les voûtes sont donc sexpartites•. Les cathédrales de Laon, Soissons ou Noyon sont construites selon ces principes. Alors que de nombreux édifices romans sont encore érigés partout en France, certaines régions adoptent des éléments du gothique naissant. Ainsi, dans l'Ouest de la France, le gothique « Plantagenêt » (employé par exemple à Angers) allie, à la structure romane, des voûtes d'ogives très bombées (appelées aussi voûtes angevines). L'ordre cistercien, quant à lui, adopte sans réserve le gothique dont il apprécie la pureté et la simplicité.

L'Angleterre est le premier pays d'Europe à reprendre les innovations françaises, grâce à l'architecte Guillaume de Sens qui entreprend la construction de la cathédrale de Cantorbéry, vers 1174. Ce style, qui allie aux modèles français la tradition décorative anglaise, est appelé « *early english* ».

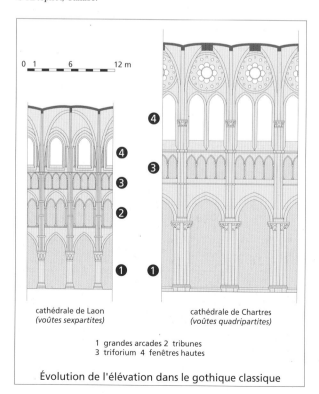

0 1   6   12 m

cathédrale de Laon
(voûtes sexpartites)

cathédrale de Chartres
(voûtes quadripartites)

1 grandes arcades 2 tribunes
3 triforium 4 fenêtres hautes

Évolution de l'élévation dans le gothique classique

L'arc-boutant apparaît aux alentours de 1180 à Notre-Dame de Paris. Il produit une véritable révolution architecturale. En rejetant vers l'extérieur les poussées de la voûte, il entraîne la disparition de la tribune (l'élévation est donc à trois étages)*, et l'allégement définitif de la masse murale. Les voûtes s'en trouvent simplifiées, elles sont quadripartites, s'inscrivant dans des travées dites barlongues•. Cette découverte permet aux architectes d'augmenter l'élévation et de simplifier les formes et le plan des édifices.

L'enthousiasme à construire est grand. Deux grandes cathédrales font figure de modèle : Chartres, le « laboratoire » de l'architecture gothique classique ; et dans une moindre importance, Bourges. Ces deux modèles sont largement adoptés en France, et les variantes locales s'estompent.

Le XIIIe siècle est aussi celui de l'expansion de l'art gothique partout en Europe.

En Angleterre les édifices se présentent sous forme de grands ensembles, liant à la cathédrale cloître• et salle capitulaire•. À l'intérieur, les horizontales sont plus marquées par rapport aux verticales, et les éléments décoratifs abondent (comme à la cathédrale de Lincoln ou de Wells).

Les édifices espagnols apparaissent plus proches des modèles français, et adoptent plus particulièrement le plan très homogène de Bourges, comme, par exemple, à la cathédrale de Burgos.

L'Italie et le Saint Empire restent très réticents aux innovations gothiques.

À l'intérieur des édifices, la sculpture se fait plus discrète, afin de ne pas rompre la continuité de la retombée des colonnes sur les piles. À l'extérieur, le type nouveau des statues-colonnes* apparaît dans les ébrasements•, de part et d'autre du portail, comme à Chartres. Ces statues hiératiques et allongées s'adossent aux colonnes et s'inscrivent dans leurs formes.

Rapidement, la sculpture amorce la conquête de son autonomie par rapport à l'architecture. Les sculpteurs s'engagent dans des recherches de réalisme et de naturalisme, tant au niveau du style que de l'iconographie. Des ateliers itinérants sillonnent l'Europe, créant une unité stylistique. Parmi les styles majeurs, on trouve le style 1200, inspiré de l'orfèvrerie, ou le style antiquisant, dont le drapé classique rappelle celui des œuvres antiques redécouvertes à cette époque.

Le « style 1200 » est inauguré par l'orfèvre Nicolas de Verdun, dans des œuvres comme l'ambon• de Klosterneuburg ou la châsse des Rois Mages.

L'art du vitrail connaît un très grand essor (avec l'augmentation de la surface des fenêtres hautes, rosaces, etc.) au détriment de celui de la fresque, dont le vitrail reprend pourtant le rôle didactique. L'enluminure• se détache peu à peu du style roman. Elle s'inspire de l'art du vitrail, en imitant les silhouettes graciles ainsi que les effets graphiques.

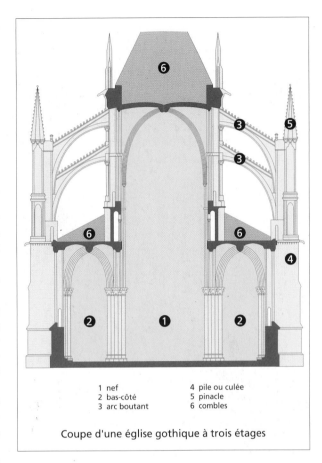

1 nef
2 bas-côté
3 arc boutant
4 pile ou culée
5 pinacle
6 combles

Coupe d'une église gothique à trois étages

Statues-colonnes du portail royal de la *cathédrale de Chartres* (1145-1170). « Les Rois de la Bible ».
© Dagli Orti.

Gothique français.
La Sainte-Chapelle à Paris, vue de la chapelle haute, XIIIe s.
© Dagli Orti.

Gothique anglais.
Intérieur de la *cathédrale de Wells*, Angleterre.
© A.F. Kersting.

Un art plus intimiste

À partir de la deuxième moitié du XIIIe siècle, l'unité artistique de l'Europe est ébranlée : les arts ne sont plus soumis à l'architecture, et les écoles régionales se développent considérablement.

L'effondrement des voûtes de la cathédrale de Beauvais en 1284 met fin aux tentatives toujours plus audacieuses pour augmenter l'élévation des édifices. Cet événement marque la limite des recherches du gothique classique. Déjà, dès 1250 se développe à Paris un courant architectural moins grandiose : **le rayonnant**. Le caractère « structural » de l'architecture gothique se trouve développé à outrance. Les voûtes et les piliers sont affinés au maximum, tandis que le vitrail prend de plus en plus d'importance. C'est à l'architecte **Pierre de Montreuil** que l'on doit les plus belles réalisations du rayonnant, notamment la *Sainte-Chapelle** (consacrée en 1248).

Le XIVe siècle marque le ralentissement des chantiers en France. L'architecture d'Île-de-France perd de son importance face aux tendances régionales, notamment les partis pris originaux du Sud-Ouest et du Centre (cathédrale Sainte-Cécile d'Albi, cathédrale de Narbonne).

Les différents pays européens se détachent du modèle français

L'Angleterre connaît une des phases les plus créatrices de son architecture avec le « **Decorated Style** ». Ce style, qui prédomine de la deuxième moitié du XIIIe siècle jusqu'au milieu du XIVe siècle, se caractérise par une très grande diversité de formes, ainsi qu'une tendance très marquée pour l'ornementation comme à la cathédrale de Wells*. Les éléments décoratifs : liernes*, tiercerons*, clefs pendantes*, les exubérantes fanvalts* (comme celles du cloître de la cathédrale de Gloucester) envahissent les voûtes. Dans la deuxième moitié du XIVe siècle, le « **Perpendicular Style** » se développe, en réaction à la luxuriance décorative du « Decorated Style ». Ce style privilégie les lignes horizontales et verticales et la transparence de la composition. Il se prolonge tout au long du XVe siècle.

Dans le Saint Empire, la situation est bien différente, puisque le gothique français n'apparaît que dans la deuxième moitié du XIIIe siècle. Les deux pôles d'implantation de l'architecture gothique sont Strasbourg, et surtout Cologne. L'adoption des modèles français se fait donc avec un décalage chronologique certain. Elle est de courte durée puisque, dès les années 1350, le type proprement germanique de l'église-halle* apparaît. Il dominera désormais avec un plan qui cherche à organiser un espace homogène. Les piliers ne divisent plus l'espace intérieur. Les lignes n'accentuent plus la verticalité mais permettent une liberté du regard à travers l'espace. Prague, la nouvelle capitale construite pour l'empereur à partir du milieu du XIVe siècle, devient un foyer artistique important. Elle apparaît comme l'un des centres de ce style, notamment avec la construction de la cathédrale Saint-Guy*, sous la direction de l'architecte et sculpteur **Peter Parler**.

Dans la deuxième moitié du XIIIe siècle, la sculpture réapparaît à l'intérieur des édifices. Sous le règne de Saint-Louis, se développe à Paris un style gracieux dit « **style parisien** ». Dans les silhouettes élégamment déhanchées, dans les visages fins, percés d'yeux en amande, aux pommettes saillantes, petit nez et sourire doux, apparaît un certain maniérisme. Ce style se retrouve dans le magnifique *Ange au sourire* de la cathédrale de Reims. Il se prolonge tout au long du XIIIe siècle, dans la statuaire monumentale aussi bien que dans les arts précieux. Par ailleurs, les statues de dévotion se multiplient, et la Vierge à l'Enfant devient un thème favori. Parallèlement à ce style élégant, se développe un courant réaliste, avec la statuaire funéraire. Celle-ci connaît un très grand essor, à partir de la fin du XIIIe siècle. Ces recherches aboutissent à l'apparition du portrait, au milieu du siècle. Sous le règne de Charles V (1364-1380), dont le mécénat est très important, des sculpteurs comme André Beauneveu (gisant• de Charles V) atteignent une puissance expressive jusqu'alors inégalée.

Dans le Saint Empire se développe un courant à l'expressivité exacerbée. L'iconographie se modifie pour privilégier les thèmes exprimant la douleur (pietà•, Cène•...). Les visages sont traités avec réalisme et fortement individualisés. Parmi les plus grands succès de ce courant plastique, citons le cycle des gisants exécuté par Peter Parler à l'intérieur et à l'extérieur de la cathédrale Saint-Guy de Prague.

En Angleterre, l'ornementation exubérante des intérieurs ne laisse que peu de place à la sculpture mobilière. La statuaire reste donc très présente sur les façades (exemple : Exeter). Les figures sont particulièrement allongées et traitées de manière graphique. La sculpture funéraire remporte un très grand succès. Elle préconise l'utilisation de matériaux originaux comme le bronze ou le cuivre dont est fait le très beau gisant du Prince Noir de la cathédrale de Cantorbéry.

En revanche, la statuaire espagnole adhère sans réserve au style français. Seuls quelques ensembles, comme celui de la cathédrale de León, font preuve d'originalité.

Paris reste le foyer principal de l'art gothique, et son rayonnement s'étend sur toute l'Europe. Sous l'influence de la statuaire, et grâce à certaines innovations techniques, les arts mineurs développent un style gracieux, qui s'accentue sous le règne de Philippe le Bel (1285-1314).

Dans le deuxième quart du XIVe siècle, le style « courtois »* apparaît, qui amplifie à outrance l'élégance et le maniérisme du style parisien dans les silhouettes sinueuses au modelé doux et aux plis veloutés.

Gothique du Saint Empire (Bohême).
Cathédrale Saint-Guy à Prague (XIVe s.). © Rosine Mazin/DIAF.

Vierge à l'Enfant en ivoire, XIVe s., France.
Basilique d'Assise, Italie.
© Lessing/Magnum.

Gothique italien.
Cathédrale de Sienne, XIIIᵉ s.
© Dagli Orti.

Chaire du baptistère de Pise, XIIIᵉ s., de Nicola PISANO.
© Nimatallah.

Au XIVᵉ siècle, l'art du vitrail tend à devenir une imitation de la peinture avec notamment l'utilisation du jaune d'argent•.

Le XIVᵉ siècle italien

L'Italie tient une place à part dans l'art européen du XIVᵉ siècle. En effet, alors que l'art gothique s'impose, la Toscane devient le cadre de recherches totalement nouvelles, qui annoncent le Renaissance.

En Italie, l'adoption du gothique français s'arrête au décor, puisque la structure des édifices italiens reste fondamentalement romane. En effet, dans des édifices tels que la cathédrale de Sienne* ou d'Orvieto, on observe une augmentation de l'élévation, et, sur leur façade, apparaissent pinacles• et crochets• gothiques, ainsi que de grandes roses au centre, et des clochetons• de chaque côté.

Mais, à l'intérieur, même si la voûte sur croisée d'ogives est parfois utilisée, ses possibilités architectoniques restent inemployées. Quant à l'arc-boutant, il n'apparaît jamais dans l'architecture italienne qui utilise de puissants contreforts ou des tirants de fer pour contrebuter la poussée des murs. De plus, les caractères typiquement italiens, tels que la décoration de marbre polychrome, ou la séparation constante entre le campanile et le reste de l'édifice, perdurent. D'autre part, grâce au pouvoir des communes, l'architecture civile devient abondante. Elle mêle tradition médiévale (mâchicoulis•, petites ouvertures) au décor gothique, comme au Palais Public* (p. 85) de Sienne. À Venise s'ajoute l'influence du décor byzantin, comme au Palais des Doges.

À partir du milieu du XIIIᵉ siècle, le sculpteur **Nicola Pisano** inaugure un style nouveau. Au décor architectural gothique, il mêle la tradition de la sculpture antique, qui confère au corps force et puissance. La chaire*• qu'il sculpte en 1260 pour le baptistère de Pise annonce cette nouvelle tendance. Ce style est très repris dans la sculpture, qui privilégie la forme de la chaire et celle du tombeau à étages adossé au mur. Au milieu du XIVᵉ siècle, les recherches des sculpteurs évoluent. Elles s'effectuent en parallèle à celles de Giotto tendant vers une simplification des formes, une recherche de monumentalité et d'un plus grand rendu des volumes. Les portes de bronze du baptistère de Florence, exécutées en 1330-1336 par **Andrea Pisano**, en sont un superbe exemple.

La peinture tient une place très importante dans l'art italien. En effet, l'art de la fresque reste essentiel dans le décor intérieur des édifices religieux, les murs ne pouvant être évidés et donc couverts de vitraux. De plus, la tradition byzantine, très présente au XIIIᵉ siècle, rend courante la pratique de la peinture sur panneaux de bois.

À la fin du XIIIᵉ siècle, des peintres comme **Cimabue** à Florence, ou **Duccio** à Sienne, insèrent les premiers accents naturalistes dans la rigueur et la frontalité de la peinture byzantine. Mais c'est le peintre **Giotto*** qui révolutionne la peinture. Ses recherches portent sur la représentation de la profondeur de l'espace, sur le rendu des volumes, sur la traduction des caractères des personnages, sur la composition et la simplification des formes. Son art inaugure la proto-Renaissance. L'école florentine s'inscrit dans la lignée des recherches de Giotto. Quant à l'école de Sienne, elle prend, elle aussi, une très grande importance. Elle est dominée par la personnalité du peintre **Simone Martini***. Son style est marqué par l'esprit élégant du gothique, représentant des corps fins et sinueux, avec une attention particulière pour la douceur des couleurs.

Simone Martini achève sa vie à la cour des papes d'Avignon, devenu un grand centre artistique. Il est l'initiateur de la première école d'Avignon qui, dominée par les peintres italiens, reproduit la grâce de l'école siennoise.

XVᵉ siècle, universalité du gothique

Le XVᵉ siècle est celui du mécénat des Cours princières, qui deviennent des centres artistiques

GIOTTO (1266?-1337), *La Vierge d'Ognissanti*, vers 1310 (détail). Musée des Offices, Florence.
© Dagli Orti.

Simone MARTINI (1284-1344), *Annonciation* (1333).
Musée des Offices, Florence.
© Nimatallah.

Un exemple du **gothique flamboyant**, la *cathédrale de Milan*, Italie.
© John G. Ross/Rapho.

Claus SLUTER, *Le Puits de Moïse*, calvaire polychrome (1395-1405).
Détail de Moïse. Chartreuse de Champmol, Dijon.
© Dagli Orti.

internationaux. L'art européen retrouve ainsi une certaine unité. Il est marqué par une volonté d'étalage de luxe et de formes extravagantes.

Le gothique flamboyant

L'architecture est dominée par le gothique flamboyant. La nouveauté ne réside pas dans la structure des édifices, mais dans **l'exubérance du décor** : celle-ci se retrouve partout en Europe. Les plans sont très variés. Ils privilégient des intérieurs amples. Les édifices se transforment en véritables pages sculptées. Les extérieurs sont couverts de gâbles• ajourés et de mouchettes•, s'étirant comme des flammes (d'où le nom d'architecture flamboyante). À l'intérieur, les voûtes se couvrent de réseaux de liernes et de tiercerons, et les lignes horizontales sont accentuées. Les chantiers sont souvent très longs et à caractère international, comme à la cathédrale de Milan*. Sa construction s'étend en effet de la fin du XIVe jusqu'au XVIe siècle, et le projet est dirigé successivement par des architectes italien, français, germanique, français à nouveau, etc.

Ce style se retrouve dans l'architecture civile qui perd son aspect fortifié comme l'hôtel Jacques Cœur à Bourges.

L'expressionnisme de la sculpture

La sculpture connaît dans l'Europe entière un grand développement. À partir de 1380, le sculpteur **Claus Sluter**, actif en Bourgogne, bouleverse la statuaire. En effet, de sa sculpture émane une grande puissance, conférée par des drapés amples et cassés qui jouent avec la lumière. La profondeur psychologique des visages est frappante. Ce style, qui connaît un grand rayonnement européen, met fin à la suavité de la sculpture française. Ses œuvres majeures sont le portail de la *chartreuse de Champmol* (1385-1389), et le *Puits de Moïse** (1395-1405). Cependant, au milieu du XVe siècle, le centre de la France revient à un style plus doux et serein appelé « la détente de l'art français ».

La statuaire allemande connaît un âge d'or, en particulier à la fin du siècle. Elle développe un style pathétique, à l'expressionnisme exacerbé. Le Saint Empire, comme les Pays-Bas, la Bohème, la Pologne, l'Autriche ou la Hongrie, se rend virtuose dans la production de grands retables de bois. **Tilman Riemenschneider** ou **Veit Stoss** (p. 96) sont des grands noms de la sculpture allemande.

Évolution de la peinture

Aux alentours de 1400 la production de peinture de chevalet• augmente. Dans toute l'Europe se développe un courant gracieux, dit « du gothique international ». Ce style prône un idéal luxueux, chevaleresque, privilégiant les couleurs vives, les dorures, et les personnages aux silhouettes graciles.

Vers 1420, le peintre flamand **Jan Van Eyck*** révolutionne ce style. Il développe une perspective rationnelle et résout le problème de l'utilisation de la lumière dans le rendu des modelés•. En effet, le modelé est obtenu par le jeu de transparence des couches picturales successives. Celles-ci sont appliquées sur une préparation blanche qui réfléchit la lumière au maximum. La puissance de sa peinture n'élimine pas pour autant une attention particulière à la notation des détails. Cette école des primitifs flamands marque toute l'Europe. Le Saint Empire avec les peintres comme **Grünewald*** se détache de l'influence française et adhère fortement au style nouveau. Les peintres de la Renaissance italienne intègrent eux aussi les innovations flamandes.

La France, avec Prague, reste le centre de la production d'enluminures. Elle demeure attachée au style du gothique international. Cependant, vers le milieu du siècle, elle tend à s'ouvrir aux innovations de la Renaissance italienne. La production d'orfèvrerie augmente dans toute l'Europe. Elle est prétexte à une débauche de luxe et de préciosité. La production de la tapisserie•, qui s'inscrit dans le même esprit raffiné, connaît un grand succès (style « mille fleurs »). Elle est produite dans des ateliers du Nord de la France et des Pays-Bas.

Face à l'exubérance du gothique de la fin du XVe siècle, un courant qui prône un art plus rationnel et humaniste est témoin du rôle nouveau de la Renaissance italienne.

Jan Van Eyck (1390/1400-1441), *Les Époux Arnolfini* (1434). National Gallery, Londres.
© Hubert Josse.

Matthias Grünewald (v. 1460-1528), panneau central du *retable d'Issenheim•*, « Crucifixion ». Musée Unterlinden, Colmar. © Giraudon.

La Déposition de croix (vers 1305)

GIOTTO, fresque de la chapelle des Scrovegni à Padoue

Giotto (1266?-1337), après avoir suivi l'enseignement de Cimabue, reçoit de la ville de Padoue, vers 1305, la commande d'un ensemble de fresques pour la chapelle de l'Arena, construite par Enrico degli Scrovegni.

Sujet

L'architecture de cette chapelle très sobre, couverte par une voûte en plein cintre, laisse à Giotto une grande liberté pour composer sa fresque ; il divise les murs de la nef en 38 scènes. La base des murs est décorée de figures monochromes représentant les vices et les vertus. Au-dessus, les scènes sont distribuées en trois séries d'égale grandeur et racontent, sur le registre supérieur : « L'histoire d'Anne, de Joachim et de Marie », sur les deux étages inférieurs : « La vie du Christ », et sur le mur d'entrée : « Le Jugement dernier ». La scène de « La Déposition » appartient à l'ensemble du grand cycle narratif de la vie de Jésus.

Technique

Sur la surface du mur, le peintre étale une couche de mortier (sable + chaux). La peinture est réalisée sur cet enduit frais (*fresco*), d'où le nom de fresque. L'œuvre, indissolublement liée à la structure architecturale, est donc conçue sur place.

Pour éviter tout dégât, on procédait toujours en commençant par le haut et en préparant seulement la surface qui pourrait être peinte dans la journée.

Les pigments colorés, dissous dans l'eau de chaux, étaient alors appliqués sur le mortier encore humide. Au séchage, une réaction chimique liait la couleur au support. La précision et la vitesse étaient les qualités indispensables car toute modification était impossible.

Certaines couleurs comme le bleu azur, le vermillon ou le vert-de-gris, étant détruites par la chaux, étaient appliquées *a secco*, grâce à une colle à base d'œuf.

Croquis 1

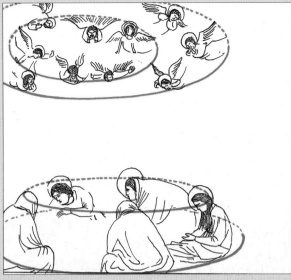

Croquis 2

Composition

Giotto compose cette scène autour de la grande oblique de la montagne (croquis 1). Cette ligne, en s'abaissant de la droite vers la gauche, à l'inverse du sens de lecture habituel, concentre l'effet dramatique vers le visage du Christ et de sa mère Marie. Un faisceau de lignes courbes conduit notre regard vers ce foyer d'extrême souffrance. Ainsi, notre attention est attirée vers le point où se concentrent les regards des personnages eux-mêmes. À la ligne horizontale du Christ mort, répondent de part et d'autre des lignes verticales. Ce goût pour les contrastes accentue l'effet dramatique.

À cette composition sur un plan frontal, vient s'adjoindre une composition sur un plan horizontal (croquis 2). Une ellipse relie les personnages autour du Christ et de Marie. Une deuxième ellipse répond en écho en réunissant les anges qui tourbillonnent dans le ciel.

Expression

Giotto cherche à rompre avec les gestes stéréotypés de l'iconographie byzantine. Il traduit pour la première fois le sentiment religieux par une émotion profonde prêtée à des personnages humains. Il introduit dans chaque scène une savante mise en place d'éléments de décors architecturaux ou naturels qui ne sont plus étrangers à la scène représentée, mais qui y jouent un rôle actif et lui servent de support. Il écarte tous les éléments anecdotiques et accentue ainsi la puissance dramatique de cette scène.

Vue d'ensemble des **fresques** à l'intérieur de la chapelle.
© Dagli Orti.

Les personnages du monde de Giotto vivent intensément leurs actions devant un ciel immuablement bleu sombre. Les masses des corps, à l'aspect sculptural, évoquent le drame par des gestes parfois arrêtés, tant les attitudes sont concentrées et retenues. À travers un réalisme nouveau, Giotto donne à chaque personnage représenté une intensité psychologique qui annonce la Renaissance avec un siècle d'avance.

Retable de Notre-Dame de Cracovie (1477-1489)

Veit STOSS

Partie centrale du **retable** avec les volets ouverts. © C. Sarramon/Picto.

La formation de Veit Stoss reste obscure. Après avoir séjourné à Nuremberg, il s'installe à Cracovie en 1477 où il exécute avec son atelier de nombreuses et importantes commandes, dont le grand retable• de bois polychrome réalisé entre 1477 et 1489 pour l'église Notre-Dame.

Sujet

Par ses dimensions importantes, 13 m de haut sur 11 m de large, avec ses volets ouverts, cette œuvre constitue le plus grand retable que l'on connaisse.

La partie centrale présente deux scènes superposées : « La mort et le triomphe de la Vierge accueillie aux cieux par son Fils ». Les sculptures y sont traitées en quasi-ronde bosse•, alors que sur les volets sont sculptés des bas-reliefs. Les volets du retable, fermés pendant la semaine, présentent six scènes des « Joies de la Vierge ». Ouverts le dimanche, ils dévoilent six scènes des « Douleurs de la Vierge » accompagnant sa fin glorieuse. L'ensemble repose sur une prédelle• où figure l'« arbre de Jessé ». Au

pinacle du retable apparaît la gloire céleste de la « Vierge couronnée ». Le décor de la partie supérieure de chaque scène forme des structures fantastiques où de vertigineuses accumulations de détails créent des architectures montées les unes sur les autres, contenues les unes dans les autres.

Technique et composition

Le retable est sculpté dans du bois de tilleul. Ce bois tendre se prête bien au style tourmenté de Veit Stoss. Les figures colossales de la scène centrale, près de 3 m de haut, sont taillées dans des troncs dont le cœur était évidé pour éviter les craquelures du bois. Les personnages, qui se détachent sur un fond bleu profond, sont revêtus par le sculpteur d'une polychromie excessivement raffinée, rehaussée par l'emploi de feuilles d'or. Dans les détails des visages, des mains ou des boucles exubérantes des chevelures, le maître fait preuve d'une prodigieuse virtuosité, marque de toutes ses œuvres. Il sait allier, à l'étude anatomique très réaliste de ses personnages, une représentation d'états psychiques très différenciés.

Détail : le Christ et la Vierge. © S. Sarramon/Picto.

Expression

La grande énergie des reliefs et la plasticité des attitudes et des drapés reflètent les tendances maniéristes des derniers peintres gothiques de l'Europe du Nord. Dépassant cette mode, Veit Stoss impose sa force et sa nature irascible dans ce gigantesque ouvrage où l'animation gestuelle des personnages, l'intensité des expressions et les brusques envolées des draperies concourent à l'emphase dramatique dans une théâtralité digne du « baroque ».

À cette époque, les nouvelles recherches picturales aboutissent au trompe-l'œil. Veit Stoss cherche avec ce triptyque à dépasser cette étape. Il recrée la réalité par la sculpture-peinture où les volets mobiles tendent à nous persuader que nous évoluons dans un espace réel où nous pouvons nous diriger librement.

À la peinture et à la sculpture indissociables de l'architecture du retable, le maître ajoute une autre dimension. Le mouvement des volets, qui tour à tour révèle ou masque les différentes scènes, introduit dans l'œuvre la notion du temps qui passe.

Ce retable établit une somme iconographique de la légende mariale au moment où se précisent les dévotions du rosaire. Il constitue la dernière grande œuvre sur la vie de Marie, antérieure à l'action de la Réforme. Veit Stoss, ce maître de l'expressionnisme germano-slave, met un point final au Moyen Âge, alors qu'une autre civilisation a déjà pris son élan depuis près d'un siècle : la Renaissance.

Au centre du cercle : la main du Christ tire par un pan de son manteau la Vierge pour signifier qu'elle monte au Ciel avec son enveloppe charnelle et non uniquement avec son âme selon la tradition iconographique.

Monde céleste

La légèreté immatérielle est traduite par des personnages petits et espacés, par l'animation du vol des anges, et par la richesse et le raffinement du décor architectural.

① et ② : doigts qui montrent la direction du Ciel.

Monde terrestre

La pesanteur terrestre est évoquée par le grand nombre de personnages de grande taille et par la lourdeur des drapés.

Détail : têtes de la Vierge et des Apôtres. © S. Sarramon/Picto.

Mihrâb de la mosquée de Cordoue.
© Dagli Orti.

L'expansion de l'Islam, dernière-née des trois grandes religions monothéistes, fut fulgurante. Ainsi, cent ans après son avènement, en 622, la nouvelle religion a conquis les territoires qui s'étendent de l'Inde à l'Espagne.

De cette conquête, dont l'extraordinaire rapidité reste aujourd'hui encore inexpliquée, l'Espagne marque la limite occidentale.

C'est en 711, en effet, que les Sarrasins passent le détroit de Gibraltar pour être stoppés à Poitiers, en 732, par Charles Martel.

Dès lors, et jusqu'au XVe siècle, au gré des conquêtes et reconquêtes, la péninsule Ibérique est totalement, puis partiellement musulmane.

Les formes de l'art musulman s'y épanouissent dans une sensibilité artistique commune avec le Maghreb, auquel l'Hispanie musulmane est, la plupart du temps, rattachée politiquement.

La Sicile constitue l'autre bastion de l'Islam en Occident. Elle est musulmane entre les IXe et XIIe siècles.

Dans ces deux régions, les échanges artistiques entre Islam et chrétienté sont nombreux. En Espagne, ils donnent naissance aux arts mozarabe et mudéjar.

Ainsi, aujourd'hui encore, une partie du patrimoine artistique de l'Espagne, du Portugal et de la Sicile porte, dans des œuvres dont l'éclectisme fait tout le charme, les marques de l'art musulman.

Chapitre 7

L'art musulman dans l'Europe médiévale

Espagne. Art omeyyade, Xe-XIe siècle.
Coffret en ivoire avec monture en argent et pierres précieuses. Motifs d'animaux et de fleurs. Musée du Bargello, Florence.
© Dagli Orti.

L'Occident sur les chemins du Prophète

Mur de la forteresse de l'Alcazaba de Malaga.
© Dallet/Aisa, Barcelone.

Ce document nous montre plusieurs caractéristiques de l'architecture musulmane :
– réemploi d'éléments architecturaux romains (chapiteaux et colonnes) ;
– construction en matériaux grossiers (pierre et brique), souvent masquée par un décor de placage ;
– ouverture surmontée d'un arc outrepassé.

En 622, l'hégire (exil du Prophète à Médine) marque la naissance de la religion musulmane. C'est sous le règne de la dynastie des **Omeyyades** (661-750), premiers califes du monde musulman, que sont définies les dominantes de l'art architectural* et les règles fondamentales de l'esthétique musulmane. Privés de tradition esthétique, les artistes islamiques s'inspirent alors des expressions artistiques autochtones, essentiellement byzantines et sassanides, qu'ils adaptent selon leurs besoins religieux. Ce phénomène se répétera de tout temps et dans toutes régions.

L'Occident musulman

Espagne islamique, Espagne chrétienne

En 711, les musulmans conquièrent le royaume wisigothique d'Espagne.

En 756 s'y réfugie le prince 'Abd al-Rahmān Iᵉʳ, seul membre de la famille du calife ayant survécu au massacre des Omeyyades à Damas. Il fonde l'émirat omeyyade d'Espagne, faisant de Cordoue sa capitale. Au Xᵉ siècle, l'émirat atteint son apogée et, en 929, devient califat. Les Omeyyades mènent alors une politique d'expansion sur le Maghreb. Cependant, au début du XIᵉ siècle, le califat s'essouffle, avant de disparaître définitivement en 1031.

L'Espagne est alors démantelée en une multitude de petites principautés : les royaumes de Taifas. Ce morcellement, qui marque une période de confusion politique et économique, favorise la reconquête chrétienne, symbolisée par la prise de Tolède en 1085.

Mais, au même moment, l'arrivée de la dynastie berbère des **Almoravides**, qui avait conquis le Maghreb dès le milieu du XIᵉ siècle, repousse les royaumes chrétiens dans la moitié nord de la péninsule. La dynastie almoravide, qui s'appuie sur une stricte orthodoxie religieuse, gouverne l'Espagne depuis Marrakech.

Dès la première moitié du XIIᵉ siècle, les Almoravides sont concurrencés par les **Almohades**, qui s'installent sur le sol maghrébin, puis en Espagne, faisant de Séville la ville royale. Animés par un grand puritanisme religieux, les Almohades détruisent la plupart des constructions almoravides.

Défaite au Maroc, la dynastie almohade s'effondre en Espagne au milieu du XIIIᵉ siècle, face à l'avancée chrétienne.

Le royaume de Grenade, dirigé par les sultans Nasrides, reste alors le seul État islamique dans la péninsule Ibérique. Il tombe à son tour en 1492 : la péninsule Ibérique est alors totalement chrétienne.

Espagne. Salle de prière de la mosquée
de Cordoue, VIIIᵉ-Xᵉ siècle.
© Dagli Orti.

La Sicile musulmane

En 827 la Sicile et l'Italie du Sud, jusqu'alors byzantines, tombent aux mains des Aghlabides, dynastie musulmane régnant sur l'équivalent de la Tunisie actuelle. En 1130, ces régions sont reprises par les Normands qui fondent la dynastie des Normands de Sicile.

L'Islam, trait d'union entre l'Antiquité et l'Occident

Outre l'importance de l'apport musulman dans le développement artistique de l'Occident, la civilisation arabe fit redécouvrir à la chrétienté le savoir oublié de l'Antiquité. Ce sont, en effet, les savants arabes qui nous ont transmis les sciences et la philosophie grecques, notamment grâce aux grands centres de transcription qui traduisaient les textes grecs en arabe, puis de l'arabe en latin.

Le prestige intellectuel des musulmans fut grand en Occident, et des bibliothèques comme celles de Cordoue ou Tolède furent fameuses, témoignages de l'avance intellectuelle de l'Islam sur l'Occident contemporain.

Espagne. Détail de la décoration intérieure de la salle des Rois. Alhambra de Grenade.
© Navia/Aisa, Barcelone.

101

Rencontres fécondes entre l'Orient et l'Occident

Espagne. Arcs outrepassés et polylobés de la mosquée de Cordoue.
© Wysocki/Explorer.

Espagne. Patio de la forteresse de l'Alcazaba à Malaga.
© Phedon Salou/Artephot.

La fondation de l'émirat omeyyade à Cordoue au VIIIᵉ s. donne la première impulsion au développement d'un art islamique en Espagne.

C'est alors que se fixent les normes et principes qui régiront l'art hispano-musulman futur. Dans tous les domaines de l'art, ces principes naissent de la rencontre entre les fondements de l'art musulman, issus d'Orient, et le fonds culturel espagnol, c'est-à-dire les arts romano-wisigothiques.

L'architecture

L'architecture religieuse

La mosquée est le principal monument dans les pays musulmans. Elle doit nécessairement comporter une salle de prière orientée vers la Mecque. Le mur marquant cette orientation est appelé mur de la **Qibla**. Il est percé d'une niche, le **mihrâb**, qui indique la direction de la Mecque. Le mihrâb reçoit une importante décoration*.

Non loin du mihrâb se trouve le **minbar**, chaire à prêcher, généralement en bois finement travaillé, mais qui peut également être en pierre.

Le plan des premières mosquées se fixe en Syrie et Palestine au début du VIIIᵉ siècle. Il est une vague réminiscence de la maison du Prophète à Médine. Ces premières mosquées se présentent sous la forme d'une cour ornée d'un bassin central destiné aux ablutions, précédant la grande salle de prière rectangulaire, divisée en nefs (ou travées), parallèles ou perpendiculaires au mur de la Qibla.

La grande mosquée de Cordoue*, édifiée à partir de 785-786, présente cette organisation formelle issue d'Orient. Les nefs de la salle de prière, délimitées par des colonnes, sont perpendiculaires au mur de la Qibla. L'originalité de cet édifice réside dans la forme des arcs outrepassés ou polylobés, dans leur superposition et dans les effets obtenus par leur abondance. Ce type d'arcatures est issu du fonds culturel wisigothique.

Le minaret• de la grande mosquée est de forme carrée, et relativement massif. La grande mosquée de Cordoue fixe les normes de l'architecture religieuse hispano-musulmane.

L'architecture des palais

Les palais arabes de l'Espagne musulmane et du Maghreb s'inspirent de la maison méditerranéenne de tradition classique, grecque ou romaine. Ils comprennent un ou plusieurs patios, ornés de puits ou pièces d'eau*. Les bains y sont courants (contrairement à la tradition des royaumes chrétiens) et nécessitent un système élaboré de canalisations et d'égouts.

Sous les Omeyyades, l'architecture palatiale culmine dans le palais du calife de Madinat al-Zahrā, construit au Xᵉ siècle, aux environs de Cordoue.

Les matériaux de construction

Traditionnellement, l'architecture musulmane se soucie moins de la pérennité de ses édifices que du faste de leur apparence extérieure.

Le matériau de construction n'a pas d'importance en soi, et son emploi témoigne souvent d'une certaine négligence. Ainsi, même si l'utilisation de la pierre (seule ou mêlée à d'autres matériaux) reste fréquente à l'époque omeyyade, elle tend à disparaître par la suite. En Hispanie, on lui préfère le torchis, et surtout la brique.

Le décor architectural

Pour masquer la pauvreté des matériaux de construction, il est d'usage dans le monde musulman de recouvrir les surfaces murales d'une décoration abondante. Ces décors exubérants sont exécutés avec grande minutie et dénotent un goût prononcé pour le détail.

La tradition religieuse musulmane, si elle n'exclut pas totalement l'image figurative•, s'oppose à la conception d'un Dieu anthropomorphe• et à la représentation de personnages dans les lieux sacrés. Le décor architectural est donc essentiellement constitué de formes purement ornementales, dont les combinaisons infinies de motifs géométriques ou les compositions d'éléments végétaux (le plus souvent stylisés) sont les principales constituantes*.

De plus, l'interdiction de la représentation humaine dans le vocabulaire décoratif donne lieu à une extrême valorisation de la calligraphie•. À l'intérieur comme à l'extérieur des édifices se développent des bandes d'inscriptions coraniques, dans une élégante écriture koufique. Dans le monde islamique, l'écriture revêt un caractère sacré.

Plusieurs matériaux sont caractéristiques du décor architectural musulman :

– La pierre : des revêtements de pierre de belle qualité (le marbre en particulier), dans lesquels les motifs décoratifs sont profondément sculptés, peuvent masquer le matériau de base.

La pierre constitue aussi le support du décor des chapiteaux. Au commencement de la période de Cordoue, les chapiteaux (comme les fûts des colonnes) sont des réemplois directs d'éléments issus de bâtiments antiques. Par la suite, les artistes imitent les formes corinthiennes et composites antiques dans des chapiteaux profondément creusés au trépan•.

Espagne. Décoration extérieure de la mosquée de Cordoue, composée de motifs géométriques, floraux et d'inscriptions coraniques.
© Dagli Orti.

Coupole de la mosquée de Cordoue.
© Fred Mayer/Magnum.

Tissu de soie, XIIᵉ s.
Musée de Cluny, Paris.
© Photo RMN-H. Lewandowski.

Espagne. La *Giralda* de Séville.
© Stéphane Frances/Explorer.

– La mosaïque est un matériau fréquemment employé dans la décoration des édifices musulmans et participe à l'ornementation intérieure et extérieure de ceux-ci.

– Le plâtre : le revêtement de plâtre, parfois le stuc•, sculpté ou moulé, est le matériau le plus habituellement utilisé pour le décor architectural en Hispanie musulmane. Le plâtre, brut ou polychrome, permet la réalisation de très riches reliefs qui envahissent les surfaces murales autant que celles des plafonds.

Les objets d'art

Les productions d'ivoires* (p. 99), d'objets métalliques, de manuscrits ou de marqueterie•, qui sont abondantes en Hispanie musulmane, témoignent d'une virtuosité plus ou moins grande selon les différentes périodes.

Cependant, les textiles de luxe sont une spécialité de la péninsule. Ces somptueuses étoffes* de soie et de fils d'or sont exportées à travers l'ensemble de l'Occident.

XIIᵉ et XIIIᵉ siècles : la sobriété des dynasties africaines

En réaction à l'exubérance décorative des royaumes de Taifas du XIᵉ s., et pour répondre aux exigences d'une doctrine religieuse plus stricte, la création artistique marque un retour à la sobriété, avec l'arrivée des nouveaux envahisseurs venus d'Afrique du Nord.

Les **Almoravides**, comme les **Almohades**, sont de remarquables constructeurs, et renouent avec les grands programmes architecturaux de l'époque omeyyade.

Séville possède un magnifique exemple d'art almohade avec la *Giralda**•, ancien minaret percé de baies géminées et couvert d'arcatures polylobées, le plus souvent aveugles. Le décor de cette architecture se développe dans des éléments larges et équilibrés.

XIVᵉ et XVᵉ siècles : le raffinement de l'art nasride

L'art des **Nasrides** préfère la mesure et le raffinement à tout effet grandiose. Son architecture témoigne d'un certain conservatisme, mais n'en est pas moins remarquable par la finesse de ses décors de plâtre polychrome et de mosaïques.

À l'*Alhambra* de Grenade*, on peut admirer les « stalactites » de plâtre, d'une légèreté particulière.

Les palais nasrides témoignent d'un talent certain et d'un goût prononcé pour l'agencement de jardins et pièces d'eau, intégrés à l'architecture.

L'art musulman et la chrétienté

Les contacts artistiques entre la chrétienté et les arts musulmans sont nombreux sur le sol hispanique et donnent naissance à des créations composites.

En architecture, les artistes mozarabes et mudéjars transmettent aux royaumes chrétiens des techniques de construction typiquement musulmanes : l'utilisation de la brique en tant que matériau de construction, ou encore la forme de l'arc outre-passé.

C'est cependant en matière de décoration que l'apport musulman reste le plus flagrant, communiquant aux édifices chrétiens les décors de plâtres polychromes ou encore de *muqarnas*•.

Le domaine des objets d'art n'échappe pas non plus à ces nouvelles influences.

L'art mozarabe*

Il est l'œuvre des artistes chrétiens vivant sous domination musulmane, et qui participèrent à l'élaboration de constructions ou d'objets d'art chrétiens. Il est présent tant dans l'Hispanie musulmane que chrétienne.

L'art mozarabe est particulièrement sensible dans le domaine de l'architecture, et, pour les objets d'art, dans la création de manuscrits peints. Là, les apports musulmans (aplats de couleur, vigueur de la ligne) sont fondamentaux pour la genèse de l'art roman.

L'art mudéjar

« Mudéjar » se dit des créations que les artistes musulmans effectuèrent pour les royaumes chrétiens. L'art mudéjar se développe, exclusivement en Espagne chrétienne, à partir des Xe-XIe siècles, avec l'avance de la reconquête. Il évolue selon la succession des différents courants stylistiques de l'art musulman et atteint son apogée au XVe siècle, au contact de l'art nasride. L'*Alcazar*, construit dès 1360 à Séville, par le chrétien Pierre le Cruel, et restauré au XVIe siècle, en est l'exemple le plus accompli.

L'art mudéjar perpétue les formes de l'art musulman au XVIe siècle, après que l'Islam eut totalement disparu, politiquement, du continent européen. Il est aussi exporté outre-Atlantique, après la conquête du Nouveau Monde.

La Sicile musulmane

Il ne subsiste, en Sicile, aucun édifice datant des trois siècles pendant lesquels celle-ci fut musulmane. Cependant, après la conquête normande, la subsistance du fonds musulman se manifeste dans la décoration des édifices religieux ou civils.

L'héritage musulman reste très fort chez les ivoiriers du Sud de l'Italie (Salerne ou Amalfi) qui produisent aux XIe et XIIe siècles des objets de grande qualité, dans lesquels les influences musulmanes se fondent aux apports romans et byzantins.

Espagne. Salle des Rois de l'Alhambra de Grenade.
© Oronoz/Artephot.

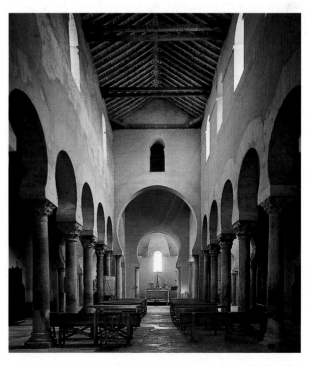

Espagne. Intérieur de l'église *Saint-Cyprien de Mazote* à Valladolid.
Exemple d'architecture mozarabe.
© Oronoz/Artephot.

La *cour des Lions* de l'*Alhambra* de Grenade

(XIVe siècle)

© Dagli Orti.

L'*Alhambra*, résidence fortifiée des monarques de Grenade, reçoit sous le règne de Muhammad V (1362-1391) ses derniers aménagements avant la reconquête espagnole.

Le palais s'articule autour d'une série de patios, c'est-à-dire de cours intérieures juxtaposées en toute fantaisie. La *cour des Lions*, la dernière réalisée, demeure une des perles de l'architecture musulmane.

Description

La *cour des Lions* reflète la tradition des cours à péristyle des grandes résidences seigneuriales romaines, reprise ensuite dans la conception des cloîtres.

Cette petite cour a une forme rectangulaire. Un péristyle d'élégantes colonnes forme sur les petits côtés deux pavillons. Au centre du patio, douze lions de marbre noir, rare représentation animale dans l'art musulman, soutiennent une grande vasque d'albâtre du XIe siècle, d'où jaillit une fontaine. Par un ingénieux système de canalisations et de rigoles, l'eau se distribue dans toutes les parties de la cour, traverse le péristyle et, de là, pénètre à l'intérieur de la salle des Abencerajes et de la salle des Deux-Sœurs (voir plan). Ainsi l'eau unifie en une seule composition géométrique les parties couvertes et découvertes de l'édifice.

Style

Une main-d'œuvre d'esclaves, nombreuse et bon marché, exécute les travaux de l'*Alhambra* réalisés dans des matériaux pauvres : bois, argile, céramique et plâtre polychrome. La décoration privilégie la fantaisie, la légèreté, le raffinement des détails, les jeux d'ombres et de lumières, l'alliance entre la pierre et l'eau. Les motifs enroulent festons et volutes en un réseau serré de lignes géométriques diversement entrelacées comme celui d'une géniale toile d'araignée.

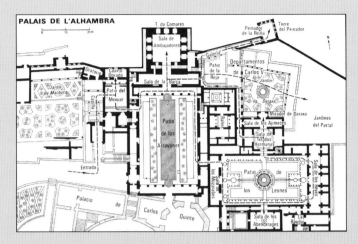

Plan de l'*Alhambra*, d'après le Guide Bleu-Espagne. Hachette.

Commentaire

La conception de l'architecture s'adapte parfaitement aux températures élevées de l'été andalou. La circulation de l'eau apporte la fraîcheur au plus profond du palais. Les passages couverts et les arcades protégeant du soleil se conjuguent à des fenêtres ouvertes pour produire des courants d'air rafraîchissants.

L'*Alhambra* témoigne de la singularité de l'art islamique. L'abondante décoration à la fois gracieuse et puissante dégage une beauté globale empreinte d'une certaine volupté. Ce qui est secondaire pour notre esprit classique, c'est-à-dire la décoration surajoutée, devient essentiel dans le monde onirique de la *cour des Lions*.

La *cour des Lions*, la nuit, vue de la salle des Rois. © Scala.

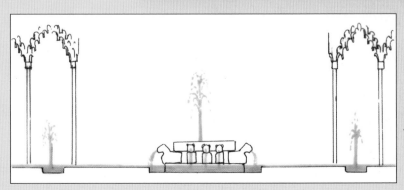

Une osmose s'établit entre l'eau et la pierre. La sveltesse de chaque colonnette prend l'allure d'un jet d'eau jaillissant du sol qui retombe tel un ensemble de gouttelettes à travers les dentelles des stalactites sculptées sur les arcades. Il s'établit ainsi un rythme perpétuel qui donne un aspect féerique à la *cour des Lions*.

107

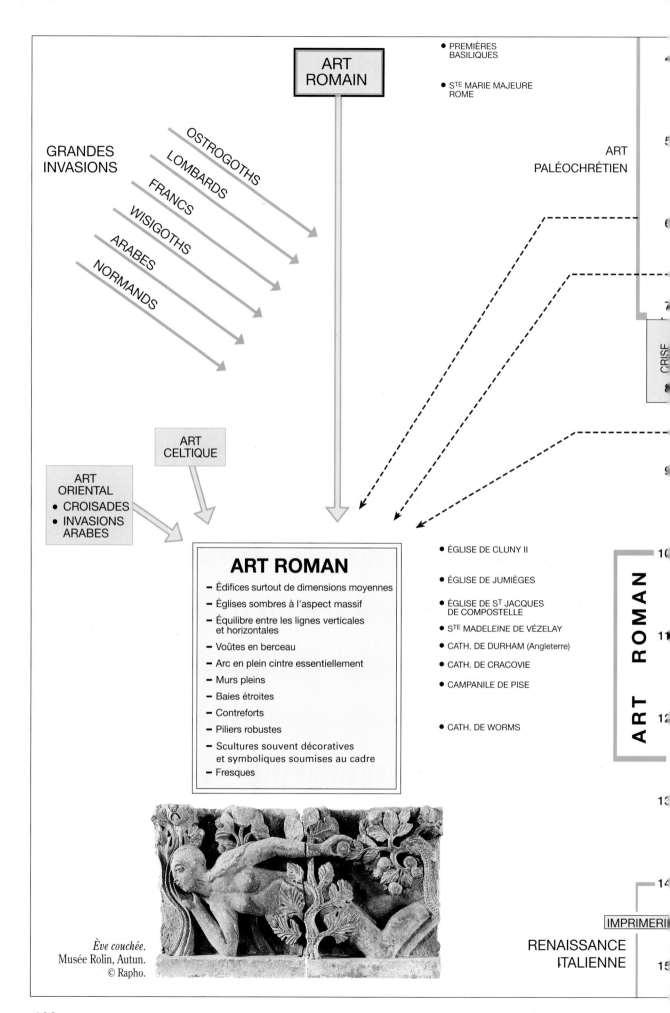

ART
ROMAIN

- PREMIÈRES
  BASILIQUES

- STE MARIE MAJEURE
  ROME

GRANDES
INVASIONS

OSTROGOTHS

LOMBARDS

FRANCS

WISIGOTHS

ARABES

NORMANDS

ART
PALÉOCHRÉTIEN

ART
CELTIQUE

ART
ORIENTAL
- CROISADES
- INVASIONS
  ARABES

CRISE

ART ROMAN

- Édifices surtout de dimensions moyennes
- Églises sombres à l'aspect massif
- Équilibre entre les lignes verticales
  et horizontales
- Voûtes en berceau
- Arc en plein cintre essentiellement
- Murs pleins
- Baies étroites
- Contreforts
- Piliers robustes
- Scultures souvent décoratives
  et symboliques soumises au cadre
- Fresques

- ÉGLISE DE CLUNY II

- ÉGLISE DE JUMIÈGES

- ÉGLISE DE ST JACQUES
  DE COMPOSTELLE

- STE MADELEINE DE VÉZELAY

- CATH. DE DURHAM (Angleterre)

- CATH. DE CRACOVIE

- CAMPANILE DE PISE

- CATH. DE WORMS

ART ROMAN

Ève couchée.
Musée Rolin, Autun.
© Rapho.

IMPRIMERI

RENAISSANCE
ITALIENNE

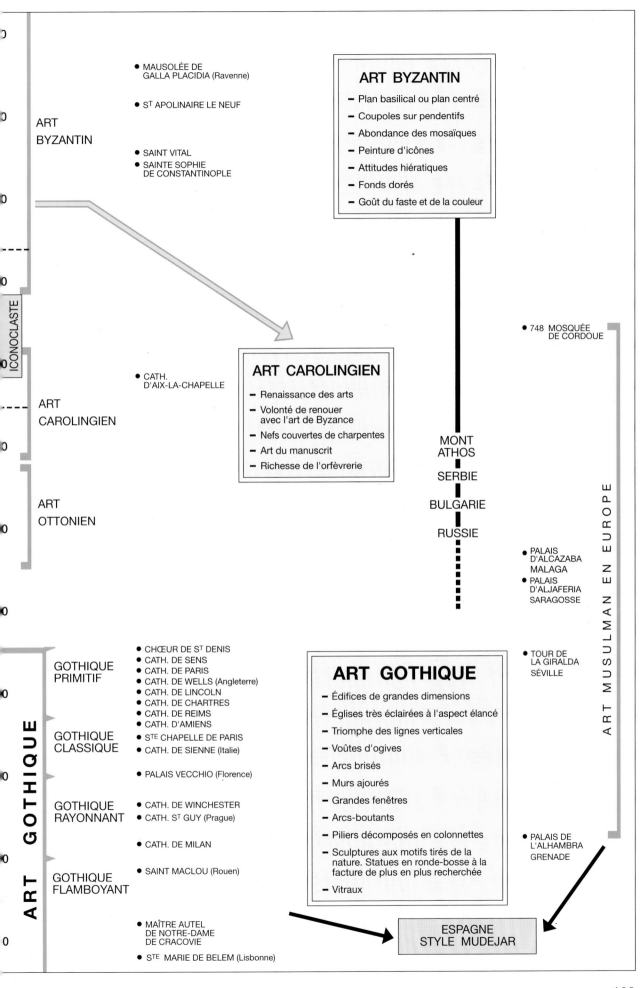

Troisième partie

L'art du XVe au XVIIIe siècle

La Renaissance
Le Maniérisme
Baroque et Classicisme
Le Rococo

Le Moyen Âge avait placé Dieu au centre des préoccupations des hommes. Déjà dans le gothique tardif, l'être humain et sa représentation dans l'art deviennent plus proches, plus réalistes, plus naturels. En se découvrant une créature à l'image du divin, l'homme va devenir le centre et le modèle de la création artistique. Dès le XIVᵉ siècle, en Italie, le nouveau regard qu'il porte sur lui-même fait naître cette Renaissance pendant laquelle les artistes font de l'Homme l'objet de leurs recherches esthétiques et symboliques.

Au cours de cette période, deux événements majeurs viennent bouleverser l'unité fondamentale de la chrétienté. En 1453, la prise de Constantinople par les Turcs met fin à la prééminence de Byzance dans les Balkans, même si les pratiques orthodoxes restent vivantes dans les territoires conquis et si l'art byzantin poursuit sa floraison en Russie. En 1517, les thèses de Martin Luther et l'adhésion de nombreux chrétiens d'Occident à la Réforme divisent l'Église romaine. Les deux pratiques religieuses entraînent deux courants artistiques, grossièrement répartis entre le Nord et le Sud de l'Europe occidentale, bien que des minorités protestantes coexistent en terre catholique, et réciproquement.

Le climat d'effervescence artistique qui avait marqué la Renaissance fait place dès la fin du XVIᵉ siècle à un climat de passions extrêmes, où la réflexion théologique n'exclut ni massacres ni guerres civiles. Dans l'Europe méridionale nombreux sont les artistes qui se mettent au service de la Contre-Réforme, tandis qu'en pays protestants, ils tendent à s'affranchir d'une tutelle exclusivement religieuse. La France du XVIIᵉ siècle connaît une évolution différente, avec une expression artistique presque entièrement vouée à la glorification du roi et du pouvoir civil.

Au XVIIIᵉ siècle, les questions religieuses perdent de leur acuité, le rôle de l'Homme dans la société et dans le monde devient le centre des débats philosophiques. L'artiste, de ce fait, s'affranchit peu à peu de ses commanditaires ecclésiastiques et, par un mouvement de balancier bien connu, se replonge dans les modèles de l'Antiquité classique.

De la Renaissance au néo-classicisme, c'est-à-dire pendant quatre siècles, l'artiste émerge en tant qu'individu au cœur de notre Histoire, abandonnant l'anonymat dans lequel il se tenait au Moyen Âge. De son pouvoir d'imposer à la « matière » ses idées et ses émotions, naît sa responsabilité personnelle sur l'œuvre que ses mains façonnent. Dans ce contexte, l'histoire de l'art devient en grande partie la chronique des tourments, des succès et des malheurs qui peuplent la solitude de l'artiste, autant que de la multiplicité des formes que revêt ce parcours essentiellement individuel.

RAPHAËL (1483-1520), *L'École d'Athènes*,
scène centrale.
Palais du Vatican, Rome.
© Babey/Artephot.

112

Aucun événement marquant ou fait historique important ne déclenche l'éclosion de ce que nous appelons la Renaissance. C'est un vaste mouvement culturel que l'on discerne déjà en Italie au XIVe siècle. Lentement élaboré par des érudits, philosophes, écrivains, hommes politiques et artistes, il se développe et se diffuse au cours du XVe siècle et dans la première moitié du XVIe, jusqu'à changer définitivement le visage de l'Europe.

La Renaissance est un mouvement complexe, par la diversité de ses manifestations, mais sa caractéristique essentielle est sa volonté de faire revivre la culture antique sous tous ses aspects. L'aspect artistique, considéré comme un moteur de progrès pour l'humanité, est au centre de cette « résurrection ». C'est le mot renaissance (en italien : *rinascimento*) qui a donné, dès le début, son nom au mouvement. C'est à ce moment en effet que se construit la conscience aiguë et nouvelle du rapport que l'art entretient avec son époque et celles qui l'ont précédée.

Les hommes de la Renaissance, pour la première fois dans l'Histoire, ont parfaitement conscience d'appartenir à une époque historique particulière, en rupture avec le Moyen Âge, mais héritière directe de l'Antiquité. De cette prise de conscience naît un enthousiasme nouveau pour la redécouverte des anciens savoirs et leur confrontation avec les récentes découvertes scientifiques, ainsi que la volonté de construire un monde à l'échelle humaine. Les concepts sur lesquels reposait la culture médiévale s'en trouvent bouleversés, les formes d'expression fondamentalement modifiées.

Chapitre 8

La Renaissance

Rossellino, détail du *Tombeau du cardinal del Portogallo*, église San Miniato, Florence.
© Artephot/Nimatallah.

« Avec l'Antiquité pour cadre »

Il serait faux de penser que le Moyen Âge avait oublié l'héritage de l'Antiquité. Il avait au contraire tenté de conserver le savoir des Anciens, grâce au travail des moines copistes dans les monastères, et avait connu des tentatives de restauration de l'Empire romain d'Occident, ainsi que des persistances durables des formes artistiques. C'est justement ces persistances déformées, « corrompues » par les apports carolingiens et germaniques, que la Renaissance va combattre.

Avec les poètes Pétrarque et Boccace, le mouvement littéraire qui naît à Florence au début du XIVᵉ siècle veut revenir à la pureté des textes en restaurant les langues grecque et latine. Des penseurs étudient la littérature, l'histoire et la philosophie de l'Antiquité, où, contrairement à celles du Moyen Âge, ce n'est pas Dieu, mais l'Homme qui est au centre des réflexions. L'Antiquité leur apparaît comme la période la plus féconde de l'Histoire, celle où on a atteint l'apogée des possibilités créatrices. La foi de ces érudits en la grandeur de l'Homme leur vaudra le nom d'**humanistes**.

PIERO DELLA FRANCESCA (1416-1492),
Portrait de Federico de Montefeltro, duc d'Urbino.
Musée des Offices, Florence.
© Dagli Orti.

MICHELOZZO, *palais Medici-Riccardi*, Florence.
Détail de la façade.
© Nimatallah.

Au début du XVᵉ s. on s'efforce de créer un modèle de palais digne de l'homme de la Renaissance. On retrouve ici l'influence des ponts et aqueducs romains dans le mur en bossage.

114

On assiste alors à une résurrection consciente du passé, jugé comme la véritable source de la civilisation, et à la renaissance de tous les arts et de toutes les sciences qui ont fleuri dans l'Antiquité. L'organisation politique s'en trouve elle aussi transformée et les droits de citoyenneté viennent s'opposer aux liens de féodalité. De proche en proche, d'atelier en cour princière, de ville en ville vont se diffuser les idées nouvelles.

La Renaissance s'épanouit dans l'atmosphère particulière aux villes-États italiennes, avec leur bourgeoisie puissante et hautement consciente de ses droits politiques. Tous les citoyens prennent part à cette effervescence culturelle où les arts et les sciences sont protégés comme dans l'ancienne Athènes. L'artiste est investi d'un rôle fondamental dans cette nouvelle génération d'hommes, fiers d'eux-mêmes et confiants dans leurs possibilités. On attend de lui qu'il crée un décor nouveau de palais et de villas, qu'il sculpte dans le marbre ou coule dans le bronze des héros anciens, et qu'il immortalise ses contemporains par le portrait*. Il abandonne ainsi le statut anonyme et corporatif qui fut le sien au Moyen Âge, pour accéder à la dignité d'intellectuel. D'homme de métier, il devient homme d'idées. Le peintre, le sculpteur et l'architecte connaissent la géométrie et rédigent des traités théoriques. Désormais, l'artiste acquiert la dimension de créateur individuel et ceci, non seulement le fait entrer dans l'Histoire, mais transforme pour toujours l'histoire de l'art en **histoire des artistes et de leurs créations**.

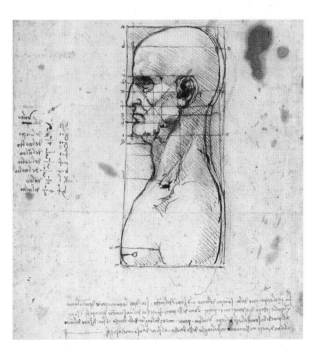

115

Les créateurs du mouvement

Intérieur de l'*église San Lorenzo*
à Florence (XVᵉ s.)
par BRUNELLESCHI.
© Dagli Orti.

En dépit de la vénération qu'ils leur portent, l'autorité que les hommes de la Renaissance reconnaissent aux Anciens n'est pas illimitée. La science a fait des progrès depuis ce temps et les humanistes ont pleinement conscience qu'ils ne ressusciteront pas le passé gréco-romain à l'identique. Ils se refusent à imiter servilement l'Antiquité, mais ils veulent la comprendre, s'en inspirer pour l'égaler et peut-être même la surpasser.

L'architecture

Au XVᵉ siècle on acquiert la conviction que l'art possède des lois qui lui sont propres, mais qui sont en relation étroite avec celles qui régissent l'univers. Les Grecs et les Romains ont appliqué ces lois, et c'est pour cette raison qu'une grande partie de l'effort des artistes de la Renaissance porte sur l'étude des monuments anciens. Ils établissent un inventaire de toutes les formes antiques et formulent des règles visant à permettre une représentation rationnelle de l'espace. Ces recherches conduiront aux célèbres expériences de **Filippo Brunelleschi** (1377-1446) sur la perspective, qui seront déterminantes pour l'avenir de l'art. Les progrès de la connaissance, appliqués au domaine artistique, aboutissent à la construction du premier monument de la Renaissance : *la coupole de la cathédrale Santa Maria del Fiore* à Florence* (p. 115), élevée à partir de 1421 par Brunelleschi. Authentique prodige technique, cette coupole formée de deux coques superposées, placées sur le transept octogonal, est une transposition savante de l'antique Panthéon de Rome. Ici comme ailleurs (*église San Lorenzo*, chapelle des Pazzi* à Santa Croce), l'idée de Brunelleschi est celle d'une unité de mesure, un module unique selon lequel s'articule tout l'édifice*.

Précurseur des architectes de la Renaissance, Brunelleschi a tenté bien d'autres expériences. Il utilise les règles de l'architecture militaire et du génie hydraulique dans l'architecture civile, comme au *palais Pitti* à Florence, pour les Médicis. Son élève **Michelozzo** développera ces principes au *palais Medici-Riccardi** (p. 114) qui sera désormais considéré comme le type du palais florentin. Il dessine le premier projet de plan centré pour une église, qui connaîtra une diffusion universelle, grâce à l'utilisation qu'en fera un architecte de la génération suivante : **Leon Battista Alberti**.

Véritable architecte-humaniste, Alberti (1404-1472) ne laisse que peu d'œuvres, mais rédige les premiers traités modernes qui permettront la diffusion des arts de la Renaissance et resteront une référence pour les générations à venir. Il perfectionne le plan centré, dans lequel toutes les parties de l'édifice sont orientées vers un même point, et se livre à des variations sur le thème du plan en croix latine. À l'église Saint-André de Mantoue, construite d'après ses plans mais après sa mort, il associe une nef unique voûtée et une coupole. L'esthétique d'Alberti, qui fait preuve d'une connaissance nouvelle et profonde en matière d'archéologie, annonciateur de ce qu'on appellera l'**âge classique**, influencera fortement les siècles suivants.

Au cours des dernières décennies du XVᵉ siècle, la Renaissance, propagée dans bien des cas par les artistes florentins eux-mêmes, s'étend à toute l'Italie et donne naissance à des écoles autonomes. L'architecture se libère alors de la sévérité qui la caractérise à Florence. Il s'ensuit un goût décoratif que l'on peut observer dans des œuvres comme *la porte du château des Angevins* à Naples, de **Francesco Laurana**, ou *la chartreuse de Pavie**.

La sculpture

La leçon de l'Antiquité, dont on collectionne les vestiges, s'applique aussi à la sculpture. Pourtant,

Chapelle de l'église San Lorenzo à Florence (XVᵉ s.)
par BRUNELLESCHI.
© Fabri/Artephot.

« L'ancienne sacristie » de San Lorenzo est un très bon exemple de l'effort de Brunelleschi pour créer un module (le cube spatial) qui constitue la donnée de base de son architecture.

Renaissance lombarde. Façade de la *chartreuse de Pavie*, commencée par Amadeo (fin XVᵉ, début XVIᵉ s.).
© Dagli Orti.

Lorenzo GHIBERTI (1378-1455),
Porte du paradis du baptistère de Florence.
© Dagli Orti.

DONATELLO (1386-1466), *statue équestre de Gattamelata.*
© Dagli Orti.

dans ce domaine, nous n'assistons pas, comme c'est le cas en architecture, à l'élaboration de théories. La transition avec l'époque précédente est moins brutale. C'est la recherche du naturalisme, né de l'intérêt pour l'Homme, dans le rendu des formes du corps et de l'expression de la personnalité, qui constitue le principal objectif de la Renaissance. La clarté de l'ensemble s'exprime dans des schémas de composition géométrique simple.

Parallèlement, le goût des artistes de la Renaissance pour le retour à l'antique se marque dans la redécouverte des statues équestres, leur passion pour les recherches techniques s'exprime dans les très bas-reliefs en méplat• (sculpture écrasée, ou *schiacciato*). Dans la logique de l'individualisme qui caractérise cette période, la sculpture acquiert une valeur monumentale qui la libère des limites architectoniques auxquelles le Moyen Âge l'avait soumise. Elle a parfois une certaine tendance au gigantisme.

L'éclosion de la Renaissance dans la sculpture est un peu plus tardive que dans l'architecture. La *Porte du paradis* du baptistère de Florence* en marque les débuts en 1425. Son auteur, **Lorenzo Ghiberti**, virtuose du très bas-relief, se livre à de remarquables exercices de perspective•. Mais le nom le plus célèbre de cette génération de sculpteurs florentins reste aujourd'hui encore celui de son disciple **Donatello**. Dans l'œuvre immense de celui-ci, les expressions pathétiques héritées de l'art gothique s'allient à une poétique déjà totalement Renaissance, illustrée par *Saint Georges* et le prodigieux *David** (p. 128) en bronze. On lui doit aussi la première statue équestre en bronze depuis l'époque romaine, celle de *Gattamelata**, à Padoue, et de remarquables reliefs en méplat.

À la génération suivante, **Andrea del Verrocchio** (1435-1488), à la fois orfèvre, sculpteur et peintre, exprime une sensibilité artistique différente, dans laquelle le dynamisme et la vérité psychologique occupent une place centrale. Son *David*, plus jeune que celui de Donatello, semble saisi sur le vif, dans une posture légèrement instable. La statue équestre qu'il fit à Venise pour le condottiere *Colleoni*, débordante de force expressive et de dynamisme, aura une influence jusque dans l'âge baroque.

À la même époque, **Luca Della Robbia*** (1400-1482), patriarche d'une véritable dynastie qui continuera son œuvre, traduit en terre cuite émaillée polychrome le goût pour la délicatesse et l'harmonie qui caractérise la sculpture de cette première Renaissance. À mesure qu'avance le XVe siècle, les artistes semblent s'orienter vers la recherche d'une beauté purement formelle et intellectualisée. C'est dans ce contexte que sont exécutés certains des plus beaux ensembles funéraires de cette époque, réalisés par **Antonio** et **Bernardo Rossellino*** (p. 113) et **Desiderio da Settignano**.

La peinture

La peinture de la Renaissance, contrairement à la sculpture et à l'architecture, manque de modèles antiques. Elle se développe de façon autonome, sans négliger pour autant d'utiliser à son profit les recherches effectuées dans les autres disciplines, celles qui ont trait à la perspective notamment. Elle prend un essor particulier, grâce à l'utilisation de solvants à l'huile, du chevalet et de la toile. Cette dernière, qui facilite la circulation des œuvres (elles peuvent voyager roulées), permet une rapide diffusion des courants esthétiques.

La fresque du jeune peintre florentin **Masaccio**, *La Sainte Trinité** de l'église Santa Maria Novella, inaugure le début de la peinture Renaissance, en 1425. Les figures s'y détachent, telles des sculptures, sur un imposant fond d'architecture. Comme pour les autres peintres de ce temps, **Fra Angelico**, ou **Paolo Uccello**, les préoccupations essentielles de Masaccio tiennent dans les recherches de perspective et les effets de lumière et de couleur.

La grande figure du milieu du XVᵉ siècle est sans doute **Piero della Francesca**, dont les peintures reflètent une sérénité et une dignité impressionnantes. Les personnages semblent évoluer avec lenteur et majesté sur des fonds de paysages baignés dans une atmosphère limpide. Parfois aussi, ils s'avancent au premier plan d'architectures qui constituent de fantastiques jeux de perspective, comme dans *La Pala Brera*, ou le panneau de *La Flagellation** (p. 130), à Urbino. Piero della Francesca, qui élimine certains accents pathétiques propres à la peinture florentine, aura une influence déterminante sur les nouveaux centres qui apparaissent à Urbino, en Vénétie et à Rome.

De Padoue, autre centre d'une étonnante vitalité, sort un artiste, fervent utilisateur de la toile, qui dispersera son œuvre jusqu'à Rome : **Andrea Mantegna*** (p. 120). Ses fonds architecturaux ne sont plus un simple jeu savant de perspective, mais font preuve d'une curiosité archéologique étonnante, comme dans ses différents *Saint Sébastien*. Il travaille avec le même soin à l'étude anatomique des corps, très proches par leur aspect sculptural des statues antiques. Ce n'est que dans les décors « naturels » de rochers et de végétation que Mantegna laisse libre cours à son imagination (*La Prière au jardin des Oliviers*).

Au même moment, à Florence, la peinture s'intellectualise de plus en plus. **Sandro Botticelli**, dont les œuvres sont remarquables par la linéarité sinueuse des personnages (*L'Allégorie du Printemps*), est l'auteur du premier vrai nu féminin, dans *La Naissance de Vénus** (p. 121). Son contemporain **Pérugin** (1448-1523) est resté célèbre pour la finesse extrême de ses *Madone*. Il laisse à Rome, à la chapelle Sixtine, l'une de ses meilleures œuvres, *Le Christ donnant les clefs à saint Pierre*, marquée par la rigueur de la perspective mais baignée d'une luminosité irréelle.

Atelier de DELLA ROBBIA,
Ange porte-lumière (XVIᵉ s.).
Musée d'Agen.
© Lauros/Giraudon.

MASACCIO (1401-1428), *La Sainte Trinité*.
Église Santa Maria Novella, Florence.
© Magnum.

Andrea MANTEGNA (1431-1506),
La Mort de la Vierge.
Musée du Prado, Madrid.
© Dagli Orti.

Sandro BOTTICELLI
(1445-1510),
La Naissance de Vénus.
Musée des Offices,
Florence.
© Dagli Orti.

La maturité de la Renaissance

Les œuvres précédentes marquent la fin de la phase expérimentale de la Renaissance. Au siècle suivant, Rome supplante Florence en qualité de capitale de l'art, grâce à l'action de papes humanistes. Cette période, plus courte que la précédente, intéresse essentiellement le quart de siècle qui va de 1495 à 1520, et offre un moins grand nombre de représentants. Sa force tient en fait à l'existence d'une demi-douzaine de figures de génie dont les prodigieuses créations vont marquer pour toujours l'art européen, mais finissent en même temps par épuiser l'univers harmonieux de la Renaissance et à mettre en évidence des tensions qui annoncent déjà le Maniérisme.

L'œuvre de **Léonard de Vinci**, qui travailla beaucoup à Milan, constitue en quelque sorte une transition. Il s'attache avant tout à traduire la dimension psychologique de ses personnages, dont les formes enveloppées dans la pénombre (**le sfumato**) se matérialisent en des tons doux et gradués. La composition est plongée dans un jeu subtil de clairs-obscurs• où la lumière joue un rôle fondamental, comme c'est le cas dans *La Vierge aux rochers**, ou dans *La Cène*. Dans la dernière période de sa vie, Léonard de Vinci s'adonne intensément aux recherches scientifiques, et il illustre par des centaines de dessins* (p. 115) l'union entre l'art et la science, caractéristique de cette époque.

Léonard de Vinci s'intéressa à la construction* (p. 122), mais son nom ne reste pas attaché aux créations architecturales de l'époque. C'est à **Bramante** (1444-1514) que nous devons l'essentiel de ce qui fera l'architecture italienne du XVIᵉ siècle. Son *Tempietto** (p. 132) (petit temple) du couvent de San Pietro in Montorio, à Rome, petite rotonde sur-

LÉONARD DE VINCI (1452-1519), *La Vierge aux rochers* (1483). Musée du Louvre, Paris.
© Lessing/Magnum.

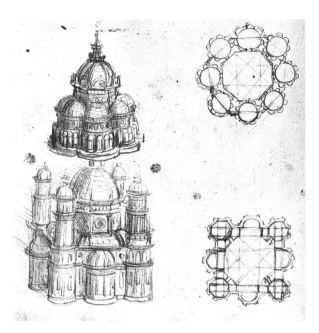

Dessins d'architecture de LÉONARD DE VINCI.
Bibliothèque Mazarine, Paris.
© Giraudon.

MICHEL-ANGE (1475-1564),
Coupole de la basilique *Saint-Pierre* de Rome.
© Scala.

montée d'une coupole, est l'application savante des théories d'Alberti. Mais surtout, à cause de sa monumentalité extraordinaire, compte tenu de sa taille modeste, de l'harmonie et de la pureté des formes qu'il exprime, il restera un modèle pour les siècles à venir. Bramante a développé ses idées dans divers édifices, jusqu'à son grand projet pour la nouvelle basilique *Saint-Pierre*, gigantesque construction en forme de croix grecque, flanquée de quatre tours et surmontée d'une coupole colossale rappelant le Panthéon.

Les dessins de ce projet sont cependant modifiés par **Michel-Ange** qui en simplifie les volumes et prévoit une nouvelle coupole* inspirée de celle de Brunelleschi à la cathédrale de Florence, lui conférant ainsi plus de grandeur et de sveltesse. La grande œuvre du Michel-Ange architecte reste l'aménagement de *la place du Capitole* à Rome avec son grand escalier et ses trois façades monumentales. Cette composition urbanistique est l'une des plus impressionnantes jamais réalisées. Ses autres constructions préfigurent déjà les tensions propres à l'époque suivante.

Architecte génial, Michel-Ange fut avant tout un sculpteur. Une recherche anatomique poussée à l'extrême, jointe à un sens du pathétique complètement maîtrisé, donnent à ses œuvres une plénitude nouvelle. Le gigantesque *David*, exécuté à Florence, *Les Esclaves* prévus pour orner le tombeau du pape Jules II, ou *les tombeaux des Médicis* de l'église Saint-Laurent de Florence sont tous marqués de cette force expressive impressionnante : la « *terribilita* ». On retrouve ces mêmes qualités dans sa peinture, et spécialement dans les fresques qu'il réalise pour la chapelle Sixtine, *Scènes de la Genèse* et *Jugement dernier*.

Raphaël, le plus jeune et peut-être le plus grand des maîtres de ce temps, collabore aussi à l'œuvre de la basilique *Saint-Pierre* de Rome. Il crée un art riche et monumental, soutenu par un dessin d'une grande force expressive, et empreint d'une poétique originale dont ses madones et ses portraits sont le reflet. Dans ses grandes compositions, comme la fresque de l'*École d'Athènes** (p. 112), au Vatican, il s'élève à l'apogée de la rigueur géométrique des maîtres du siècle passé.

À la même époque, Venise connaît un développement à part, dans lequel, progressivement, la couleur va prendre l'ascendant sur toute autre composante de l'œuvre. Le premier de ces peintres de l'école vénitienne est **Giovanni Bellini** (vers 1430-1516), qui établit une sorte de pont entre l'héritage de Florence et ce qui fera l'originalité de Venise : des couleurs vibrantes dans une lumière diffuse. **Giorgione** (1477-1510), quant à lui, est le premier à traiter le paysage, non plus comme un fond, mais comme un sujet. Les anecdotes qui s'y déroulent semblent s'y fondre totalement, comme dans *La Tempête*, dont la signification exacte nous échappe encore.

Tiziano Vecellio dit TITIEN (vers 1488-1576),
Vénus d'Urbino.
Musée des Offices, Florence. © Dagli Orti.

C'est avec **Titien** que la peinture vénitienne connaît son apogée. Ce prodigieux portraitiste (*Paul III et ses Petits-Fils*) est aussi le premier grand peintre de nus : sa *Vénus d'Urbino** aura une descendance nombreuse jusqu'à l'*Olympia* de Manet. Titien, qui représente les déesses comme de fastueuses courtisanes, pratique aussi parfois une peinture religieuse monumentale et austère.

Alors que Titien domine encore la peinture vénitienne, deux jeunes artistes, **le Tintoret** (1518-1594) et **Véronèse*** atteignent à la notoriété. Le premier, auteur de grandes compositions religieuses destinées aux couvents, comme *La Cène* ou *La Crucifixion*, est, tout comme Titien, attiré par les thèmes mythologiques qu'il traite de façon beaucoup plus dramatique (*Mars et Vénus surpris par Vulcain*). Les points de vue audacieux, en oblique, plongeants ou plafonnants, font son originalité. Véronèse, quant à lui, privilégie généralement des mises en scène plus classiques et stables, situant ses sujets sacrés dans un cadre profane (*La Création d'Ève, Les Noces de Cana*). Il reste pourtant, pour la postérité, un véritable virtuose du trompe-l'œil, en raison du décor qu'il peint sur les murs de la *villa Barbaro* à Maser.

Paolo VÉRONÈSE (1528-1588), *La Belle Nani*.
Musée du Louvre, Paris.
© Hubert Josse.

123

L'Europe et la Renaissance

Façade du **château de Chambord**.
© Dagli Orti.

Au cours du XVᵉ siècle, alors qu'on assiste en Italie à une lente et complexe gestation de la Renaissance, l'Europe du nord des Alpes poursuit son évolution. Le gothique, transfiguré, vit l'époque de sa plus grande splendeur. Cependant, la culture humaniste se propage progressivement et imprègne le gothique tardif lui-même, préparant la transition qui s'opère lentement avant le tournant du XVIᵉ siècle.

Dans ce contexte, le développement de l'imprimerie facilite la circulation des livres et des gravures qui font connaître les œuvres des maîtres italiens. La Renaissance s'installe ainsi en Europe, et y connaît un succès plus ou moins rapide, selon les résistances du gothique finissant. Dans sa diffusion sur le continent européen, la Renaissance se caractérise par son manque d'unité, ce qu'explique en partie la diversité même de l'art italien. Chaque région va prendre dans le nouveau courant ce qui convient le mieux aux conditions particulières de son processus historique. D'autre part, l'éclosion de la Réforme protestante jouera localement un rôle perturbateur.

La France

La France est le pays qui établit les liens les plus précoces avec l'art italien, en partie en raison des intérêts politiques que les monarques français ont dans la péninsule. Bien que ces intérêts se traduisent par des guerres et par l'occupation du Milanais et de la Campanie, ils ont aussi pour conséquence l'afflux vers la France d'artistes italiens, aussi importants que **Léonard de Vinci**, **Serlio**, **Benvenuto Cellini** ou **Primatice**. Leur influence va s'exercer progressivement et la première phase de la Renaissance française est caractérisée par une synthèse très particulière avec le passé gothique. Le *château de Chambord** est un magnifique exemple d'une coopération où de nombreux maîtres français ont travaillé sous les ordres de l'Italien **Dominique de Cortone**.

Pourtant, dès le deuxième quart du XVIᵉ siècle, les architectes s'affranchissent de la tutelle italienne, en même temps qu'ils assimilent complètement les leçons de la Renaissance, comme le montre de façon éclatante le *château de Fontainebleau*, œuvre de **Gilles Le Breton**. À la génération suivante, les architectes **Pierre Lescot** (*façade du Louvre*), **Jean Bullant** (*château d'Écouen*) et **Jacques Androuet Du Cerceau**, auteur d'un livre illustré de gravures répertoriant toutes les constructions de son époque, adoptent une géométrisation des formes qui dépasse même les canons italiens.

Antonio et Giovanni Juste, *tombeau de Louis XII et d'Anne de Bretagne* (début XVIᵉ s.).
Cathédrale de Saint-Denis.
© Dagli Orti.

En sculpture, l'impulsion fondamentale est donnée par **Antonio** et **Giovanni Juste** dans le *tombeau de Louis XII et d'Anne de Bretagne**, à Saint-Denis. Le décor en est italianisant, les statues des souverains en prière respirent une dignité pleine d'humanisme.

La peinture française du XVIe siècle doit beaucoup au chantier de Fontainebleau et aux décorateurs **Rosso** et **Primatice**. L'expression de la Renaissance y est plutôt proche du Maniérisme. Pourtant, les **Clouet**, père et fils, se distinguent des autres peintres par la vigueur de leurs portraits, témoins ceux que Jean, le père, fit de *François Ier**, d'une force psychologique incontestable.

La péninsule Ibérique

Au tournant du XVIe siècle, la péninsule Ibérique, qui vient de se lancer dans l'aventure des découvertes maritimes, n'est pas absolument prête à adopter les formes nouvelles. Au début, le prestige du gothique et de l'art mudéjar• (hispano-mauresque) freine la pénétration de la Renaissance dont seul le vocabulaire décoratif est adopté et superposé à l'exubérance des styles locaux. Les portes de *l'hôpital de Santa Cruz* à Tolède, et de *l'université de Salamanque*, œuvres de **Enrique Egas**, constituent, avec le *retable de la chapelle du Connétable** de la cathédrale de Burgos, par **Gil de Siloé**, des exemples remarquables de cette adaptation. Au Portugal, c'est dans le cloître et le portail axial de *l'église des Hiéronymites*, dus à **Joao de Castilho** et **Nicolas Chantereine**, que l'on voit apparaître les formes nouvelles.

En 1526, le premier traité d'architecture pour la péninsule Ibérique, écrit par **Diego de Sagrado**, est le signe d'un changement à partir duquel se dessinent deux tendances. L'une, italianisante, est symbolisée par le début de la construction du *Palais de Charles Quint** à Grenade, par **Pedro Machuca**, classique et majestueux édifice à la manière de Bramante. L'autre tendance, plus dépouillée, trouve sa meilleure expression dans le *palais Monterrey*, à Salamanque, de **Gil de Honatanon**. Au Portugal, la *fontaine da Manga*, à Coimbra, de **Jean de Rouen**, et la *chapelle de la Conception*, à Tomar, de **João de Castilho**, constituent les meilleurs exemples d'intégration du goût nouveau.

Les sculptures les plus représentatives de cette période sont remarquables par la richesse de l'ornementation, comme le *tombeau du Tostado*, à la cathédrale d'Avila en Espagne, de **Vasco de la Zarza**, et par la qualité exceptionnelle des reliefs, comme le *retable de Santa Eulalia*, dans la cathédrale de Barcelone, de **Bartolome Ordonez**. La sculpture portugaise est principalement due à des artistes français : **Nicolas Chantereine** ou **Jean de Rouen**.

La tradition gothique, légèrement infléchie par la pénétration de la Renaissance flamande, se main-

Jean CLOUET
(1485-1541),
François Ier.
Musée du Louvre,
Paris.
© Hubert Josse.

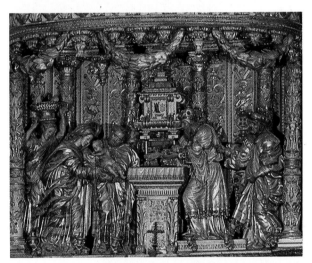

Gil de SILOÉ, retable de la *chapelle du Connétable* (détail) de la cathédrale de Burgos. © Oronoz/Artephot.

Pedro MACHUCA, cour circulaire du *palais de Charles Quint* à l'Alhambra de Grenade. © Dagli Orti.

Cloitre de Jean III au *Couvent du Christ*
à Tomar, Portugal.
© Institut portugais du patrimoine archéologique
et architectonique, Lisbonne.

Hans LEINBERGER (1480-1530),
Saint Jacques le Majeur (1525).
Bayerisches Nationalmuseum, Munich.
© C. Hansmann.

tient longtemps dans la peinture espagnole. C'est pourtant l'influence de Piero della Francesca que l'on décèle dans les retables de **Berruguete** (*Saint Pierre martyr* et *Saint Dominique*). Pendant le même temps, au Portugal, **Vasco Fernandes** crée une peinture dans laquelle la modernité tient à ses références méridionales et à une étroite relation avec la Renaissance d'Europe centrale, comme le montre son remarquable *Saint Pierre* (vers 1530).

Les pays du Nord

Bien que la majorité des artistes et des hommes de culture allemands du XVIᵉ siècle aient voyagé en Italie et travaillé avec des architectes italiens en Allemagne, on observe une nette résistance à la transposition littérale des modèles méridionaux. Il est vrai que l'architecture italienne de la Renaissance, avec ses loggias• et ses belvédères, est difficile à importer telle quelle dans les climats plus rigoureux du Nord. Elle fonctionne donc plutôt à la façon d'un vocabulaire décoratif appliqué à des constructions encore résolument gothiques.

En effet, les édifices civils conservent leurs toitures étroites et leurs pignons élevés très caractéristiques, comme le *Rathaus* de Brême ou celui de Leipzig où la décoration moderne se limite aux détails. Certaines œuvres de la partie méridionale de l'Empire affichent pourtant un caractère italianisant, comme le *Belvédère* de Prague avec sa belle loggia, la *chapelle des Fugger* à Sainte Anne-d'Augsburg, et la *chapelle de Sigismond Iᵉʳ*, au château de Wavel, à Cracovie.

Le domaine de la sculpture dénote un plus grand conservatisme encore, où persiste l'attrait pour les effets compliqués de drapés, typiques du gothique tardif, et pour les décorations polychromes et dorées. Cependant, dès la fin du XVᵉ siècle, il émerge dans l'œuvre d'artistes tels que **Veit Stoss** ou **Tilman Riemenschneider**, un sens de l'équilibre qui appartient déjà à l'univers de la Renaissance. Au siècle suivant encore, la sensibilité gothique continuera à baigner les meilleurs exemples de la sculpture allemande renaissante : *Saint Jacques le Majeur** de **Hans Leinberger** ou les statues de bronze du *mausolée de Maximilien*, à Innsbruck, de **Peter Vischer** et ses fils.

La peinture de la Renaissance dans les pays du Nord semble naître de façon indépendante en Flandre au cours de la première moitié du XVᵉ siècle. **Jan Van Eyck** (1390/1400-1441), qui reste toutefois fidèle aux inflexions de la tradition gothique* (p. 93), traduit les percées de la Renaissance dans les pays flamands. Considéré à tort comme l'inventeur de la peinture à l'huile, il a su utiliser des couleurs d'une transparence inégalée comme dans le *retable de l'Agneau mystique*, à Gand. Un souci du détail poussé à l'extrême, joint à un soin particulier dans l'art du portrait (*La Vierge au chancelier Rolin*), imprègne ses œuvres d'un réalisme qui

reste l'un des traits dominants de la peinture flamande. Son envergure extraordinaire éclipse
quelque peu ses successeurs (**Petrus Christus**, **Dirk
Bouts**) et ses rivaux, à l'exception peut-être de
Rogier Van der Weyden, dont l'originalité réside
dans sa façon dramatique de traiter des sujets religieux traditionnels. La peinture flamande et la peinture italienne exerceront l'une sur l'autre une
influence tout au long du XVe siècle. Une œuvre
comme *Le Changeur et sa Femme*, de **Quentin
Metsys** (1514), est typique de ce point de rencontre
entre les deux foyers artistiques.

La peinture allemande est, quant à elle, dominée
par l'immense personnalité d'**Albrecht Dürer**. Esprit
vraiment moderne, marqué par une insatiable curiosité intellectuelle, il entreprend très tôt un voyage à
Venise qui lui fait revoir sa conception du monde et
du rôle de l'artiste. Son art synthétise l'expression
de la Renaissance italienne et un symbolisme enra-
ciné dans le gothique tardif. Imprégné des idéaux
de l'humanisme chrétien, il produit des œuvres
d'une grande force, comme *L'Adoration des Mages**,
Saint Jérôme ou les *Quatre Apôtres*.

Albrecht Dürer (1471-1528),
L'Adoration des Mages (1504).
Musée des Offices, Florence.
© Dagli Orti.

Portraitiste remarquable, dont le réalisme doit
beaucoup à ses prédécesseurs flamands, Dürer
donne de ses contemporains une image d'une
extraordinaire intensité. Mais il est surtout le premier artiste (si l'on excepte Jean Fouquet, en
France, dans les années 1450) à nous avoir laissé
des autoportraits. Expression de la fascination d'un
artiste pour sa propre image et de ses interroga-
tions face à son art, l'autoportrait est aussi un bon
entraînement pour le peintre. Dans ces œuvres, qui
ne correspondent pas à une commande et peuvent
par conséquent ne jamais quitter l'atelier, l'artiste
tente des expériences, se permet des audaces qu'il
n'aurait pas pu accomplir dans ses autres productions. Meilleur graveur sur bois de son temps,
Dürer nous a laissé en outre des chefs-d'œuvre
comme *La Mélancolie* ou les *Quatre Cavaliers de
l'Apocalypse* qui ont fait connaître son art à toute
l'Europe.

L'influence de Dürer se fait sentir chez des peintres comme **Lucas Cranach l'Ancien***, ou **Hans
Holbein** (1497-1543). Le premier alterne deux
styles bien différents. Il nous livre des œuvres
comme *Le Repos pendant la fuite en Égypte*, au
lyrisme exalté et dramatique, auxquelles succède,
de façon presque brutale, un style italianisant et
décoratif, où transperce parfois un érotisme froid et
intellectualisé, comme dans *Vénus* ou *Judith*.

Holbein a été un grand ami de l'humaniste
Érasme, et ses affinités avec les milieux intellectuels de Rotterdam donneront une profondeur particulière à ses portraits d'une grande valeur picturale.
Les Ambassadeurs, ou le *Portrait d'Henry VIII* unissent la rigueur analytique d'un psychologue à une
froide précision dans la reproduction des parures et
des costumes, déjà imprégnée de l'esprit d'un
maniérisme naissant.

Lucas Cranach l'Ancien (1472-1553), *Salomé*.
Musée d'Art ancien, Lisbonne.
© Dagli Orti.

David (vers 1430-1440)

DONATELLO, Florence, musée du Bargello

Donatello fait son apprentissage dans l'atelier de **Ghiberti** à Florence. Il travaille pendant plus de vingt ans dans cette ville. Il sculpte des personnages habillés comme les gens du peuple dans un style naturaliste encore marqué par les prolongements du gothique. Il part pour Rome, très probablement en compagnie de **Brunelleschi** avec qui il redécouvre l'art antique entre 1431 et 1433. C'est vraisemblablement peu après ce voyage qu'il exécute son *David*.

Sujet

David fut le deuxième roi d'Israël vers 1000 avant J.-C. Parmi ses nombreuses aventures, il dut affronter le géant Goliath qu'il tua d'un coup de fronde lors d'un combat singulier. Cette victoire détermina la défaite des Philistins qui opprimaient une partie du peuple d'Israël.

Au second degré, ce combat évoque la lutte de Florence face à la puissance des Visconti, ducs de Milan. Les lauriers de la victoire que David foule aux pieds évoquent le refus par Florence du traité de paix de 1392 imposé par sa redoutable rivale.

Description

C'est le premier nu en bronze, grandeur nature (hauteur 1,65 m), que nous connaissons depuis l'Antiquité.

Le héros biblique est représenté sous l'aspect d'un jeune adolescent paré d'un chapeau orné de laurier et de bottes qui protègent ses jambes jusqu'aux genoux. Il tient dans la main droite l'épée avec laquelle il vient de décapiter le géant Goliath et cache dans sa main gauche la pierre qu'il avait lancée pour le tuer. Il écrase du pied la tête de ce Philistin que coiffe un somptueux casque.

L'ensemble de la sculpture se dresse sur une épaisse couronne de laurier.

La tête de David laisse paraître un étrange sourire digne de Léonard de Vinci. Le héros triomphant baisse le regard et paraît comme indifférent.

Caractéristiques

Donatello utilise avec bonheur les effets produits par le contraste entre la matérialité des objets sculptés : chapeau, bottes, épée, casque, couronne de laurier, et l'extraordinaire sensualité de l'élégant modelé du corps de David. Le héros est représenté avec la silhouette encore androgyne d'un adolescent et non avec celle d'un jeune homme pleinement développé, comme le sont les athlètes grecs, aspect que reprendra **Michel-Ange** pour son *David*.

Donatello anime sa statue par un déhanchement qui établit la silhouette autour d'une courbe en S qui rappelle les attitudes des statues du gothique international. Il sait retrouver une joie toute dyonisiaque qui révèle un hédonisme plus nettement païen que d'inspiration chrétienne.

Le *David* de Donatello n'est certainement pas une œuvre classique dans l'esprit romain ; il représente une des expressions les plus vivantes de l'humanisme florentin pétri de grâce et d'élégance.

© Nimatallah/Artephot.

© Nimatallah/Artephot.

Expression

Donatello a su se nourrir d'inspiration antique sans renier complètement certaines influences médiévales. Il réussit avec perfection à relier le monde chrétien et l'univers païen.

Il étudie la forme du corps humain en tant que tel mais aussi en tant que moyen d'expression de l'émotion, de la spiritualité et de l'individualité de chaque être.

Cet épisode évoque de manière exemplaire la victoire de l'adresse sur la force brutale. En même temps, les corrélations qui existent entre l'amour et la mort sont suggérées dans cette œuvre par l'aile du casque de Goliath qui vient frôler la cuisse de David.

À travers le héros, Donatello exalte l'individualité, l'intelligence et la séduction en conjuguant morale et esthétique.

La Flagellation du Christ (vers 1445)

PIERO DELLA FRANCESCA, Urbino, Galerie nationale

© Dagli Orti.

Toscan de naissance, Piero della Francesca acquiert sa formation à Florence entre 1430 et 1440, à un moment particulièrement riche dont Piero a su faire son profit. Il découvre les œuvres d'**Uccello** et de **Masaccio** dans lesquelles il peut apprécier la nouveauté des recherches sur la construction en perspective d'un espace géométrique. Influencé au départ par la peinture siennoise, Piero possède un don pour les harmonies aux couleurs légères et claires qui s'épanouira dans l'atelier de son maître **Domenico Veneziano**.

Après cette période de formation, il entre en relation avec la cour d'Urbino commandée par le vieux condottiere **Federico de Montefeltro** qui gouverne ses États en amateur éclairé des arts et des belles lettres.

Piero réalise *La Flagellation* vraisemblablement à cette époque, vers 1445.

Le tableau, peint sur un panneau de bois, a de petites dimensions : 58,6 x 80,5 cm.

Le sujet

Le tableau représente simultanément deux scènes situées à deux époques différentes.

Dans la moitié gauche, le Christ après son arrestation par les Romains reçoit des coups de fouet pour le punir de s'être attribué le titre de roi. Le procureur Pilate assiste impassible à la scène.

Dans la moitié droite, on aperçoit trois personnages en habits d'époque Renaissance. On suppose qu'il s'agit du demi-frère de Federico de Montefeltro entouré par deux de ses conseillers, deux traîtres qui prirent part au complot destiné à renverser Federico. La scène évoquerait alors le supplice du comte trahi et assassiné.

Mais les interprétations du tableau sont nombreuses. À droite, s'agit-il du repentir de Judas, ou, dans la partie gauche, s'agit-il de l'évocation de la prise de Constantinople par les Turcs en 1453 ? Le Christ serait alors une métaphore de l'Église flagellée sous les yeux d'un Turc.

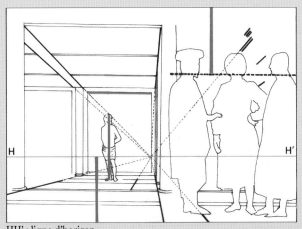

HH' : ligne d'horizon.
La hauteur du Christ sert de module pour la construction du tableau.

Figure 1

Figure 2

La composition

Cette œuvre constitue un remarquable exercice de perspective, science encore nouvelle. Piero della Francesca vient de prendre connaissance du « Traité de la Peinture » composé par **Alberti** en 1435. L'auteur y explique les principes de la perspective linéaire tels que **Brunelleschi** les a établis.

Ici, l'artiste situe ses personnages dans un espace déterminé par une rigoureuse construction en perspective rythmée par les colonnes, les architraves et le carrelage du sol. Les différentes lignes constituent un réseau harmonique où chaque dimension découle l'une de l'autre, ce qui permet de construire un univers mathématique idéal.

La hauteur du tableau, 58,6 cm, correspond à la longueur d'une brasse toscane. Pour les artistes de la Renaissance, la hauteur idéale de l'homme (représentée par le Christ) mesure trois brasses. Ce module règle les positions et les proportions de toutes les parties du tableau. Ainsi, par exemple, le peintre place la ligne d'horizon en fonction de la hauteur du Christ (figure 1).

L'axe vertical de la composition partage la peinture en deux parties, chacune d'elles devenant un tableau indépendant selon une méthode moyen-âgeuse condamnée par Giotto depuis plus d'un siècle. La moitié droite, avec le groupe de personnages placés au premier plan, contribue à accuser la profondeur de la moitié gauche. Cette scène avec ses deux espaces, un extérieur et un autre intérieur, s'ouvre sur un troisième espace suggéré par la présence d'un escalier situé à gauche. Le Christ devient alors l'intermédiaire entre le monde terrestre représenté par les trois personnages de droite et le monde céleste évoqué par cette ouverture lumineuse (figure 2).

La scène aux trois personnages reçoit un éclairage du soleil venant de gauche, alors que la scène de la flagellation est éclairée par une puissante et mystérieuse source de lumière, venant du haut et de la droite, cachée derrière un des chapiteaux. Cette répartition de la lumière qui chasse toutes les zones d'ombres fait régner sur la scène un climat inquiétant et énigmatique (figure 2).

L'expression

Dans cet univers solennel, tout semble s'immobiliser. Les personnages calmes, distants et sereins, la rigueur de la construction spatiale et la distribution de la lumière nous laissent comme en dehors du temps. Un certain hermétisme accuse encore cet effet qui apparaît comme essentiel dans l'art de Piero della Francesca où tout se déchiffre comme un rébus sublime.

Ce climat austère et puissant se rapproche des tendances de notre art du XXᵉ siècle. La géométrie de Cézanne et des cubistes, la rigueur de l'abstraction de Kandinsky se trouvent déjà contenues dans cette œuvre.

Le style de Piero della Francesca parvient ainsi à une portée universelle.

Détail. © Dagli Orti.

131

Le *Tempietto* (à partir de 1502)

Donato BRAMANTE, église San Pietro in Montorio, Rome

© Artephot/
Nimatallah.

Après un séjour dans le Milanais où il travaille comme peintre et architecte, Bramante gagne Rome en 1499 à l'âge de 55 ans. Il étudie les ruines antiques et dresse des relevés qui stimulent sa réflexion architecturale.

À partir de 1502, à la demande des souverains espagnols, Ferdinand d'Aragon et Isabelle de Cas-tille, il édifie le *Tempietto* sur le mont Janicule à l'emplacement de la crucifixion de saint Pierre.

Description

Cette petite église circulaire est bâtie dans la cour d'une église plus ancienne.

Ses proportions parfaites la rendent imposante bien que son diamètre intérieur ne soit que de 4,50 m.

L'édifice repose sur un soubassement de trois marches.

Le premier niveau est constitué d'une colonnade toscane (ordre dorique enrichi) périptère (qui fait le tour du bâtiment) avec un entablement dorique. En retrait, le mur est rythmé de pilastres délimitant des travées occupées par une alternance de baies rectangulaires et de niches arrondies. Cette alternance introduit un rythme secondaire qui enrichit le rythme régulier de la colonnade.

Le deuxième niveau présente une balustrade posée sur la corniche de l'entablement du niveau précédent. Les ouvertures dans le mur reprennent le même rythme que celui du premier niveau.

L'entablement porte la coupole hémisphérique dont le sommet évoque un lanternon•.

Caractéristiques

L'adoption d'éléments classiques (colonnes, métopes et triglyphes) correspond à un désir de recréer réellement l'Antiquité à travers des propositions nouvelles. Son style fleuri et raffiné du Milanais fait place à la rigueur et à la sobriété qui caractérisent sa manière romaine. Le plan centré reprend celui du temple de Vesta à Tivoli.

Marqué par sa première carrière, Bramante traite l'architecture avec un tempérament de peintre. Il cherche à définir l'équilibre empirique entre les effets de clairs et de sombres produits en architecture par les vides et les pleins. L'usage de la colonne ou du pilastre, des murs creusés de niches ou de fenêtres, crée des zones éclairées ou dans la pénombre, et la forme arrondie du plan de l'édifice engendre des dégradés dans cette répartition des lumières et des ombres. Cet équilibre plastique rejoint la démarche de Léonard de Vinci : le *Tempietto* apparaît comme une recherche tendant vers un clair-obscur modulé. La création architecturale est posée comme un problème de composition et non comme un problème de construction.

Conclusion

Bramante réalise une adaptation de l'architecture antique à l'église chrétienne, parfaite union de l'esprit religieux et de l'esprit profane. Le *Tempietto* représente la première construction idéale de plan circulaire que Piero della Francesca avait déjà dessiné au centre de sa ville idéale, et que Raphaël reprend en 1504 dans *Le Mariage de la Vierge**. Ce plan circulaire symbolise la perfection divine.

La souplesse et la variété dans les solutions architecturales confèrent à ce monument une plasticité étonnante qui s'oppose au style linéaire des premières constructions Renaissance. Cette petite église représente parfaitement l'architecture du XVIe siècle typiquement romaine.

RAPHAËL (1483-1520), *Le Mariage de la Vierge* (1504). Pinacothèque de Brera, Milan. © Dagli Orti.

$$\frac{EG}{EF} = \frac{EF}{FG} = \text{nombre d'or.}$$

Le rectangle ABCD = rectangle d'or.

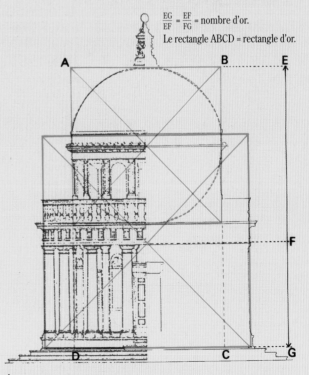

Élévation : étude sur les rapports géométriques.

Rosso Fiorentino (1494-1540), *Déposition de croix*. Pinacoteca de Volterra.
© Alinari/Giraudon.

Chapitre

Le Maniérisme

Bien que déjà consacrée, l'expression « Maniérisme », que nous utilisons pour désigner la production artistique qui va d'environ 1520 à la fin du XVIᵉ siècle, se révèle assez mal adaptée. Ce terme, qui s'adresse surtout à la peinture (il a été par la suite étendu à d'autres disciplines esthétiques), semble signifier que le propos des maîtres de ce temps est de copier la manière, c'est-à-dire la façon de faire, propre à leurs prédécesseurs du siècle précédent. Le manque d'originalité qui s'ensuivrait devrait faire du maniérisme un prolongement nécessairement décadent de l'étape glorieuse que fut la Renaissance.

Pour comprendre qu'il n'en est rien, il faut se reporter à ce que disait au XVIᵉ siècle Giorgio Vasari, le premier des historiens de l'art. Pour lui, la « maniera » n'était rien d'autre que le trait caractéristique de l'expression d'un artiste. Chaque artiste possède donc sa propre « *maniera* », même si Vasari distingue la « *maniera moderna* » de l'époque que nous appelons maniériste, de la « *bella maniera* » des trois grands : Léonard de Vinci, Michel-Ange et Raphaël.

L'héritage laissé par ces artistes « modernes » révèle leur originalité, et l'effort qu'ils firent pour trouver de nouvelles voies de création, dans un univers en mutation rapide et déjà séparé de l'idéal d'harmonie introduit par les artistes de la Renaissance. Ils vivent dans un monde dont les valeurs se désagrègent et à l'intérieur duquel ils s'efforcent de trouver des issues personnelles.

Jean de BOLOGNE (1529-1608),
L'Enlèvement des Sabines.
Loggia des Lanzi, Florence.
© Scala.

Le temps des incertitudes

MICHEL-ANGE (1475-1564),
Le Jugement dernier.
Détail des peintures
de la chapelle Sixtine.
Vatican, Rome.
© Scala.

S i la Renaissance naît sous le signe de l'opti-
misme et de la foi généralisée dans les capacités du génie humain, le processus historique
dans lequel elle évolue ne va pas tarder à contredire
ce cadre idéal. En effet, la société qui survit au
XVIᵉ siècle, loin de s'avancer dans le sens de la féli-
cité collective, semble au contraire se projeter dans
un abîme dont les contemporains ont du mal à percevoir la profondeur. La production artistique des
soixante-dix dernières années du siècle constitue le
reflet d'une interrogation générale à propos du
devenir de l'humanité et de la pluralité des
réponses qu'on peut y apporter.

En réalité, à l'aube du XVIᵉ siècle, tout contribue
à accroître l'inquiétude qui s'empare des esprits :
Florence, commerçante et démocratique, patrie de
la Renaissance, devient en quelques années une
principauté, semblable à tant d'autres réparties sur

Bartolomeo AMMANNATI
(1511-1592), cour du
Palais Pitti, Florence.
© Scala.

tout le sol italien. Elle est perpétuellement plongée dans des conflits. Pire, un moine halluciné, **Savonarole**, persuadé que l'art est une manifestation du paganisme, plonge la ville dans la terreur en fomentant de violents mouvements populaires et en brûlant livres et œuvres d'art qui seront perdus à jamais.

Rome récupère alors l'héritage culturel et apparaît comme le centre artistique majeur. Mais la fragilité spirituelle de la papauté, corrompue par le luxe et l'ambition, et, à partir de 1517, la Réforme protestante brisent irrémédiablement l'unité catholique. En 1527, la Ville éternelle est mise à sac par les troupes de l'empereur Charles Quint, alors protecteur en titre de l'Italie. Lorsque la tempête s'apaise, rien ne sera plus comme avant.

Les artistes ne peuvent pas rester insensibles au morcellement de l'univers harmonieux idéalisé par les créateurs de la Renaissance. Et cela d'autant moins qu'en se penchant sur l'œuvre des derniers grands maîtres, **Raphaël** et surtout **Michel-Ange**, ils y trouvent des tensions accumulées, comme une angoisse diffuse en prélude à leur propre drame. Les deux Grands ont commencé à défier les règles artistiques établies par leurs prédécesseurs. Les maniéristes tel **Luca Cambiaso***, s'engouffreront dans cette brèche, et exprimeront leur difficulté d'être dans un art tellement intellectualisé qu'il sera très vite incompris, contesté puis rejeté.

Plus qu'un mouvement cohérent, le Maniérisme se présente comme la somme d'expériences individuelles conduites par des créateurs isolés, travaillant pour des personnes initiées. Absorbés dans leur parcours personnel, empruntant délibérément les chemins de la complexité, de l'ambiguïté, de l'antinaturalisme, ils se sentent pourtant les dépositaires de la mémoire des temps révolus : leur époque sera celle des grands traités théoriques et de la naissance de l'histoire de l'art avec **Vasari**. Ainsi le Maniérisme se présente-t-il comme une période de bilan et de réflexion sur l'art de la civilisation occidentale, à la fin de laquelle l'ordre s'installe à nouveau avec le triomphe du Baroque.

Luca CAMBIASO (1527-1585),
Combat de figures. Plume,
encre brune et lavis sur papier.
Cabinet des dessins, Florence.
© Edimedia.

137

La règle et la transgression

MICHEL-ANGE (1475-1564) et Giorgio VASARI (1511-1574), vestibule et escalier de la bibliothèque Laurentienne à Florence.
© Alinari/Giraudon.

MICHEL-ANGE (1475-1564), « L'Aurore ».
Détail du *Tombeau de Laurent de Médicis*.
Chapelle des Médicis.
Église San Lorenzo, Florence.
© Dagli Orti.

Raphaël, par l'intellectualisation croissante de sa peinture et par l'aspect moelleux de bon nombre de ses tableaux, n'est pas complètement étranger aux aspirations maniéristes ; pourtant si l'on devait jeter un pont entre ces deux périodes artistiques, la Renaissance d'une part, le Maniérisme d'autre part, c'est vers Michel-Ange qu'il nous faudrait regarder.

Certes, personne n'incarne mieux que lui l'idéal renaissant du génie créateur. Mais sa vision peu à peu désenchantée de l'humanité, si éloignée de l'humanisme de ses contemporains, et sa recherche désespérée du chemin de la Rédemption, si proche de celle des maniéristes, donnent à son œuvre une dimension introspective. Dans la dernière étape de sa vie, il cherche à libérer les forces et les tensions, que la surface des êtres et des choses masque généralement. Il est ainsi amené à rompre avec les règles de représentation de la Renaissance. Les corps de ses personnages, plus symboliques que naturalistes, se déforment jusqu'à devenir les représentants d'une espèce surhumaine, race de héros et de géants. Cette réalité, déjà perceptible dans la *Sainte Famille* du *Tondo Doni* (1504), qui, pour certains, représente la véritable naissance du Maniérisme, devient évidente dans *Le Jugement dernier** (p. 136), où l'image d'un Christ en colère écrase d'une force herculéenne la foule compacte qui l'entoure. Un tel procédé ne se limite pas à la peinture et trouve son pendant en sculpture et en architecture, car Michel-Ange rayonne dans tous les domaines de la création. L'ensemble des statues des *tombeaux des Médicis*, dans l'église San Lorenzo à Florence, et spécialement les personnifications de l'Aurore*, du Jour, du Crépuscule et de la Nuit, allongent et contorsionnent démesurément leurs proportions. Ces formes « serpentines » seront reprises par les peintres et les sculpteurs de la génération suivante qui les utiliseront jusqu'à épuisement.

C'est aussi à Florence que Michel-Ange laissera son esquisse pour la *Bataille de Cascina* qui sera recopiée, et même décalquée à l'envi par les premiers maniéristes florentins : **Rosso Fiorentino** et **Pontormo** (1494-1556). *La Déposition de croix* de Rosso* (p. 134) rompt avec l'équilibre de la Renaissance par sa composition troublante et tourmentée, teintée de couleurs acides, d'un pathétisme vraiment radical. Le chromatisme agressif et violent constitue, avec la déformation volontaire des corps et du mouvement en spirale, l'une des composantes essentielles de la peinture maniériste. Caractéristique de cette tendance est aussi *La Visitation* de Pontormo, magnifique peinture d'une richesse chromatique remarquable, dont le groupe central exécute un impressionnant mouvement hélicoïdal.

Peut-être moins radical dans sa modernité, l'œuvre du **Parmesan** est cependant chargée de la subjectivité particulière au Maniérisme. C'est ce qu'atteste l'autoportrait qu'il nous laisse, où il reproduit étrangement son image sur un miroir convexe. Mais c'est dans *La Madone au long cou** qu'il affiche définitivement sa volonté anticlassique. Une froide élégance, qui explore à satiété l'allongement des corps et les éléments architecturaux, s'allie ici à la douceur des couleurs et au charme des visages.

Au même moment, à la demande de la clientèle aristocratique pour laquelle ils travaillent, de nombreux peintres s'orientent vers l'expression sophistiquée et subtile d'un réalisme méticuleux. **Bronzino** est l'exemple le plus remarquable de cette génération d'artistes. Créateur de superbes portraits, comme celui d'*Éléonore de Tolède**, où la lumière froide et l'immobilisme de la pose donnent une impression d'irréalité, et s'oppose à l'extrême réalisme de la robe en quasi trompe-l'œil. Il est aussi l'auteur de compositions à l'érotisme froid et somptueux, comme l'*Allégorie de Vénus*, l'*Amour* et le *Temps*.

On peut trouver, dans l'œuvre de **Titien** (1488/89-1576), des tendances au maniérisme, dans ses portraits d'une suprême élégance poétique, ou dans la dramatique *Descente de croix*, qui laisse percer aussi les premiers accents du Baroque, tant il est vrai qu'un grand artiste ne saurait se limiter à un genre, ou à une école•.

Cependant Venise reste plutôt à l'écart du courant maniériste, malgré la personnalité dominante du **Tintoret** (1518-1594). Il réunit dans sa peinture l'anticlassicisme et le raffinement des deux courants florentins, et la légèreté de la touche picturale propre à la peinture vénitienne. Ses vastes compositions, *Le Christ devant Pilate*, *La Cène*, impressionnent par le brillant des couleurs, le jeu complexe de la perspective et le contraste dramatique de l'ombre et de la lumière.

À Parme apparaît aussi, à la même époque, un autre courant qui s'éloigne également des concepts picturaux de la Renaissance, et dont le meilleur représentant est **le Corrège**. Sa sensibilité et sa prédilection pour la robustesse des formes et pour la somptuosité des couleurs où transparaît la marque de la peinture vénitienne, illustrées par *Danaé** (p. 140) ou la fresque de l'*Assomption de la Vierge*, font de lui un artiste très original, dont l'esthétique s'achemine déjà vers l'esprit du Baroque.

La sculpture italienne du XVIe siècle n'échappe pas au Maniérisme. **Benvenuto Cellini** demeure aujourd'hui encore le plus célèbre représentant de cet art raffiné, pas toujours exempt d'affectation. Entre autres œuvres étonnantes, il produit une *salière d'or* ciselée pour François Ier, exercice allégorique à l'échelle d'une miniature dans lequel il accentue le modelé des nus. Mais c'est surtout le

Le PARMESAN (1503-1540), *La Madone au long cou*.
Galerie des Offices, Florence.
© Scala.

Agnolo BRONZINO (1503-1572),
*Portrait d'Éléonore de Tolède
et de son fils Jean de Médicis*.
Musée des Offices, Florence. © Dagli Orti.

Le Corrège (1489-1534), *Danaé*. Villa Borghèse, Rome.
© Scala.

Galerie François Ier du **château
de Fontainebleau**.
Stucs et fresques de Rosso
et de Primatice.
© Dagli Orti.

Français **Jean de Bologne**, que les Italiens appe-
laient **Giambologna** ou **Giovanni da Bologna**, qui
reste la personnalité la plus marquante de la sculpture maniériste à Florence. Il est l'auteur du prodigieux *Enlèvement des Sabines** (p. 135), ouvrage
monumental de trois mètres de haut, dans un mouvement hélicoïdal enveloppé qui impressionne
davantage par sa pure discipline et son talent d'exécution que par sa puissance.

Dans certains édifices de cette époque, des éléments classiques sont détournés de leur destination
première et employés dans de nouveaux rapports
architecturaux. C'est le cas au *palais des Offices*, à
Florence, de **Giorgio Vasari**. S'inspirant de la
bibliothèque Laurencienne* (p. 138), de Michel-
Ange, il se sert de consoles étirées comme division
entre les fenêtres du premier étage. La console n'a
jamais cette fonction, elle sert normalement à soutenir les avancées de balcons et de terrasses. Il
n'utilise les colonnes qu'au rez-de-chaussée, abandonnant ainsi le principe cher à la Renaissance de
superposition de trois ordres de colonnes. C'est un
tout autre parti qu'adopte **Bartolomeo Ammannati** au *palais Pitti** (p. 137), également à Florence.
Si la structure générale de la façade sur cour res-
pecte une ordonnance toute Renaissance, avec
superposition des ordres de colonnes, elle est entièrement recouverte de bossages rustiques, c'est-à-
dire que chaque pierre est taillée avec une face
bombée lui donnant un aspect mal équarri, d'inspiration campagnarde.

Ces excès d'ornementation ont provoqué des réactions contraires, comme celle du grand architecte **Andrea Palladio** (1508-1580)* (p. 146). Son œuvre se rattache à la tradition humaniste de **Leon Battista Alberti**, dont il partage les convictions sur la signification cosmique des proportions arithmétiques. Travaillant essentiellement à Vicence (théâtre Olympique), et un peu à Venise (église de San Giorgio Maggiore), il réinvente l'architecture classique. Palladio illustre déjà une volonté de retour à l'ordre et un refus du chaos qui annonce la résolution de la crise.

Une Europe maniériste ?

Après la réaction explosive de l'Italie contre la codification artistique de la Renaissance, le Maniérisme s'étend à l'ensemble de l'Europe. Au siècle précédent, alors qu'à Florence et à Rome on se lançait avec enthousiasme dans la redécouverte de l'Antiquité classique en rejetant le Moyen Âge hors de la péninsule italienne, l'esthétique gothique, pleine de vitalité, s'opposait à la pénétration des formes nouvelles. Les choses vont changer au XVIe siècle, le Maniérisme se répand partout, l'Europe renaissante est en fait une Europe maniériste.

La France

La France est gouvernée, au tournant du XVIe siècle, par trois rois successifs : Charles VIII, Louis XII et François Ier, qui vont guerroyer en Italie pour faire valoir ce qu'ils estiment être leurs droits sur Milan et Naples. Ils seront séduits par ce qu'ils voient, notamment par la *chartreuse de Pavie*, et ramèneront en France un certain nombre d'artistes. Travaillant pour la plupart d'entre eux à la décoration du château de Fontainebleau*, ils donnent à l'art français de cette époque le nom d'« **École de Fontainebleau** ». Si **Rosso** laisse surtout en héritage aux artistes français qui le suivront un goût pour un décor foisonnant d'ornements en tout genre, **Primatice** et **Benvenuto Cellini** imposent pour plus d'un demi-siècle un nouveau canon féminin au corps long et sinueux, qui constitue véritablement la marque de l'art français du XVIe siècle. Primatice est l'auteur de multiples panneaux qui, dans des encadrements de stuc exubérants, ornent les plus belles galeries de Fontainebleau. Les thèmes en sont mythologiques ou épiques, comme *Ulysse et Pénélope* ou *Diane au bain*.

La même inspiration guide Benvenuto Cellini dont l'œuvre foisonne de personnages mythologiques dans des poses alanguies, comme sa *Nymphe* de Fontainebleau, remarquable relief en bronze où s'épanouit un nu féminin à la fois svelte et sensuel. C'est l'Antiquité tout entière qui est ainsi offerte aux sculpteurs français, et ceux qui ne font pas le voyage d'Italie ont sous les yeux des modèles que les gravures diffusent même dans les régions reculées.

Jean Cousin (v. 1490- v. 1560), *Eva Prima Pandora*. Musée du Louvre, Paris. © Dagli Orti.

Jan Metsys (1509-1575), *Flore devant le port d'Anvers* (1559). Kunsthalle, Hambourg. © Kunsthalle, Hambourg.

Façade du **château de Heidelberg**, Allemagne. © Thomas Jullien/DIAF.

Cour et tour de l'horloge de la *Burghley House* à Stanford.
© English Life Publications Ltd, Derby.

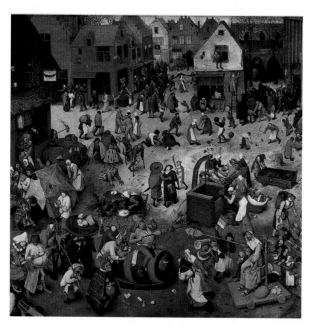

Pieter BRUEGEL l'Ancien (v. 1525/1530-1569), *La Bataille entre Carnaval et Carême*. Kunsthistorisches museum, Vienne.
© Erich Lessing/Magnum.

Jean Goujon (vers 1510-vers 1564/69), décorateur de la cour Carrée du Louvre, est aussi l'architecte de la *fontaine des Innocents* à Paris, qu'il orne de ravissantes nymphes aux formes serpentines encore mises en valeur par les draperies « mouillées » de leur vêtement.

Le sculpteur le plus puissant de la fin du XVIᵉ siècle est malgré tout **Germain Pilon** (vers 1528-1590) à qui l'on doit, en collaboration avec le Primatice, l'un des plus beaux exemples de la sculpture française de cette période : le *tombeau d'Henri II et Catherine de Médicis* à la basilique de Saint-Denis dont les admirables gisants évoquent, dans un sens de la rhétorique bien maniériste, une beauté héroïque qui survit à la mort.

Les constructions françaises de cette époque rompent définitivement avec les derniers vestiges gothiques. Mais malgré quelques monuments que l'on peut qualifier de maniéristes, comme l'église *Saint-Étienne-du-Mont* à Paris, les architectes français seront très vite les promoteurs de l'art classique.

En revanche, on voit se développer une peinture maniériste très spécifique dominée par une fantaisie intellectualisée révélatrice de l'ambiance de Cour dans laquelle elle est née. Elle s'exprime généralement dans des scènes mythologiques voluptueuses telle que la célèbre *Diane chasseresse*, œuvre d'un auteur inconnu, ou dans un type de portraits très particuliers d'un érotisme froid ou mondain, comme celui de *Gabrielle d'Estrées avec la duchesse de Villars*, autrefois attribué à **Jean Cousin**. Auteur de la célèbre *Eva Prima Pandora** (p. 141), ce peintre est l'un des meilleurs représentants du maniérisme français.

Les pays du Nord

À la même époque, les Flandres, où l'influence italienne bénéficie d'étroits contacts commerciaux, se transforment en un foyer de diffusion de l'esthétique maniériste. Celle-ci se répand alors dans toutes les terres de l'Empire germanique, avec une tonalité décorative évidente qui éclate sur la façade de l'*hôtel de ville d'Anvers* (1561) de **Cornelis Floris**, ou dans l'Otto-Heinrichbau du *château de Heidelberg** (p. 141). La cour de *Burghley House**, à Stanford, montre que le goût nouveau aborde aussi en Angleterre.

C'est dans la peinture que les artistes flamands sont les plus « romanistes ». Ce terme, appliqué à l'origine à ceux qui avaient fait le voyage de Rome, finit par être étendu à ceux qui imitent la manière italienne. C'est à Anvers que **Jan Metsys**, le fils de **Quentin**, développe le portrait réalisé selon le goût italianisant. Sa formation, assurée en grande partie en France et en Italie, explique les affinités entre sa peinture mythologique d'une sensualité sophistiquée, dans laquelle on remarque deux fameuses versions de *Flore** (p. 141), et l'École de Fontainebleau. Après lui, on compte une pléiade de maniéristes septentrionaux presque spécialisés en compositions mythologiques d'un érotisme raffiné qui développent jusqu'à l'épuisement le procédé italien, et dont le plus brillant est sans aucun doute **Bartholomeus Spranger** (1546-1611). On ne peut conclure sur la peinture maniériste flamande sans citer le célèbre graveur **Goltzius** qui contribua grandement à diffuser les œuvres italiennes dans toute l'Europe.

Là encore, l'excès de raffinement entraînera un courant opposé, qui se spécialisera dans la description de paysages et de scènes pittoresques de la vie populaire, et trouvera son représentant le plus remarquable en la personne de **Pieter Bruegel l'Ancien**. Ses chefs-d'œuvre expriment l'accord intime entre l'homme et la nature. Dans *La Bataille entre Carnaval et Carême**, il atteint une dimension satirique et une fantaisie proches de l'œuvre de **Jérôme Bosch** (v. 1450/1460-1516).

La péninsule Ibérique

L'Espagne et le Portugal constituent d'importants foyers de pénétration du Maniérisme qui s'étend également à leurs empires coloniaux. En effet, au Brésil, en Amérique centrale et en Orient, on observe un croisement du goût européen avec les diverses sensibilités autochtones. Ce croisement est le point de départ d'une architecture originale, bien représentée à Mexico et à Goa*. Cependant, les circonstances particulières que vivent les pays ibériques depuis la moitié du siècle et le poids que représente la Contre-Réforme dans ces pays imposent à ce courant esthétique une physionomie essentiellement austère et dogmatique.

Ainsi se développe une architecture dépouillée et froide, d'une extraordinaire sévérité qui, bien que différente dans sa forme, en Espagne et au Portugal, participe du même esprit. L'exemple le plus représentatif est certainement le gigantesque monastère de l'*Escurial* (1563) élevé par **Juan Bautista de Toledo** et **Juan de Herrera**. Le même goût se retrouve aussi en peinture, dans le grand portrait de Cour dont les meilleurs représentants sont **Sanchez Coello** en Espagne et **Cristovao de Morais*** au Portugal.

Si tout ceci semble bien loin du climat d'exaltation propre au maniérisme à l'italienne, celui-ci existe pourtant dans des œuvres comme celles d'**Alonso Berruguete** (vers 1488-1561) ou de **Juan de Juni***. **Le Greco** (1541-1614), Crétois formé en Italie et dont la carrière s'est déroulée en Espagne, occupe une place à part. S'il est nettement maniériste par ses couleurs volontiers stridentes et l'étirement des figures, il adopte des mises en scène où le refus de la perspective et l'absence d'esprit renaissant le rapprochent de l'art byzantin et de l'art gothique. Son mysticisme, qui éclate dans l'*Enterrement du Comte d'Orgaz** (p. 144), évoque aussi le caractère théâtral du Baroque.

Façade ouest de la *basilique du Bon Jésus*, Goa, Inde.
© Roland et Sabrina Michaud.

Juan de JUNI (1506-1571), *Mise au tombeau*, en bois polychrome.
Musée national de la sculpture, Valladolid, Espagne. © Dagli Orti.

Cristovao de MORAIS, *Portrait de Don Sebastien, roi du Portugal*.
Musée national d'art Antiga, Lisbonne. © Giraudon.

143

L'*Enterrement du Comte d'Orgaz* (1586-1588)

LE GRECO, église Saint-Thomas, Tolède

© Giraudon.

Après sa formation en Crète, puis en Italie, Le Greco s'installe à Tolède en 1576. Dans cette ville d'humanistes, de juristes et de religieux, le peintre a trouvé les conditions de son épanouissement artistique. En 1586, il exécute une commande pour l'église Saint-Thomas, l'*Enterrement du Comte d'Orgaz*.

Sujet

Selon la tradition, Gonzalo Ruiz, seigneur d'Orgaz, bienfaiteur de l'église Saint-Thomas, avait été honoré d'obsèques miraculeuses. Saint Étienne et saint Augustin descendirent du ciel pour l'enterrer eux-mêmes. Ce miracle occupe la partie inférieure du tableau, tandis qu'au centre l'âme du comte d'Orgaz, sous la forme d'un petit être translucide, accède au paradis représenté dans la partie supérieure.

Bien qu'il s'agisse d'un épisode survenu deux siècles et demi auparavant, Le Greco le relate comme un fait contemporain. Parmi l'assistance se trouvent divers membres de la noblesse et du clergé local. On peut également discerner le peintre lui-même au-dessus de la main levée du chevalier, et son fils Jorge Manuel agenouillé au premier plan. Seuls ces deux personnages nous regardent et font ainsi le lien entre le miracle que l'enfant montre du doigt et nous.

144

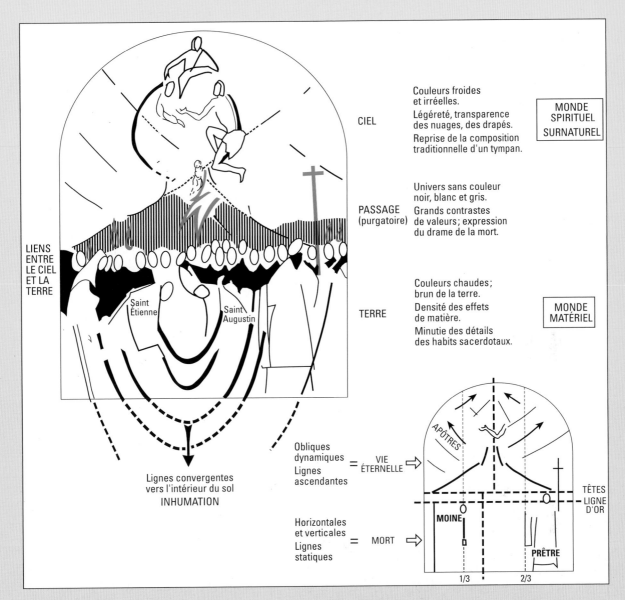

CIEL

Couleurs froides
et irréelles.

Légéreté, transparence
des nuages, des drapés.

Reprise de la composition
traditionnelle d'un tympan.

MONDE
SPIRITUEL
SURNATUREL

PASSAGE
(purgatoire)

Univers sans couleur
noir, blanc et gris.

Grands contrastes
de valeurs; expression
du drame de la mort.

TERRE

Couleurs chaudes;
brun de la terre.

Densité des effets
de matière.

Minutie des détails
des habits sacerdotaux.

MONDE
MATÉRIEL

LIENS
ENTRE
LE CIEL
ET LA
TERRE

Saint
Étienne

Saint
Augustin

Lignes convergentes
vers l'intérieur du sol
INHUMATION

Obliques
dynamiques
Lignes
ascendantes

= VIE
ÉTERNELLE

Horizontales
et verticales
Lignes
statiques

= MORT

APÔTRES

MOINE

PRÊTRE

TÊTES
LIGNE
D'OR

1/3

2/3

Composition

Ce tableau, conçu en étroite harmonie avec le cadre architectural, occupe à 1,80 m du sol l'ensemble du mur de la petite chapelle qui l'abrite. Au pied de cette toile, une grande table de pierre fait également partie de la composition et symbolise le sarcophage dans lequel les deux saints descendent la dépouille mortelle du comte.

Une surface neutre, située au-dessus de l'alignement des têtes des notables, sépare le tableau en deux parties. Dans la zone inférieure, les nombreuses lignes horizontales et verticales créent un effet statique qui évoque la mort. Inversement, dans la zone supérieure, des lignes obliques, des courbes et des contre-courbes engendrent un effet dynamique, expression des forces de la vie spirituelle. La composition permet d'assurer une extraordinaire fusion entre le monde réel et ses prolongements dans l'au-delà, car les deux parties se complètent et s'expliquent l'une l'autre (voir croquis).

Commentaire

L'œuvre du Greco offre un raccourci de toute l'histoire de la peinture espagnole. Nourri de traditions byzantines, son art assimile le meilleur de la peinture italienne avant de venir s'épanouir en terre ibérique. Ce peintre transplanté réussit à s'identifier avec les réalités espagnoles en dégageant sans cesse la présence en elles du surnaturel.

Âme tourmentée, Le Greco oppose constamment la terre et le ciel, le sensible et l'esprit. Ainsi, la somptuosité de la matière de la cuirasse du comte et des habits de saint Étienne et saint Augustin contraste avec l'irréalité du ciel où les formes étirées, les harmonies colorées parfois discordantes, les éclairages fantastiques composent une vision surnaturelle. Le Greco retrouve dans sa démarche picturale l'équivalent de celle des grands mystiques espagnols, et la spiritualité intense et passionnée qui anime toute son œuvre nous mène aux confins d'un monde hallucinatoire.

La Basilique de Vicence

(projet de 1545, exécuté à partir de 1549)

Andrea PALLADIO

On désigne le plus souvent le Palais communal de Vicence sous le nom de « la Basilique » en faisant référence au passé romain et aux fonctions civiques liées alors à ces bâtiments. Il s'agit d'une construction gothique du XIIIᵉ siècle, largement reconstruite au XVᵉ siècle. En 1545, Palladio gagna le concours ouvert pour la restauration de ce monument.

146

Jacopo Sansovino (1486-1570). Bibliothèque Marciana, Place Saint-Marc à Venise. © Scala.

Description

Palladio imagine de construire une ceinture de quatre façades qui servira de renfort et soutiendra les murs fragilisés de ce monument gothique.

Il prend pour modèle la *bibliothèque Marciana de Venise*, inspirée elle-même par la façade du *théâtre de Marcellus à Rome*.

Il conçoit deux galeries superposées correspondant aux deux étages de l'édifice préexistant.

Au rez-de-chaussée, il utilise selon la tradition le style toscan et, au premier étage, le style ionique.

À chaque niveau, il combine deux types de colonnes du même ordre mais de tailles différentes, les plus hautes soutenant la frise de couronnement, les autres, plus petites, intercalées, soutenant les arcades et faisant paraître les premières encore plus grandes.

Il couronne l'ensemble d'une balustrade ornée de statues.

En retrait, l'ancien bâtiment dépasse au-dessus de la nouvelle façade. Le vieux mur gothique, modernisé par l'adjonction d'ouvertures arrondies, alternant avec des pilastres d'ordre toscan, se termine par une corniche décorative. Une toiture massive recouvre l'édifice.

Le style

La Basilique de Vicence nous montre comment Palladio combine harmonieusement les différents éléments de la structure d'une façade et crée la « travée palladienne » en s'inspirant de l'architecte Serlio : une grande ouverture cintrée domine de la hauteur de son arcade deux baies rectangulaires plus modestes qui lui sont accolées.

La prédominance dans les loggias des espaces vides sur les espaces pleins, le violent contraste de l'ombre et de la lumière rapprochent cet ensemble architectural maniériste du traitement d'une peinture. L'alternance des colonnes aux différentes échelles, le rythme vigoureux de la succession des éléments contribuent à donner à l'ensemble de cette façade une élégante noblesse.

Palladio publie quatre livres d'architecture à partir de 1570 pour définir les règles de son art et ainsi propager ses théories. Des ouvrages abondamment illustrés de gravures sur bois exposent tout un système architectural basé sur l'idée de module. Les œuvres de Palladio, admirables de force, de proportions, de pureté, mais également riches de leur grande variété, serviront de modèles pour les architectes des siècles suivants à travers le palladianisme.

147

Gian Lorenzo BERNINI (dit le BERNIN) (1598-1680).
Chaire de Saint-Pierre, basilique Saint-Pierre, Rome.
© Scala.

Le mot « *barroco* » naît dans la langue portugaise (Garcia da Orta, 1563) pour désigner les perles orientales de forme irrégulière, qui deviendront caractéristiques de la joaillerie européenne à la fin du XVIᵉ et pendant tout le XVIIᵉ siècle. Ensuite, le sens s'est élargi de manière à traduire les concepts de singulier, de bizarre ou de capricieux, qu'il s'agisse d'un objet, d'une pensée ou d'une expression. Le Baroque émerge en tant que phénomène culturel dans les dernières années du XVIᵉ siècle et marquera la civilisation européenne jusqu'aux alentours de 1760. Il pénétrera tous les arts, de la littérature aux arts plastiques, en passant par l'urbanisme, le théâtre, et même les architectures éphémères des fêtes.

Pendant presque deux siècles, l'Europe entière devient baroque et, à travers elle, une bonne partie du monde. Cependant, il serait probablement plus juste de parler de « baroques » plutôt que de « baroque », devant la variété des formes et des contenus qu'il comprend. Mais partout, c'est toujours le sens du théâtre et de la fête qui est mis en évidence, le même désir de stimuler l'émotion, la même volonté de persuasion par la séduction des sens.

Toutes ces caractéristiques suffisent à en faire le dernier grand style européen avant la Révolution française, et donc avant le monde contemporain dans lequel nous vivons. Un seul pays se tiendra réellement à l'écart de ce concert des nations, c'est la France. Au XVIIᵉ siècle, alors que la monarchie s'affirme avec autorité dans tous les domaines de la vie du royaume, elle s'engage dans une voie artistique parallèle. La recherche de la rigueur, de l'harmonie majestueuse, de la ligne droite veulent s'opposer à l'exubérance des courbes du Baroque. Cette particularité française a reçu le nom de Classicisme.

Chapitre 10

Baroque et Classicisme

Pierre PUGET (1620-1694),
Persée délivrant Andromède (1684).
Sculpture en marbre de 3,20 m de haut,
exécutée pour les jardins de Versailles.
© Dagli Orti.

Entre la raison et l'émotion

Guido RENI (1575-1642), *Saint Sébastien*.
Musée du Prado, Madrid.
© Artephot/Oronoz.

Façade *de l'église du Val-de-Grâce*, Paris.
© Deneux/Agence TOP.

'est à Rome, cité des papes, que le Baroque émerge en tant que phénomène artistique, en pleine reconquête catholique de la **Contre-Réforme**. Ce mouvement a trouvé son point de départ et son assise spirituelle dans le concile de Trente (1545-1563). Celui-ci arrive trop tard pour réconcilier catholiques et protestants. Luther l'avait réclamé en son temps, mais les clivages politiques s'ajoutant aux revendications religieuses ont exacerbé les tensions jusqu'à la rupture. La rivalité entre François Ier et Charles Quint, tous deux catholiques, l'adhésion de nombreux princes allemands à la Réforme, la rupture de l'Angleterre avec l'autorité pontificale conduisent le pape Paul III (1468-1549) à convoquer ce concile par lequel l'Église romaine initie un processus de profonde rénovation. Il s'agit, par cette « réforme catholique », de récupérer, dans la mesure du possible, l'espace perdu au profit du protestantisme et surtout de renforcer l'influence de l'Église dans les régions qui lui étaient restées fidèles, parmi lesquelles il faut inclure les possessions d'outre-mer de l'Espagne et du Portugal.

À l'inverse de la Renaissance et du Maniérisme, qui sont des mouvements à racine intellectuelle nés dans les milieux humanistes et donc difficilement accessibles à l'homme du peuple, c'est ici la volonté de faire respecter le dogme et de restaurer une stricte discipline sous la ferme conduite de la papauté qui donnera naissance au Baroque. Il est chargé de stimuler l'émotion collective afin d'apprivoiser le croyant par l'éblouissement des sens. L'art qui surgira ainsi est éminemment dramatique, opposant à la clarté et à la rationalité de la Renaissance un irréductible dynamisme, se délectant de lignes courbes et obliques, de torsions spectaculaires, de jeux théâtraux et de tout ce qui peut provoquer la surprise et l'admiration. Le corollaire de cet esprit est le concept **d'œuvre d'art totale**, où les différentes spécialités se conjuguent pour obtenir un effet global et où la richesse des matériaux, utilisés ou simulés, alliée aux prouesses techniques de la réalisation jouent un rôle fondamental. Le Baroque restera, pour la postérité, l'art de la mise en scène.

S'étendant à des zones immenses qui englobent, en plus de l'Europe, certaines régions de l'Orient et une grande partie du continent américain, le Baroque abandonne ses liens initiaux avec la Contre-Réforme. Il se convertit rapidement en un art de masse, apte à susciter l'émotion et à fournir un appui imagé à un discours idéologique, d'où son rapide succès, et sa diversité.

Plus que d'un style, c'est probablement d'un goût que nous devrions parler. Ce goût s'exprime

Le CARAVAGE (1573-1610),
Vocation de saint Matthieu,
église Saint-Louis-des-Français à Rome.
© Scala.

baroque des sentiments grâce à son chef-d'œuvre,
l'*Extase de sainte Thérèse** (1652), dans la chapelle
Cornaro* de l'église Santa Maria della Vittoria à
Rome (p. 168).

L'Italie baroque

Rome se veut un modèle, elle l'est. Lecce, par
exemple, dans le royaume de Naples, sera repensée
selon les canons du goût nouveau par les vice-rois
espagnols (les Espagnols occupent le Sud de l'Italie
de 1734 à 1806), avec une somptuosité telle qu'on
l'appellera « la Florence du Baroque ». À Venise,
Baldassare Longhena construit l'*église Santa
Maria della Salute** (1631), au plan octogonal
entouré d'un déambulatoire et couverte d'une puissante coupole appuyée sur de très élégantes
ailettes, qui confèrent à cet édifice un aspect sculptural très original. Ce sera pourtant Turin la ville la
plus représentative de cette période grâce à l'ensemble d'édifices projetés par **Guarino Guarini**.

Annibale CARRACHE (1560-1609), *La Pietà*,
Galerie nationale, Parme.
© Scala.

Dans ce tableau, dont le registre inférieur contraste, dans sa douleur intériorisée, avec l'exubérance du « triomphe de la croix » mis en scène dans la partie supérieure, Annibale Carrache nous montre son talent à développer en même temps un langage théâtral dérivé de Michel-Ange, et un sens plus intime lié à l'art vénitien.

Guarini, moine de l'ordre des Théatins, architecte, philosophe et mathématicien, développe son œuvre à partir des édifices de Borromini, mais son extraordinaire imagination créatrice élève à un degré de complexité difficilement dépassable la fantaisie plastique du maître romain. L'église de *San Lorenzo* (1668) combine, dans son plan, le carré et l'octogone et dispose de deux coupoles, l'une sur la nef, l'autre sur le chœur. La première, qui n'est pas sans rappeler l'architecture islamique, dessine à l'intérieur une étoile à huit pointes dans laquelle la lumière produit de surprenants effets. La coupole de la *chapelle du Saint-Suaire*, dans la cathédrale, fait preuve d'une invention plus extraordinaire encore, avec sa masse architecturale circulaire qui semble complètement destructurée par la prolifération extraordinaire des ouvertures de toutes formes qui la perforent. La même radicale plasticité se retrouve dans le *palais Carignano*, dont le plan au sol est en forme de H, entièrement construit en brique, et dans lequel les façades ondulantes se conjuguent aux rythmes également sinueux des encadrements des portes et fenêtres.

La « révolution » du Caravage

En peinture, la « révolution » vient du **Caravage**. Il fait son apprentissage en Lombardie, mais c'est à l'église *Saint-Louis-des-Français* à Rome qu'il laisse un ensemble impressionnant de toiles sur la vie de *saint Matthieu** (p. 155), qui inaugure le nouveau style. Il s'agit de compositions monumentales où les épisodes religieux sont racontés comme des événements contemporains vécus par des gens du peuple, avec un réalisme si révolutionnaire qu'il heurte souvent ses commanditaires. La force de ses peintures vient autant de ses compositions hardies que du jeu très novateur des ombres et des lumières, renforcé par une coloration à la fois douce et chaude qui inaugure les nouvelles voies d'expression qui seront le luminisme et le ténébrisme. Parmi les caravagistes italiens, on peut citer **Artémise Gentileschi**, auteur d'une célèbre Judith*.

Mais tous les peintres ne suivent pas la voie ouverte par le Caravage. Son contemporain, le Bolonais **Annibale Carrache*** a laissé de nombreuses œuvres, dont le plafond de la *galerie d'Hercule du palais Farnèse* à Rome, inspiré par l'œuvre de Michel-Ange à la chapelle Sixtine, qui reste la source de toute la peinture mythologique du XVIIe siècle. La conception de cette fresque, qui représente en couleurs fraîches et joyeuses les histoires des dieux et des déesses, provoque un effet d'illusion tout à fait vertigineux, par l'imbrication de plusieurs perspectives. Pourtant, dans ses autres œuvres, comme la *Pietà** ou le *Paysage avec la fuite en Égypte*, il montre une connaissance profonde de l'art du Corrège et des grands Vénitiens, dont il teinte les leçons d'un naturalisme qui fera de lui l'initiateur du paysage classique.

Guido RENI (1575-1642),
Atalante et Hippomène.
Musée du Capodimonte, Naples.
© Scala.

Grâce à la synthèse d'Annibale Carrache à partir des différentes tendances qui l'ont précédé, se développent deux voies d'expression (alternatives ou complémentaires) que les peintres des générations suivantes exploiteront. **Guido Reni*** (p. 150), établi à Bologne, atteindra à un classicisme délibéré et rigoureux, plongeant ses racines dans l'art de Raphaël, mais il utilisera dans des œuvres comme *Saint Sébastien** (p. 150), *L'Aurore* ou *Le Massacre des Innocents*, un coloris dramatique et brillant qui crée une émotion particulière. Quant au goût pour l'illusion, particulièrement adapté à la distorsion de l'espace architectural, il trouve son maître dans la personne du père jésuite **Andrea Pozzo**. Auteur d'un très important traité sur la perspective dans la peinture et l'architecture, qui diffusera dans toute la chrétienté des modèles d'églises et d'autels, et des schémas de composition en trompe-l'œil, Pozzo peint sur la voûte de la nef de l'église *Saint-Ignace** (p. 151), à Rome, la gloire du fondateur de l'ordre des Jésuites. Cette très vaste composition aérienne, où les personnages flottent entre des architectures en perspective dans une apothéose, est à l'origine d'une mode internationale qui se prolongera jusqu'au Rococo.

La gravité et la majesté sont les traits essentiels du Baroque romain, auquel il revient d'exprimer la grandeur de la Ville éternelle, siège de la papauté et d'une foi aux ambitions universelles. À mesure que ce goût s'étend à l'Europe et, au-delà, à l'Amérique et à l'Orient, d'autres contenus s'ajouteront à l'essence religieuse initiale ; mais la richesse et la majesté demeurent toutefois les principaux attributs de l'art baroque.

Artémise GENTILESCHI (1597-1651),
Judith et Holopherne,
Galerie des Offices, Florence.
© Alinari/Giraudon.

L'opposition Baroque/Classicisme : une réalité ?

Église des Invalides dont le dôme
fut édifié par Hardouin-Mansart. Paris.
© Artephot/De Kerland.

Colonnade du Louvre par Claude Perrault. Paris.
© Photo R.M.N. - C. Rose.

La France, qui avait été la première à suivre l'Italie dans ses recherches artistiques de la Renaissance et du Maniérisme, n'adoptera pas le Baroque sans de nombreuses réticences, et développera parallèlement un art qui correspond parfaitement à ses aspirations profondes : le Classicisme. Son objectif est d'exprimer la grandeur du pouvoir royal et, à ce titre, il écarte la fantaisie et l'émotion du Baroque italien pour trouver son inspiration dans les grands maîtres du XVIe siècle et de l'Antiquité.

Au prestige de la ligne courbe, s'oppose ainsi un style monumental fondé sur les lignes droites, horizontales et verticales, sur l'équilibre, la clarté et la rationalité. Il s'agit d'un art officiel, placé sous le signe de la couronne qui y trouve un moyen d'exaltation efficace. En tant que tel, cet art se rapproche de l'univers grandiloquent du Baroque, en faisant appel, non plus à l'émotion, mais à la raison, pour obtenir la même glorification d'un symbole.

Du reste, le Baroque d'inspiration italienne fait son apparition dans l'architecture française, bien que discrètement, dans des œuvres comme les églises parisiennes de *Saint-Paul – Saint-Louis* (1627) de É. Martellange, et du *Val-de-Grâce** (p. 150) de F. Mansart (1598-1666), ou encore le *collège des Quatre-Nations*, aujourd'hui Institut de France, de Le Vau (1612-1670). Cependant, les architectes évoluent en très peu de temps vers le Classicisme, dont les règles sont élaborées par les académies d'art que le Premier ministre Colbert développe à partir de 1661. À Paris, les monuments les plus représentatifs de cette tendance classique sont *l'hôtel des Invalides* de L. Bruant, gigantesque construction au plan quadrillé, prolongé par une église* imposante, ainsi que la *façade du Louvre**. Pour celle-ci, Louis XIV avait fait venir en France le Bernin, mais il en avait successivement refusé les deux projets avant de la confier à Claude Perrault, D'Orbay et Le Vau. Magnifique colonnade entre deux corps de bâtiment en saillie, d'une austère rigueur, elle est le modèle des futures constructions néoclassiques. Le grand monument du Classicisme français reste cependant le *château de Versailles** (p. 166), autant par la rigueur extrême de son architecture que par la perfection de son jardin « à la française » dessiné par Le Nôtre et décoré de statues et de multiples constructions.

Parallèlement, des travaux d'urbanisme sont entrepris et donnent à Paris un aspect plus moderne : la *place des Victoires* (1673), de forme circulaire, l'actuelle *place Vendôme*, « places royales » centrées autour d'une statue équestre ou pédestre du roi, *les portes Saint-Denis* et *Saint-Martin*, prévues pour orner les grands boulevards qui furent percés par Colbert à la place des anciens remparts de Paris.

La sculpture classique

C'est aussi l'élégance et l'harmonie classiques qui caractérisent la sculpture de cette époque, dont **François Girardon** et **Antoine Coysevox** (1640-1720) sont les meilleurs représentants. Au premier, on doit le magnifique groupe d'*Apollon servi par les nymphes** dans la grotte de Thétis à Versailles ou le *tombeau de Richelieu* qui offre une version très française des tombeaux des papes du Bernin. Coysevox, lui, se spécialise surtout dans les bustes-portraits, à la fois dynamiques et solennels, des grands du royaume. D'autres artistes préfèrent malgré tout les orientations d'un Baroque dans la lignée du Bernin, emphatique et plastique. Parmi eux, **Pierre Puget** développe un expressionnisme pathétique dans des œuvres comme *Persée délivrant Andromède** (p. 149), *Milon de Crotone*, symbole de la force devenue inutile, et même dans ses *Atlantes* pour l'hôtel de ville de Toulon.

La peinture

Nombreux sont les peintres qui expriment une sensibilité réellement baroque, traduite par un profond intérêt pour les scènes de vie familiale ou champêtre convenant particulièrement aux recherches sur les effets lumineux. **Les frères Le Nain**, **Antoine** (1588-1648), **Louis** (1593-1648) et **Mathieu** (vers 1607-1677) composent des scènes silencieuses baignées d'une couleur douce et poétique dont la vie paysanne constitue le thème principal, comme *La Charrette* ou *Le Repas des paysans*. Plus proche du caravagisme, **Georges de La Tour** utilise la lumière d'une lampe ou d'une chandelle, comme dans *Saint Joseph charpentier**, pour projeter des ombres épaisses autour des silhouettes.

La tendance classique de la peinture française se manifeste plus tard et son premier représentant est **Nicolas Poussin**. Totalement étranger aux éclairages caravagesques, Poussin distribue au contraire la lumière dans ses tableaux de manière égale, à la façon des peintures de la Renaissance. Ses œuvres religieuses ou mythologiques, comme *Orphée et Eurydice** (p. 160), dans lesquelles le paysage d'Italie (où il a passé la plus grande partie de sa vie) est parsemé de ruines évocatrices, acquièrent par moments une puissance remarquable. Mais c'est dans le portrait que le Classicisme français s'exprime le mieux. **Philippe de Champaigne** (1602-1674) met en scène sa fille avec la supérieure du couvent de Port-Royal, dans son fameux *Ex-voto*, et réalise un très beau *Portrait du cardinal de Richelieu*. **Charles Le Brun** (1619-1690) avec l'*Entrée du chancelier Séguier*, ou **Rigaud** avec le *Portrait de Louis XIV* sont à l'origine de la diffusion dans toute l'Europe du portrait « à la française ».

François GIRARDON (1628-1715), la grotte de Thétis, *Apollon servi par les nymphes*. Versailles. © Hubert Josse.

Georges DE LA TOUR (vers 1593-1652), *Saint Joseph charpentier*. Musée du Louvre, Paris. © Dagli Orti.

159

Nicolas Poussin (1594-1665),
Paysage avec Orphée et Eurydice.
Musée du Louvre, Paris.
© Dagli Orti.

Façade de l'« Obradoiro » de la *cathédrale Saint-Jacques-de-Compostelle*, Espagne. © Everts/Rapho.

L'Espagne et le Portugal

Contrairement à la France, la péninsule Ibérique, où l'absolutisme monarchique s'allie au mysticisme religieux, embrasse sans hésitation le Baroque, qui s'exprime dès le début dans de somptueux retables, décorés de niches et de plusieurs ordres de colonnes. On le trouve représenté dans les églises de *Vinaroz* (Espagne) de **J.-B. Vines** et de *Montbuy* (Espagne) de **P. Rupin** et **P. Sorell**, étapes d'une démarche qui atteint son apogée avec la magnifique façade de l'*Obradoiro* de la *cathédrale Saint-Jacques-de-Compostelle** (1738), réalisée par **F. Casasy Novoa**. Des essais de compositions verticales, où toute la façade semble s'élancer vers le ciel, apparaissent également à la *cathédrale de Valence* de l'Allemand **Conrad Rudolf**. C'est en fait la surcharge ornementale qui caractérise le Baroque espagnol, comme en témoigne la *sacristie de la Chartreuse de Grenade*. Exporté par les Espagnols, le Baroque gagne également l'Amérique latine où l'on constate un processus original de métissage avec l'art indigène, en particulier dans des monuments religieux comme l'*église San Francisco de La Paz* (Bolivie) ou l'*église San Francisco** d'Acatepec de Puebla (Mexique).

Cependant, les orientations artistiques changent en Espagne avec l'arrivée des Bourbons sur le trône. S'instaure alors un Classicisme « à la française », c'est-à-dire plongeant ses racines dans la Renaissance italienne, comme le montre de façon éclatante le *Palais royal de Madrid* (1737).

Façade de l'*église San Francisco* d'Acatepec, Mexique.
© Dagli Orti.

Façade de la basilique du *palais-couvent de Mafra*, Portugal.
© Gérard Sioen/Rapho.

Au Portugal, le Baroque se manifeste d'abord dans les arts décoratifs, entre autres dans les retables en bois doré (*talha*) et dans les décors en céramique bleue (*azulejos*). L'adhésion complète est marquée en 1682 à Lisbonne par l'*église Santa Engracia* dont le plan est une adaptation baroque du Saint-Pierre de Bramante par le grand architecte **João Antunes**. À mesure que le pays s'enrichit grâce à l'or du Brésil, le Baroque s'étend, en particulier à Porto, avec les travaux de **Niccolo Nasoni**, dont l'œuvre la plus célèbre est l'*église des Clerigos*, de plan elliptique avec une façade richement décorée. D'un style différent où les souvenirs du Baroque germanique et du Baroque italien se combinent à une inspiration classique, est le gigantesque *palais-couvent de Mafra**, de l'Allemand **Johanne Friedrich Ludwig**. Au Brésil, le Baroque connaît une période très brillante, tout particulièrement dans la création de retables, comme dans l'église de *São Bento* à Rio de Janeiro.

À cette époque, le bois doré et polychrome est le support privilégié de la sculpture dans la péninsule Ibérique. Cette technique produit en Espagne des œuvres particulièrement pathétiques, comme la *Pietà* de **Gregorio Hernandez** et la *Madeleine pénitente* de **Alonso Cano**. Au Portugal, la *Mater Dolorosa** (1685) du frère **Cipriano da Cruz** porte l'expression dramatique à son paroxysme.

Cipriano da CRUZ, *Mater Dolorosa*,
musée de Machado de Castro, Coimbra, Portugal.
© Archives nationales
de photographies, Lisbonne.

161

Diego VELÁZQUEZ (1599-1660), *Les Ménines*.
Musée du Prado, Madrid.
© Dagli Orti.

Bartolomé Esteban MURILLO (1618-1682),
L'Immaculée Conception. Musée du Prado, Madrid.
© Dagli Orti.

Église Saint-Charles-Borromée, Vienne, Autriche.
© Pix.

La peinture espagnole de cette période est marquée par un fort réalisme et de très nets contrastes
lumineux, inspirés du Caravage. On voit apparaître
le nouveau style dès la première moitié du XVIᵉ
siècle, dans les tableaux de **José de Ribera** (vers
1591-1652), le *Pied-Bot* ou *Saint André*. D'autres suivront cet exemple, comme **Francisco de Zurba-
rán** (1598-1664), éminent portraitiste et maître du
clair-obscur, à qui l'on doit des œuvres telles que
Sainte Casilda ou *La Sainte Famille*. C'est cependant **Diego Velázquez** qui reste le meilleur représentant de la peinture espagnole du XVIIᵉ siècle. Ses
œuvres sont d'une variété raffinée : intimiste avec la
Vénus au miroir, caravagesque dans la *Vieille
Femme faisant frire des œufs*, populaire dans le *Bouf-
fon Sébastien de Mora*, somptueux avec le *Prince
Balthazar à cheval* et ambigu dans son chef-d'œuvre
*Les Ménines** où le réalisme côtoie l'illusion. À la
génération suivante, **Bartolomé Esteban Murillo**,
dont le succès sera éclatant auprès de ses contemporains, imprègne ses toiles d'une tendresse poétique et simple, comme dans *L'Immaculée Conception** ou *La Vendeuse de fruits*.

Les pays de l'Europe du Nord et du Centre

En Europe centrale, la guerre de Trente Ans
retarde jusqu'à la deuxième moitié du XVIIᵉ siècle

l'extension du Baroque. Mais au cours de la période suivante, et spécialement entre 1680 et 1750, l'architecture italienne trouve ici un accueil enthousiaste, et donne naissance à un goût somptueux qui va se fondre, par la suite, avec le Rococo. Une première génération d'Italiens et de Français diffuse la nouvelle esthétique ; ainsi **Francesco Caratti**, architecte de l'imposant *palais Cernin* à Prague (1677), dont les piliers aux pierres taillées en pointe de diamant confèrent une étonnante monumentalité. Viendra ensuite une génération d'artistes locaux, dont la personnalité la plus marquante est l'Autrichien **Johann Bernhard Fischer von Erlach** (1656-1723). Son long séjour en Italie marque la plupart de ses œuvres, comme l'*église Saint-Charles-Borromée** à Vienne, construite sur un plan elliptique. Mais il sait aussi réutiliser les principes du plus pur classicisme français, notamment dans l'architecture du *château de Schönbrunn** à Vienne, fortement influencé par Versailles. Plus exubérant, **Johann Lukas von Hildebrandt** (1668-1745) manifeste dans le palais du Belvédère à Vienne (spécialement au Belvédère supérieur), une maîtrise de l'articulation des volumes qui allie le plan d'inspiration française à une richesse plastique à l'italienne.

Plus au nord, en Suède et au Danemark, se développe également une architecture de Cour dont l'un des meilleurs exemples est le *Palais royal de Stockholm* (1688) de **Nicodème Tessin**, librement inspiré du projet du Bernin pour le Louvre.

La Russie, quant à elle, s'ouvre au Baroque et à la culture occidentale avec la naissance du XVIIIᵉ siècle. Dans la nouvelle capitale, Saint-Pétersbourg, dont les plans ont été dessinés par le Français **Alexandre Leblond**, s'élèvent de magnifiques constructions, mélange de Baroque italien, de Classicisme français et d'originalité russe. Mais c'est surtout grâce à l'architecte italien **Bartolomeo Francesco Rastrelli** (1700-1771) que le Baroque connaît sa période la plus éclatante à Saint-Pétersbourg : la *cathédrale de Smolny*, le *palais d'Hiver** ou celui de *Tsarskoïe Selo* font preuve d'un sens extraordinaire de la mise en scène architecturale.

En Angleterre, plus d'un facteur s'oppose à la pénétration de l'art baroque : l'opposition déterminée à Rome et aux influences « papistes », la réticence à accepter une monarchie absolue et le tempérament anglais lui-même. Si cette tendance n'est pas totalement absente, comme le prouvent les églises construites par **Nicholas Hawksmoor** (1661-1736), on trouve plutôt un classicisme à la française, fortement coloré de pittoresque anglais. C'est dans ce style, qui combine plusieurs influences, que travaille **Christopher Wren** (1632-1723). Londres ayant été ravagée par un gigantesque incendie en 1666, il dessine les plans de la cité, inspirés des urbanismes en vogue sur le continent et construit la gigantesque *cathédrale Saint-Paul*.

Château de Schönbrunn (1695), Vienne, Autriche.
© J. Ch. Pratt, D. Pries - DIAF.

Façade du *palais d'Hiver* à Saint-Pétersbourg, Russie.
© Rapho.

Antoine VAN DYCK (1599-1641), *Charles Iᵉʳ d'Angleterre*.
Musée du Louvre, Paris.
© Dagli Orti.

Peter Lely, *Deux Femmes de la famille Lake*.
Tate Gallery, Londres.
© e. t. archive.

Maison des corporations sur la Grand'Place de Bruxelles.
© Wojtek Buss/Rapho.

Au contraire, en Flandre catholique, le Baroque méridional s'implante rapidement, favorisé par l'union politique avec l'Espagne et par l'action des jésuites qui l'ont diffusé en même temps que la Contre-Réforme. Mais comme toujours dans ces régions, les nouvelles tendances ne sont adoptées qu'au prix d'une synthèse avec la tradition gothique, encore vivace au XVIIe siècle. Les monuments les plus brillants de cette évolution sont l'*église Saint-Charles-Borromée*, à Anvers, par les frères jésuites **Aiguillon** et **Huyssens**, et surtout l'*église Saint-Michel de Louvain*, par le père **Guillaume Van Hees** (1601-1690), dans laquelle la force des structures s'allie harmonieusement avec le dynamisme du décor. Quant à la *Grand'Place de Bruxelles**, reconstruite après 1695, elle maintient la verticalité gothique et la décoration flamboyante qu'elle unit avec une joyeuse fantaisie à des éléments italianisants.

Dans la peinture transparaissent une joie et une tranquillité d'esprit nées de la prospérité et de l'ambiance culturelles, favorisées par le commerce. On trouve cette atmosphère chez le plus célèbre des peintres européens de cette époque, **Pierre Paul Rubens** (1577-1640)* (p. 172). Chez lui, la force, l'exubérance et la sensualité, servies par un coloris très puissant, s'allient à un profond sentiment religieux qui s'exprime magnifiquement dans des toiles comme *L'Érection de la croix* et *L'Adoration des Mages*.

Son disciple, **Antoine Van Dyck**, passe une grande partie de sa vie en Angleterre mais tire profit d'un voyage en Italie qui lui permet de connaître les peintres vénitiens. Il en garde une palette extrêmement fine qui en fait un spécialiste du portrait, comme on peut l'observer dans les tableaux de nombreuses personnalités de la cour d'Angleterre,

Frans HALS (vers 1580-1666), *Banquet des officiers de Saint-Georges*.
Frans Hals Museum, Haarlem, Pays-Bas.
© Lessing/Magnum.

en particulier Charles Ier* (p. 163). Son successeur, **Peter Lely***, continuera cette tradition du portrait anglais auquel il ajoute une sensualité qui manquait à l'œuvre de son maître et qui trouvera son épanouissement aux XVIIIe et XIXe siècles.

La société hollandaise trouve un de ses meilleurs chroniqueurs en la personne de **Frans Hals**, dont les œuvres laissent transparaître un humour et un hédonisme qui lui sont propres. Il s'agit souvent de portraits d'individus ou de groupes peints avec réalisme, saisis dans la spontanéité de l'instant, parfois dans un grand désordre apparent, comme le *Banquet des officiers**, parfois avec une sobriété qui accuse le regard critique de l'auteur, comme les *Régentes de l'hospice de vieillards*. Autre grande figure de la peinture hollandaise, **Johannes Vermeer** marie admirablement la richesse de la lumière à une radicale sobriété dans l'attitude des personnages, telle *La Jeune Fille lisant une lettre devant une fenêtre ouverte**.

Peintre et graveur, **Rembrandt Harmensz Van Rijn** (1606-1669)* (p. 170), comme tout génie, ne se limite pas à un style. Si le jeu très dense des clairs-obscurs et l'extraordinaire palette, à la fois chaude et sombre, le rattachent au monde baroque, il développe dans ses toiles une richesse formelle, une puissance de synthèse et un art de saisir la psychologie des personnages totalement originaux et qui ne seront repris dans l'art occidental qu'à la fin du XIXe siècle. Trois grands portraits collectifs jalonnent sa carrière : *La Leçon d'anatomie* (1632), qui le fait connaître ; *La Ronde de nuit* (1642), qui marque un changement dans sa façon de peindre, désormais plus sombre et intériorisée ; et enfin *Les Syndics des drapiers* (1662) qu'il peint à la fin de sa vie, au moment de la mort de sa dernière compagne.

Johannes VERMEER dit VERMEER DE DELFT (1632-1675),
Jeune Fille lisant une lettre devant une fenêtre ouverte (1658).
Dresden Staatl. Kunstsammlungen.
© Artephot/Artothek.

Le château de Versailles

Détail de la façade côté jardin. © Rosine Mazin/Agence TOP.

À l'origine, Louis XIII se fait aménager un pavillon de chasse au milieu de la forêt. Dès sa prise de pouvoir en 1661, Louis XIV fait appel, pour embellir le château, à l'équipe qui avait créé la fastueuse résidence de Fouquet à Vaux-le-Vicomte. L'architecte **Le Vau** reprend les façades et agrandit le château. **Le Nôtre** dessine les jardins. Le peintre **Le Brun** coordonne les programmes de peinture et de décoration.

Après ses premières victoires militaires, Louis XIV transforme Versailles en véritable résidence à partir de 1668. Le Vau, relayé par D'Orbay, enveloppe l'ancien château sur trois côtés.

Ayant installé à Versailles son gouvernement, le roi entreprend en 1678 une nouvelle campagne de travaux qu'il confie à **Jules Hardouin-Mansart**. Sans détruire l'œuvre de Le Vau, Mansart impose à l'ensemble du palais une régularité plus classique. La façade côté jardin devient rectiligne par le remplacement de la terrasse centrale par la galerie des Glaces. Les salons de la Guerre et de la Paix s'ouvrent aux deux extrémités. En retrait de cette façade, Mansart élève de 1679 à 1689 deux longues ailes symétriques en retour d'équerre, dites « du Nord » et « du Midi », qui reproduisent l'ordonnance du corps central tout en lui servant de repoussoir.

Style

Le château de Versailles, comme tout hôtel français, a deux façades : le côté cour et le côté jardin.

Sur la cour, le château présente la polychromie de la brique, de la pierre et de l'ardoise : le style pittoresque du temps de Louis XIII. À cette façade riante, s'oppose, côté parc, une façade majestueuse entièrement de pierre. Mansart, rejetant les saillies et décrochements propres aux effets baroques, affirme un style classique au rythme uniforme. L'horizontalité domine et la symétrie s'impose avec rigueur. Il adoucit la froideur de l'ensemble en dessinant deux rangées d'ouvertures en plein cintre, et anime le sommet de la balustrade avec quelques sculptures de trophées* et de pots à feu*.

La décoration intérieure reflète la grandeur royale. Le jeu des glaces démultiplie l'éclat et la richesse des matières : les marbres, les ors, les bronzes. L'opulence et la cohésion du moindre détail avec l'ensemble caractérisent cet « art royal ».

« L'art de Versailles », fondé sur la mesure, la clarté, l'harmonie et l'ordre, devient le modèle du classicisme français.

La volonté de soumettre la nature à l'esprit apparaît dans le jardin à la française. De vastes ensembles perspectifs équilibrés et harmonieux,

Galerie des Glaces.
© Dagli Orti.

des verdures et des plans d'eau composent une mise en scène théâtrale en accord intime avec l'architecture.

Symbolique

Versailles n'est pas seulement un palais immense, il est aussi l'expression d'une pensée politique.

Versailles doit se lire comme une spectaculaire mise en scène où tout concourt à la gloire du monarque : architecture, peinture, jardins, sculpture, ornementation. Le château s'articule en deux zones situées de part et d'autre de la chambre du roi. Vers Paris à l'est, une ville regroupe les demeures des courtisans et des employés de l'administration ; du côté opposé à l'ouest, le parc s'ordonne au milieu d'une vaste forêt, terrain du loisir et de la chasse. Ce grand axe est-ouest traverse la chambre du roi, située au centre de l'immense façade de 600 m de long, orientée nord-sud. La vie du roi est ainsi assimilée au parcours du soleil qui renaît chaque matin pour apporter ses bienfaits.

Le décor de l'architecture ainsi que les sculptures du parc reprennent cette symbolique associant Apollon au Roi-Soleil. Tous les éléments se focalisent pour la mise en scène la plus impressionnante de tous les temps de l'apothéose du pouvoir royal.

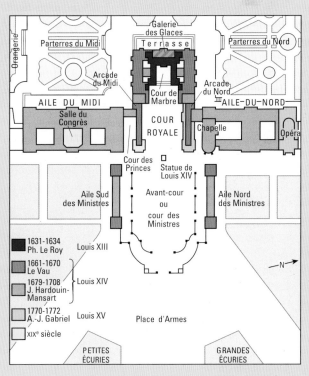

Plan du château.

167

L'Extase de sainte Thérèse (1645-1652)

LE BERNIN, Rome, église Santa Maria della Vittoria

Située dans l'église Santa Maria della Vittoria à Rome, la chapelle Cornaro fut commanditée par Federico Cornaro, un cardinal vénitien, en souvenir de sa famille. La réalisation fut confiée au **Bernin**. Cet artiste, à la fois architecte, sculpteur, décorateur, peintre et homme de théâtre, conçut un ensemble de caractère monumental pour mettre en valeur le groupe sculpté. Dans l'espace relativement restreint de la chapelle, Le Bernin organise une véritable scène de théâtre au centre de laquelle apparaît sainte Thérèse en extase.

Description

Le Bernin réalise un groupe sculpté en marbre, constitué de sainte Thérèse et de l'ange, à partir de textes de la grande mystique espagnole. Il décrit la scène de l'extase, événement rappelé lors du procès de canonisation en 1622 : un ange s'approche de la sainte, soulève d'une main le bord de son manteau et de l'autre s'apprête à lui percer le cœur et les entrailles d'un javelot d'or à l'extrémité incandescente. « *Quand il le retira… il me laissa totalement embrasée de l'amour de Dieu* », écrivit sainte Thérèse.

Le Bernin place le groupe au-dessus de l'autel et conçoit un encadrement inspiré de l'architecture d'une façade d'église. De chaque côté, deux colonnes corinthiennes soutiennent un puissant fronton brisé.

Derrière la sculpture, des rayons en bois doré accentuent l'effet de lumière qui tombe du zénith par un oculus dissimulé.

Sur les côtés de la chapelle, des bas-reliefs de marbre blanc évoquent des loges de théâtre où

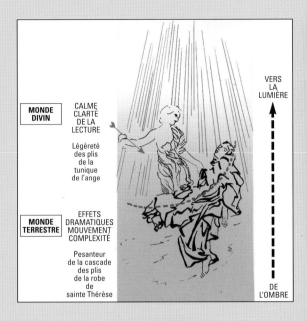

MONDE DIVIN — CALME CLARTÉ DE LA LECTURE

Légèreté des plis de la tunique de l'ange

VERS LA LUMIÈRE

MONDE TERRESTRE — EFFETS DRAMATIQUES MOUVEMENT COMPLEXITÉ

Pesanteur de la cascade des plis de la robe de sainte Thérèse

DE L'OMBRE

Vue d'ensemble de l'autel.
© Scala.

apparaissent les membres de la famille Cornaro. Ces spectateurs, plongés dans une conversation animée, observent l'extase de sainte Thérèse (voir p.154).

Style

Artiste éminemment baroque, Le Bernin met en jeu tous les moyens plastiques pour arriver à un art total : la polychromie des marbres et du stuc peint, le mélange des matières précieuses, le savant jeu de la lumière, le contraste des lignes entre droites, courbes et contre-courbes, l'association des frontons, balustrades, colonnes et pilastres, bas-reliefs et statues, les effets de perspective permettant des angles de vision insolites. Admirateur de l'Antiquité, Le Bernin soumet le décor baroque à une réflexion rigoureuse où les effets plastiques sont utilisés les uns en fonction des autres, ce qui le distingue totalement de Borromini.

Commentaire

Le Bernin n'a laissé aucune œuvre théorique. Ses liens étroits avec la Compagnie de Jésus l'ont persuadé de travailler pour la propagation de la foi. Fidèle au programme fixé par le concile de Trente, il veut ravir les yeux et émouvoir. Il met en jeu toutes les ressources de l'art pour arriver à un effet sensuel maximum. Au même moment, les *Exercices* de saint Ignace recommandent de vivre la foi par tous les sens et à travers toute l'imagination.

Dans l'*Extase de sainte Thérèse*, la volupté est omniprésente. L'ange au sourire séducteur ressemble à un amour conquérant. Sainte Thérèse, toute frémissante, demeure presque invisible sous les plis tumultueux de son habit de nonne, son corps convulsé par un spasme de souffrance-plaisir. Le langage du Bernin réussit d'une manière inégalée à exprimer ce qui échappe au domaine du perceptible, la béatitude céleste, l'extase mystique.

Détail de l'ange.
© Dagli Orti.

169

Les *Autoportraits* de Rembrandt

*Autoportrait à la toque
et à la chaîne d'or* (1633).
Musée du Louvre, Paris.
© Hubert Josse.

Au XVIIᵉ siècle le portrait d'apparat baroque se répand en Europe. Cette représentation grandiloquente manque de sens pour les bourgeois hollandais. Le portrait doit refléter leur sereine prospérité en faisant preuve de réalisme dans les costumes et les expressions.

Les *Autoportraits* de Rembrandt s'inscrivent dans ce contexte. Ils constituent un champ d'expérience privilégié où l'artiste peut tester jusqu'à l'extrême limite les changements provoqués par l'âge et par les divers états d'esprit sur sa physionomie.

Description

Rembrandt réalise entre sa vingtième année et 1668, année de sa mort, près de soixante autoportraits, plus de vingt gravures• et une dizaine de dessins le représentant. Cette suite continue demeure sans équivalent dans l'histoire de l'art.

Dans ses portraits de jeunesse, Rembrandt se représente en pleine lumière, vêtu d'un riche costume qui lui donne un aspect flatteur. Il apparaît gai, brillant, la lèvre sensuelle. Il est bien le jeune peintre à la mode à qui tout réussit.

Dans son *Autoportrait* du Prado, il laisse apparaître un basculement de sa personnalité. Le mystère, le surnaturel commencent à poindre et la représentation des biens matériels tend à s'effacer. Les bijoux disparaissent, les chapeaux empanachés font place à des turbans informes. Avec l'artiste, demeurent quelques objets essentiels comme la palette et les pinceaux. Puis toute référence à l'existence matérielle s'estompe et seul son visage demeure visible au milieu des ténèbres envahissantes. On suit cette descente progressive dans la solitude à travers les derniers autoportraits. Le regard devient rêveur, il n'est plus que le reflet d'une lueur intérieure.

Dans son *Autoportrait* du musée des Offices, le peintre se met en scène sans complaisance. La vie physique s'éteint et l'œuvre gagne en approfondissement de la réalité intime.

Autoportrait. Musée du Prado, Madrid. © Dagli Orti.

Autoportrait âgé. Musée des Offices, Florence.
© Nimatallah/Artephot.

Technique

Dans ces *Autoportraits*, Rembrandt utilise une palette de couleurs restreinte. Il refuse les chatoiements des vermillons et des émeraudes que l'on retrouve dans ses autres œuvres. Il s'exprime avec des bruns, des ocres et des jaunes, et cette grande économie de couleurs lui permet d'exalter avec plus d'intensité les pouvoirs expressifs de la matière picturale. Il jongle avec les empâtements• fougueux et la transparence des glacis•, et parvient ainsi à une richesse d'expression incomparable. Les glacis occupent une place primordiale dans la technique de Rembrandt. Il les pose sur des empâtements de blanc ou de gris pour donner aux zones de lumière un éclat qui émerge des tonalités foncées. Il rend les ombres également par des glacis posés sur des tonalités foncées. Cette technique donne une riche brillance à ses œuvres et une profondeur insondable aux surfaces colorées.

Il applique une peinture grasse en larges touches épaisses ou recouvre sa toile avec des frottis•. Il pose la pâte à la brosse et souvent au couteau afin d'obtenir les effets les plus puissants.

Rembrandt utilise magistralement la technique du clair-obscur. Dans sa peinture, la lumière ne donne plus l'impression d'éclairer les choses en les atteignant de l'extérieur, mais semble jaillir de l'intérieur même des objets.

Commentaire

Au fil des ans, la recherche de Rembrandt dépasse peu à peu la description extérieure pour se livrer à une introspection aiguë qui a pour but de démasquer les secrets les plus profondément cachés de l'âme. Il observe avec calme son être et analyse son parcours individuel marqué par les peines, l'incompréhension et les difficultés qui jalonnent la dernière étape de son existence. Cette ombre épaisse, dans laquelle chaque jour davantage l'artiste plonge ses toiles, attire irrémédiablement notre regard et peut résumer en soi le trajet de toute l'humanité.

L'Enlèvement des filles de Leucippe (vers 1618)

Pierre Paul RUBENS, pinacothèque de Munich

Lors de son séjour en Italie entre 1600 et 1608, Rubens a assimilé les leçons des maîtres italiens. Au contact de Titien et de Véronèse, il a acquis une extraordinaire maîtrise technique. Il a rapporté d'Italie le goût des grandes toiles, ce qui changeait des productions de petites dimensions de ses prédécesseurs flamands. Entre 1610 et 1618, l'art de Rubens subit une évolution. Dans ses œuvres le peintre se détourne de tout ce qui est accessoire pour atteindre un art monumental. Rubens a 40 ans lorsqu'il réalise l'*Enlèvement des filles de Leucippe*.

Sujet

Cette grande toile (2,09 x 2,28 m) raconte l'épisode du rapt des deux princesses Phœbé et Télaïre, filles du roi de Thessalie, par les dieux jumeaux Castor et Pollux, nés des amours de Léda et de Zeus.

Rubens choisit de mettre en scène peu de personnages. Il renonce à l'escorte des jeunes gens comme aux servantes des filles du roi, pour ne montrer que quatre figures étroitement imbriquées avec les deux chevaux. Deux amours à peine visibles retiennent les chevaux par la bride. Rubens place ses personnages devant un fond de paysage dominé par un vaste ciel.

Composition

Tous les éléments se fondent dans un mouvement général, inscrit dans une composition circulaire où les masses s'affrontent et se répondent le long d'une grande diagonale dynamique (croquis 1). La femme, en bas à droite, semble s'opposer à l'enlèvement. Des arcs de cercles concentriques, de centre C, situé à l'extrémité de sa main droite, affirment ce mouvement de résistance. Formant un contraste, un faisceau de lignes part du centre de la toile et éclate vers le haut. Cette disposition réussit à évoquer l'appel de l'amour exprimé par l'attitude de la seconde princesse.

Rubens fonde sa composition sur un ensemble de courbes et de contre-courbes (croquis 2). Deux axes tournants (en rouge) se recoupent pour relier les différents personnages et ne plus constituer qu'un seul mouvement continu d'esprit typiquement baroque. Tous les autres éléments du tableau s'enchaînent selon ce même principe de courbe en S et créent un parcours ininterrompu.

Pour accentuer l'effet d'enlèvement, Rubens choisit de placer la ligne d'horizon très bas.

L'art du nu

Rubens s'affirme comme le peintre du nu féminin. Il reprend ce sujet dans de nombreuses œuvres. Les corps des deux princesses, à la nudité épanouie, s'offrent à notre regard. Leurs couleurs chaudes aux tonalités nacrées accentuent cette force sensuelle. Les couleurs sombres des deux hommes, ainsi que celles des chevaux cabrés, font ressortir la fraîcheur du teint des deux sœurs. Ce contraste renforce les jeux de lumière sur les chairs roses et les cheveux blonds. La charge de rouge dans les ombres légères donne l'impression d'une vive circulation sanguine.

Rubens tire un grand parti de la touche. Il juxtapose les coups de pinceau rapides et les frottis enlevés pour apporter les nuances à ses nus opulents. Il marque les accents lumineux par des virgules ou des gouttes de couleur, et imprime au pinceau un mouvement de torsion qui lui permet d'épouser les rondeurs de la musculature.

Croquis 1 © Blauel/Gnamm - Artothek.

Croquis 2

Rubens exalte les couleurs en mettant en relation les complémentaires : les rouges carmin et vermillon des manteaux répondent aux verts du paysage, le jaune doré du drapé jeté au premier plan donne la réplique aux couleurs bleues du ciel.

Commentaire

Quel que soit le sujet traité par Rubens, la traduction picturale reflète toujours une énergie éclatante et une sensualité exaltée. Ce peintre a l'art de rendre la mythologie aussi vivante et aussi présente que les portraits de ses contemporains. Il chante un hymne à la joie et à la gloire de la vie dans un style lyrique, expression du merveilleux souffle baroque.

Retable de la cathédrale de Tolède, Espagne.
© Artephot/Oronoz.

Un goût nouveau pour le motif décoratif de la rocaille, c'est-à-dire les imitations de grottes, de coquillages, de concrétions, s'introduit dans le décor intérieur, en Europe, dès le début du XVIIIe siècle. Les détracteurs de ce goût en déformèrent le nom en rococo, qui lui resta et qualifia bientôt le style nouveau qui se répandait dans toute l'Europe et dans les Empires de l'Espagne et du Portugal.

Cette esthétique, qui s'épanouit dans les années 1720-1760, a surgi sans avoir conscience d'elle-même, et sans être étayée par un support théorique, contrairement à la Renaissance ou au Baroque. Ce n'est pas non plus une révolte déclarée contre l'époque précédente, comme l'avait été le Maniérisme. Les formes rococo ont évolué naturellement à partir du contexte baroque, en se détachant insensiblement de lui. Alors que les valeurs dominantes de l'époque précédente s'estompent, l'homme du XVIIIe siècle s'imprègne de l'esprit de fraternité universelle et de scepticisme qui caractérise le siècle des Lumières. L'art qu'il produit se définit par l'irrévérence, par le goût de l'intimité, et le refus de la théâtralité qui avait dominé la culture du Baroque. Son trait le plus caractéristique est probablement cette joie irrépressible qui fait éclore une intense activité créatrice dans tous les domaines de l'art, et tout spécialement dans les arts décoratifs.

Chapitre 11

Le Rococo

Jacques de LAJOUE (1686-1761).
Paravent. Huile sur papier marouflé (1735).
Petit Palais, Paris.
© Hubert Josse.

L'intimité et le sens de la fête

Germain BOFFRAND (1667-1754).
Salon de la princesse de Soubise.
Hôtel de Soubise, Paris.
© Hubert Josse.

Curieusement, c'est en France que le Rococo s'est tout d'abord manifesté. Le règne de Louis XIV a duré trop longtemps et les fastes du Roi-Soleil s'éteignent dans la bigoterie du vieux monarque. La majesté imposante de Versailles privé de ses fêtes ennuie alors l'élite cultivée ou frivole qui se réunit désormais dans les élégants salons des hôtels parisiens. Au rigide cérémonial du siècle de Louis XIV, va succéder l'intimité galante de la Régence et, au moment où s'affaiblit l'autorité exercée sur les arts par le classicisme des académies, la sensibilité baroque émerge de nouveau, quoique revêtue de nouvelles parures et au service d'autres idéaux.

Dans un premier temps, le Rococo sera un nouveau type d'ornement, générateur de décorations innovatrices pour les intérieurs de ces résidences où habite toute une société mondaine et spirituelle, aimant l'audace, l'exotisme, la fantaisie et la nature. Ce style léger et raffiné s'accorde à merveille avec les appartements modernes, où les pièces, plus petites, ont maintenant des destinations précises : petits salons, boudoirs, salles de bains.

Matthäus Daniel PÖPPELMANN (1662-1736).
Pavillon du Zwinger de Dresde, Allemagne. © Champollion/TOP.

Salon Gasparini du Palais royal de Madrid, Espagne.
© Oronoz/Artephot.

Dans les pays où le Baroque est prépondérant, le Rococo s'insinue encore plus discrètement, transformant de l'intérieur, jusqu'à le vider complètement de son sens, cet art monumental qui fait une si large place au décor. L'art baroque a vécu cent ans et les idées qui le sous-tendaient sont dépassées. Les problèmes de religion, la primauté de l'Église romaine, ne sont plus au premier rang des préoccupations ; on préfère les débats philosophiques ou politiques. Si les grands projets urbanistiques n'ont pas disparu, c'est dans l'architecture privée que l'on voit se développer les plus beaux ensembles rococo.

Les idéaux nouveaux de tolérance et de liberté s'opposent à la volonté de surprendre et d'imposer qui ont présidé à l'art du XVIIᵉ siècle, qu'il soit baroque ou classique, comme ils s'opposent d'ailleurs à une révolution dans l'art. Le Rococo arrive donc comme une simple transformation du décor, puis il s'étend tout naturellement à la sculpture et à la peinture. En Allemagne, cependant, il gagne l'architecture où il est, curieusement, à l'origine de monuments grandioses, tant civils que religieux, s'imposant à la fois comme une importation française et comme un développement logique du Baroque tardif.

François de CUVILLIÉS (1695-1768), fut le décorateur du *théâtre de la Résidence* à Munich. © Werner Neumeister, Munich.

La grâce triomphante

François Thomas GERMAIN, *couvre-plat en argent* de Joseph Iᵉʳ du Portugal. Musée du Louvre, Paris. © R.M.N.

Jean-Baptiste PIGALLE (1714-1785), *tombeau du maréchal de Saxe*. Église Saint-Thomas, Strasbourg. © Lauros/Giraudon.

Impulsif, capricieux et plein de vitalité, le Rococo prend son point de départ dans le travail des créateurs de motifs décoratifs. Partageant l'enthousiasme généralisé pour le monde naturel et profitant des progrès de la botanique et de la zoologie qui marquent cette période, ces artistes développent des ornements qui sont ensuite appliqués à toutes les productions de ce que l'on nomme les arts mineurs. L'orfèvrerie, le mobilier et les boiseries deviennent porteurs du goût nouveau ; c'est une sorte de bouffée d'air frais sur la solennité caractéristique des ambiances baroque et classique. Les orfèvres **Germain***, père et fils, sont les créateurs des plus belles pièces rococo. Après l'édit de 1759, par lequel Louis XVI ordonne d'envoyer à la fonte les services d'orfèvrerie, la vaisselle de porcelaine devient un produit de luxe et la faïence adopte les formes rococo de l'orfèvrerie.

Gilles Marie Oppenordt (1672-1742), auteur du *retable de l'église Saint-Sulpice* à Paris, puis **Juste Aurèle Meissonnier** (1695-1750) dessinent de nombreux modèles de décoration, et en diffusent largement les formes grâce à leurs albums de gravures. Ce style aux lignes sinueuses, plein d'une grâce charmante, est merveilleusement mis en œuvre dans le *salon ovale de l'hôtel de Soubise** (p. 176) par **Germain Boffrand**. Les bois dorés, les stucs et le mobilier se conjuguent pour créer un espace homogène, dans lequel la lumière joue un rôle prépondérant. Les tableaux, qui occupaient une si large place dans les appartements de l'époque précédente, sont relégués dans un espace imprécis, entre murs et plafond, et ont perdu de leur solennité au profit de thèmes légers qui s'accordent parfaitement avec l'ensemble du décor.

Si, en France, l'architecture rococo ne dépasse guère les espaces intérieurs, le duché de Lorraine fait exception, et *la place de la Carrière* à Nancy, que le duc Stanislas commanda à **Emmanuel Héré** (1705-1763), est un modèle du Rococo français appliqué à l'urbanisme. À Nancy également, on doit à **Jean Lamour** les grilles de fer forgé et bronze doré de la *place Stanislas*, et à **Barthélemy Guibal** les *fontaines de Neptune et d'Amphitrite* pleines de naturalisme et d'éléments rocaille.

La sculpture de cette période, en effet, s'éloigne de l'emphase qu'elle connaissait au XVIIᵉ siècle et de nouveaux motifs apparaissent, comme les bustes de femmes souriantes et coquettes. **Étienne Falconet** (1716-1791), sculpteur préféré de Mme de Pompadour et auteur de traités et de modèles pour la porcelaine de Sèvres, donne à ses sculptures une grâce un peu fade, patente dans la statue de *Pierre le Grand* à Saint-Pétersbourg. Plus tard dans le siècle, **Clodion** (1738-1814) imprègne de sentimentalité bucolique ses statues et ses hauts-reliefs en terre cuite.

Dans le même temps, d'autres sculpteurs exploitent des tendances et des voies d'expression qui seront déterminantes pour l'éclosion du néo-classicisme à la fin du siècle. Ainsi **Bouchardon** (1698-1762), à qui l'ont doit la *fontaine des Saisons*, à Paris, et le très élégant *Amour taillant son arc dans la massue d'Hercule*, retrouve les voies de l'Antiquité. De même **Jean Antoine Houdon** (1741-1828) fait montre d'une sensibilité néo-classique dans ses bustes-portraits et dans ses figures mythologiques, comme la célèbre *Diane* d'où le naturalisme aimable du Rococo n'a cependant pas disparu. **Jean-Baptiste Pigalle**, quant à lui, maintiendra le grand style du siècle passé, mariant le dynamisme baroque à la grandeur classique dans des monuments funéraires comme celui du *maréchal de Saxe**, à Strasbourg. Il sait cependant revenir au naturalisme antique dans des œuvres moins austères, comme *Mercure attachant ses sandales*.

La peinture va jouer un rôle fondamental dans la transmission des valeurs qui régissent la société de ce temps où le charme des thèmes galants cache parfois une inquiétude plus profonde qui annonce l'époque des grandes transformations. Dans l'œuvre de **Watteau***, on sent l'influence de Rubens, mais dissoute dans une inquiète nostalgie qui se traduit par des paysages où les personnages baignent dans une douce pénombre dorée. Ses toiles, comme *L'Embarquement pour Cythère* ou *Les Champs Élysées*, expriment le désenchantement qui se cache derrière une joie de vivre parfois superficielle et marque aussi ces années. **François Boucher** (1703-1770) incarne plus franchement et sans arrière-pensée la frivolité rococo dans des caprices galants comme le *Bain de Diane* ou *Le Parc aux Cerfs*. Bien que d'une expression plus vigoureuse, *Les Baigneuses* ou *L'Escarpolette** de **Jean Honoré Fragonard** se font l'écho du même état d'esprit.

Les pays du Nord

Dans les pays germaniques, le Rococo a sa première application dans le domaine de l'architecture et, en vérité, de nombreux édifices du début du XVIIIe siècle, comme le *Belvédère* de Vienne (vers 1720) ou le *Zwinger** (p. 176) de Dresde (1711) de **Matthäus Daniel Pöppelmann**, signalent la transition du Baroque vers la pleine période rococo. Celui-ci émerge d'une façon triomphale dans divers palais tels l'*Amalienbourg*, à Copenhague, par **François de Cuvilliés**, ou la *Résidence du prince-évêque à Würzburg* dont le principal auteur est **Balthasar Neumann** (1687-1753). On lui doit également une des églises les plus importantes de cette période, celle de *Vierzehnheiligen* en Haute-Franconie, avec sa façade convexe, élancée, et suprêmement élégante. C'est à l'intérieur des grandes églises qui sont bâties ou restaurées à cette époque que le

Jean Honoré FRAGONARD (1732-1806), *L'Escarpolette*. Musée Lambinet, Versailles. © Dagli Orti.

Antoine WATTEAU (1684-1721), *Pierrot* dit autrefois *Gilles*. Musée du Louvre, Paris. © Hubert Josse.

179

Thomas GAINSBOROUGH (1727-1788), *Lady Howe*, Kenwood House. © English Heritage.

Filipo VALLE (1697-1768), haut-relief, *l'Annonciation*. Église Saint-Ignace, Rome. © Scala.

Rococo produit ses œuvres les plus expressives dans des décorations qui suggèrent une ambiance optimiste et festive et où le blanc et l'or dominants créent presque une sorte d'abstraction. Les plus représentatives de ces églises sont celle de *Weingarten*, par **Quirin Asam**, et surtout celle d'*Ottobeuren*, par **Johann Fischer von Erlach**, véritable synthèse du Rococo allemand. Dans le domaine profane, l'intérieur du *théâtre de la Résidence** (p. 177) de Munich par **François Cuvilliés** baigne dans une atmosphère de raffinement extrême.

Le Rococo connaît une acceptation enthousiaste en Prusse sous l'impulsion du mécénat de Frédéric II, qui d'ailleurs collabore à la construction du *palais de Sans-Souci*, à Potsdam, dont l'architecte est **Georg von Knobelsdorff**. L'articulation subtile des surfaces courbes et droites et la décoration naturaliste d'une plasticité hors du commun atteignent un point culminant dans cet édifice.

Comme le Baroque, le Rococo a trouvé un écho en Suède où il se reflète dans le décor intérieur de quelques palais, tandis qu'en Angleterre il trouve surtout son application dans des domaines strictement décoratifs, comme la porcelaine et le mobilier. Dans ce dernier domaine, l'influence de **Thomas Chippendale (1718-1779)** sera telle que le terme « Chippendale » deviendra le nom d'un style.

En Angleterre également surgit une des plus intéressantes écoles de peinture de cette période où l'on sent l'influence de Watteau et de Fragonard, et où se développe en particulier un remarquable art du portrait. Il s'y exprime une élégance tranquille et sans affectation qui connaît son sommet dans l'œuvre de **Thomas Gainsborough**, auteur de quelques exemples magistraux du genre comme les portraits de *Mrs Siddons* et de *Lady Howe**.

L'Italie

En Italie, l'expression trop forte du Baroque rend difficile la diffusion du Rococo, mais on peut quand même inclure dans le nouveau goût une partie de la sculpture produite au milieu du siècle, comme celle de **Filippo Valle**, bien illustrée par le haut-relief de *l'Annonciation** dans l'église Saint-Ignace, à Rome. D'une même sensibilité est l'œuvre d'un certain nombre de peintres vénitiens, comme **Francesco Guardi (1712-1793)**, dont la facture hachée est parfaitement dans le goût du Rococo, de même que les envolées dans l'espace de **Giambattista Tiepolo***. **Antonio Canal**, dit **Canaletto** (1697-1768), est bien éloigné de ses compatriotes dans la précision tatillonne qu'il met à rendre l'image la plus fidèle possible de Venise, sa ville. Comme partout en Europe, le Rococo se retrouve surtout dans la décoration intérieure, comme dans les palais de Turin et de Caserte, à Naples, et dans la porcelaine dont on se sert pour décorer des murs entiers en évoquant suggestivement des intérieurs chinois.

Giambattista TIEPOLO (1696-1770), fresque du plafond
de la salle du trône, *La Gloire de l'Espagne* (détail).
Palais royal, Madrid.
© Artephot/Martin.

La péninsule Ibérique

Dans l'extrême occident de l'Europe, le Rococo
a trouvé un terrain favorable et ses formes sont tra-
versées d'un souffle encore tout imprégné de la
plastique baroque. C'est dans la péninsule Ibérique
que se produisent quelques-unes des créations les
plus imaginatives. C'est le cas du *« transparente » de
la cathédrale de Tolède* de **Narciso Tomé**, spectaculaire retable en marbre rose et blanc* (p. 174), ou le
palais des marquis Dos Aguas, à Valence, de **Rovira**
et **Vergara**. Au Portugal, c'est à Braga que le Rococo
s'installe, avec les œuvres d'**André Soarès** : l'église
de Falperra* et le palais dit « *Casa do Raio* ».

Apporté par les Portugais, le Rococo s'épanouit
au Brésil, en particulier dans l'État de Minas
Gerais, où il connaît de fascinantes créations
comme l'*église de Saint-François* à Ouro Preto, par
Antonio Francisco Lisboa dit **O Aleijadinho** (le
petit infirme).

Façade de l'*église de Falperra*, Braga, Portugal.
© Archives Nationales de photographies,
Lisbonne.

181

L'Église de la Wies (1745-1754), Bavière

Dominikus ZIMMERMANN

© Artephot/
Marco Schneiders.

L'église de pèlerinage de la Wies se situe non loin de Steingaden au sud de la Bavière. Elle est l'œuvre des frères Zimmermann : Dominikus (1685-1766) comme architecte et Johann Baptist (1680-1756) comme peintre.

Construite « dans la prairie » (die Wies), l'église est un lieu de pèlerinage à la statue de bois du Christ flagellé, présentée dans une niche au-dessus du maître autel.

Plan

En reprenant des idées déjà expérimentées à l'église de Steinhausser, Zimmermann conçoit pour la nef un plan ovale prolongé par un chœur avec une abside, et précédé par un vestibule en demi-cercle.

Le plan elliptique qui fait suite au petit vestibule contribue à élargir l'espace intérieur de la nef et permet d'éclairer avec abondance, la lumière venant de toutes les directions.

Autour de la nef, une rangée concentrique de piliers doubles délimite un bas-côté qui épouse le tour du plan ovale. Cette galerie produit des effets de perspective qui estompent volontairement les limites formées par le mur extérieur.

Le chœur, un peu plus étroit, est bordé d'arcades supportant de hautes colonnes corinthiennes. De chaque côté s'élèvent des tribunes sous lesquelles se trouve un déambulatoire qui facilite la circulation des pèlerins.

Le plan traditionnel en croix latine a disparu. L'espace tend vers un seul grand volume oblong où s'impose la présence de la chaire.

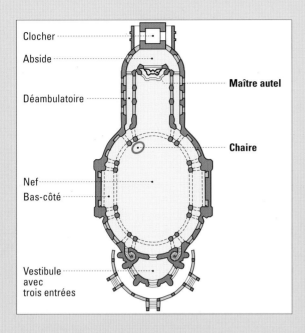

Clocher
Abside
Maître autel
Déambulatoire
Chaire
Nef
Bas-côté
Vestibule avec trois entrées

Détail du chœur avec colonnes et tribunes.
© Artephot/Schneiders.

Décoration

L'extérieur de l'église, simple et blanchi à la chaux, s'oppose fortement à la richesse de la décoration intérieure qui rappelle la somptuosité d'un salon de château.

Les parties basses des murs et des colonnes sont peu ornées alors que les parties hautes s'animent de moulures festonnées, de rameaux entrelacés, de volutes et d'efflorescences, de fioritures fantasques où s'ébattent des angelots en stuc et des figures planantes peintes en trompe-l'œil.

Le chantournement des oculi et des arcs des retombées des voûtes créent un espace ondulatoire homogène qui, dans un mouvement ininterrompu, nous conduit jusqu'à l'autel.

À la clarté de la nef, où la blancheur des piliers domine, succèdent en contrepoint les colonnes du chœur en stuc bleu et rose. Un véritable festival de peinture, dorure et stuc, entoure l'autel qui disparaît dans cette mise en scène grandiose et surchargée, à l'imagination inépuisable.

Commentaire

Le souci de faire disparaître la structure architecturale derrière le décoratif caractérise le style rococo, contrairement au style baroque où la présence de la construction reste fortement lisible malgré le décor.

L'air et la lumière semblent traverser les parois et faire disparaître les murs en créant un univers immatériel. Le crescendo enivrant du décor conduit le regard du sol vers la voûte qui se déchire comme un ciel ouvert. Là, au milieu d'une peinture d'un extraordinaire dynamisme, le croyant aperçoit le royaume du bonheur éternel, dans une vision d'apothéose évoquée par les mots du prédicateur prononcés du haut de la chaire.

La chaire. © Artephot/Schneiders.

183

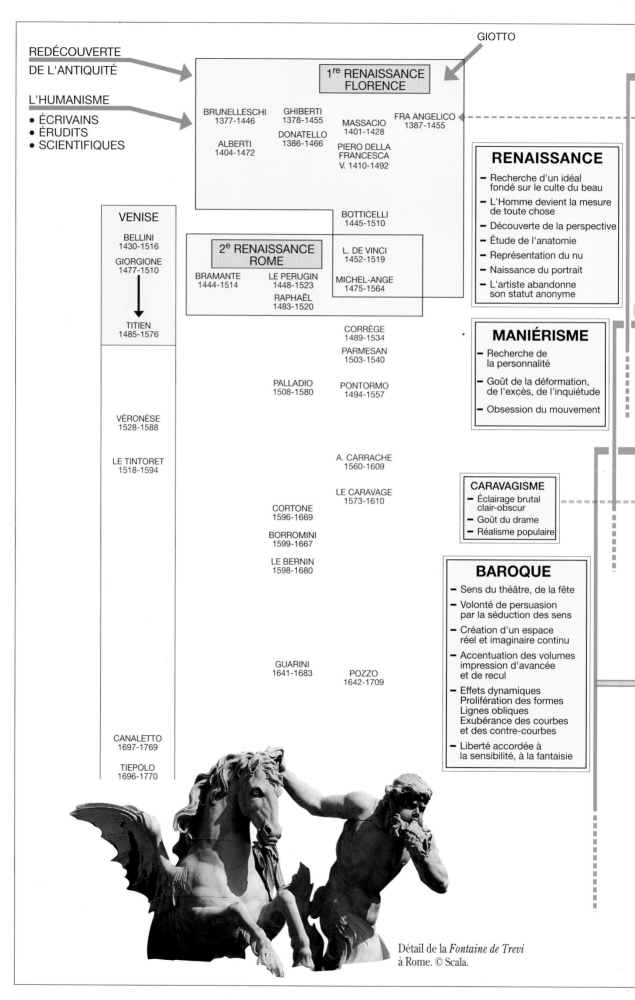

REDÉCOUVERTE
DE L'ANTIQUITÉ

L'HUMANISME
- ÉCRIVAINS
- ÉRUDITS
- SCIENTIFIQUES

GIOTTO

**1re RENAISSANCE
FLORENCE**

BRUNELLESCHI
1377-1446

GHIBERTI
1378-1455

MASSACIO
1401-1428

FRA ANGELICO
1387-1455

ALBERTI
1404-1472

DONATELLO
1386-1466

PIERO DELLA
FRANCESCA
V. 1410-1492

VENISE

BELLINI
1430-1516

GIORGIONE
1477-1510

TITIEN
1485-1576

VÉRONÈSE
1528-1588

LE TINTORET
1518-1594

CANALETTO
1697-1769

TIEPOLO
1696-1770

BOTTICELLI
1445-1510

**2e RENAISSANCE
ROME**

BRAMANTE
1444-1514

LE PERUGIN
1448-1523

RAPHAËL
1483-1520

L. DE VINCI
1452-1519

MICHEL-ANGE
1475-1564

CORRÈGE
1489-1534

PARMESAN
1503-1540

PALLADIO
1508-1580

PONTORMO
1494-1557

A. CARRACHE
1560-1609

LE CARAVAGE
1573-1610

CORTONE
1596-1669

BORROMINI
1599-1667

LE BERNIN
1598-1680

GUARINI
1641-1683

POZZO
1642-1709

RENAISSANCE

- Recherche d'un idéal fondé sur le culte du beau
- L'Homme devient la mesure de toute chose
- Découverte de la perspective
- Étude de l'anatomie
- Représentation du nu
- Naissance du portrait
- L'artiste abandonne son statut anonyme

MANIÉRISME

- Recherche de la personnalité
- Goût de la déformation, de l'excès, de l'inquiétude
- Obsession du mouvement

CARAVAGISME

- Éclairage brutal clair-obscur
- Goût du drame
- Réalisme populaire

BAROQUE

- Sens du théâtre, de la fête
- Volonté de persuasion par la séduction des sens
- Création d'un espace réel et imaginaire continu
- Accentuation des volumes impression d'avancée et de recul
- Effets dynamiques Prolifération des formes Lignes obliques Exubérance des courbes et des contre-courbes
- Liberté accordée à la sensibilité, à la fantaisie

Détail de la *Fontaine de Trevi*
à Rome. © Scala.

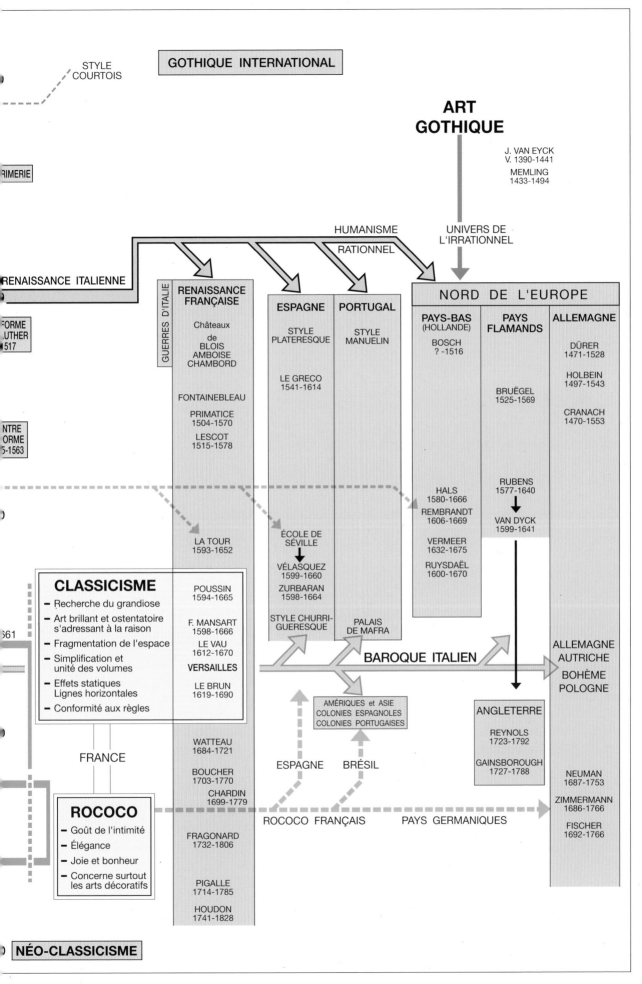

STYLE COURTOIS

GOTHIQUE INTERNATIONAL

ART GOTHIQUE

J. VAN EYCK
V. 1390-1441

MEMLING
1433-1494

RIMERIE

RENAISSANCE ITALIENNE

FORME
UTHER
517

NTRE
ORME
-1563

HUMANISME

RATIONNEL

UNIVERS DE L'IRRATIONNEL

NORD DE L'EUROPE

GUERRES D'ITALIE	RENAISSANCE FRANÇAISE	ESPAGNE	PORTUGAL	PAYS-BAS (HOLLANDE)	PAYS FLAMANDS	ALLEMAGNE
	Châteaux de BLOIS AMBOISE CHAMBORD	STYLE PLATERESQUE	STYLE MANUELIN	BOSCH ? -1516		DÜRER 1471-1528
		LE GRECO 1541-1614			BRUËGEL 1525-1569	HOLBEIN 1497-1543
	FONTAINEBLEAU					CRANACH 1470-1553
	PRIMATICE 1504-1570					
	LESCOT 1515-1578					

LA TOUR
1593-1652

ÉCOLE DE SÉVILLE

VÉLASQUEZ
1599-1660

ZURBARAN
1598-1664

HALS
1580-1666

REMBRANDT
1606-1669

VERMEER
1632-1675

RUYSDAËL
1600-1670

RUBENS
1577-1640

VAN DYCK
1599-1641

CLASSICISME

- Recherche du grandiose
- Art brillant et ostentatoire s'adressant à la raison
- Fragmentation de l'espace
- Simplification et unité des volumes
- Effets statiques Lignes horizontales
- Conformité aux règles

POUSSIN
1594-1665

F. MANSART
1598-1666

LE VAU
1612-1670

VERSAILLES

LE BRUN
1619-1690

STYLE CHURRI-GUERESQUE

PALAIS DE MAFRA

BAROQUE ITALIEN

ALLEMAGNE
AUTRICHE
BOHÈME
POLOGNE

661

FRANCE

AMÉRIQUES et ASIE
COLONIES ESPAGNOLES
COLONIES PORTUGAISES

ANGLETERRE

REYNOLS
1723-1792

GAINSBOROUGH
1727-1788

WATTEAU
1684-1721

BOUCHER
1703-1770

CHARDIN
1699-1779

ESPAGNE

BRÉSIL

NEUMAN
1687-1753

ROCOCO

- Goût de l'intimité
- Élégance
- Joie et bonheur
- Concerne surtout les arts décoratifs

ROCOCO FRANÇAIS

PAYS GERMANIQUES

ZIMMERMANN
1686-1766

FISCHER
1692-1766

FRAGONARD
1732-1806

PIGALLE
1714-1785

HOUDON
1741-1828

NÉO-CLASSICISME

Quatrième partie

L'art du XIXe siècle

Le néo-classicisme
Le romantisme
Le réalisme et l'impressionnisme
L'art autour de 1900

Le XIXᵉ siècle fait suite aux bouleversements de la Révolution et de l'Empire. Les nationalismes se réveillent et se dressent à travers l'Europe. Les découvertes scientifiques changent les conditions d'existence et d'organisation du travail. Ce siècle se révèle avant tout comme un temps d'innovations et d'inventions.

Des moyens de communication nouveaux voient le jour. La première ligne de chemin de fer entre en service en 1825 en Angleterre, et à la fin du siècle les voies ferrées tracent un réseau dense sur toute l'Europe et au-delà sur les autres continents. Le télégraphe relie les différents pays et, en 1866, le premier cable transatlantique connecte deux continents.

Cette ère industrielle bouleverse les mentalités. Certains artistes se sentent étrangers à ces mutations et préconisent un retour vers le Moyen Âge. D'autres s'épanouissent dans cette société emportée par le tourbillon du progrès. L'art reflète l'instabilité générale. Des courants divers, souvent opposés, relancent continuellement la vie des arts.

La peinture, sous l'Ancien Régime, était essentiellement un moyen de servir la religion, l'histoire, les faits et gestes du prince. Le peintre apparaît donc comme un bon artisan chargé de réaliser une œuvre où la perfection technique va de pair avec des règles préétablies. À la fin du XVIIIᵉ siècle, l'expression des sentiments personnels fait son apparition dans la peinture. Celle-ci ne doit plus demeurer comme une illustration raisonnée, mais s'affirmer comme une passion devenue besoin d'exprimer une nécessité vitale. Cette opposition entre intuition et raisonnement, sensibilité et dogmatisme, deviendra l'objet d'un grand débat durant le XIXᵉ siècle. Chaque artiste crée son écriture, son vocabulaire particulier. Des tempéraments opposés susciteront des œuvres d'une grande diversité. L'artiste romantique découvre qu'il a une âme.

Aux siècles précédents, chaque artiste pouvait être rattaché à une École, correspondant elle-même à une période, une ville ou un pays. Ainsi, l'École de Florence s'ouvre avec Giotto au XIVᵉ siècle pour s'éteindre avec Michel-Ange au XVIᵉ siècle. Lorsqu'au XIXᵉ siècle on parle d'École, il s'agit autant des disciples d'un peintre, comme par exemple l'École de David, que de groupes ou de courants. Cette absence d'unité marque le contraste entre ce siècle et ceux qui l'ont précédé. À la fin du XIXᵉ siècle, le refus d'une tradition millénaire réaliste, instituée par la Grèce antique, marque la fin d'une période de la civilisation européenne. C'est le début de « l'art moderne ».

Jean Auguste Dominique INGRES (1780-1867),
Jupiter et Thétis (1811).
Musée Granet, Aix-en-Provence.
© Dagli Orti.

Au XVIIIe siècle, les encyclopédistes rédigent des attaques implacables contre le rococo dont ils dénoncent la sensualité, et prônent l'idéal grec platonique où la contemplation de la beauté demeure liée à la vertu. Parmi ces écrivains, Montesquieu, au début du siècle, étudie le système politique de la Rome antique et le propose comme modèle. L'admiration pour l'Antiquité et le goût croissant pour son étude, avec le développement de l'histoire de l'art, se transforment en un véritable culte qui alimente la réflexion des artistes.

Un retour à la simplicité, à la pureté, nourri par cette redécouverte de la civilisation gréco-romaine, donne naissance au néo-classicisme. Ainsi, ce mouvement se veut un idéal esthétique fondé sur la théorie du beau absolu où les artistes recherchent avant tout la clarté, l'équilibre et la simplicité des formes. La République romaine devient le symbole d'un État parfait où l'art peut s'épanouir dans l'expression des plus nobles sentiments humains.

Le néo-classicisme se développe pendant la deuxième moitié du XVIIIe siècle. Il culmine pendant la Révolution et l'Empire, et prend fin avec la montée du romantisme autour de 1830.

Ce mouvement apparaît simultanément dans différents pays : en Italie, en Angleterre, ainsi qu'en France d'où il essaime dans le reste de l'Europe avec les conquêtes napoléoniennes. Les États-Unis adoptent ce style, symbole de la pureté du monde révolutionnaire. D'étape en étape, le néo-classicisme redonnera du souffle au monde de l'art et imposera aux hommes de la Révolution et du début du XIXe siècle un nouveau climat culturel de portée universelle.

Chapitre 12

Le néo-classicisme

Léo VON KLENZE, le *Walhalla*,
près de Ratisbonne (1830-1847).
© Studio X.

Des idées nouvelles

Giovanni Battista PIRANÈSE (1720-1778),
Vestiges de l'intérieur d'un temple de Paestum.
École des beaux-arts, Paris.
© Photo Bulloz.

Un goût frénétique pour l'Antiquité se répand en Europe dans la deuxième moitié du XVIIIᵉ siècle. Dès 1709, on exhume en Italie les ruines d'Herculanum ensevelies sous les cendres de l'éruption du Vésuve en 79 après J.-C. En 1748, des recherches similaires commencent à Pompéi. Ces fouilles, en mettant au jour bon nombre de monuments, d'objets de la vie quotidienne, de sculptures, de peintures et de mosaïques, contribuent à relancer l'étude savante de l'Antiquité. Parallèlement, l'architecture grecque fait l'objet d'études approfondies à partir du milieu du XVIIIᵉ siècle. L'Allemand **Johann Winckelmann** étudie d'une manière scientifique les collections d'art antique et pose les bases de l'archéologie moderne. Il publie ses études dans un premier ouvrage qui fait date en 1755 : *Réflexions sur l'imitation des œuvres grecques dans la sculpture et la peinture*. Il devient le maître à penser de l'esthétique néo-classique avec la publication de son œuvre majeure : *Histoire de l'art de l'Antiquité* (1764). Son apologie de l'art noble et sévère des Anciens se fonde sur l'étude de la beauté idéale proposée par les Grecs, faite de justes proportions, de simplicité et d'unité. Les publications se multiplient aussi chez les Italiens. Le graveur **Giovanni Battista Piranèse** contribue à cette révélation de l'architecture romaine puis grecque avec des gravures sur cuivre représentant des vues de Rome et 18 planches sur les temples de Paestum*.

Rome devient l'objet d'un véritable engouement avec la fondation de l'Institut de correspondance archéologique. De toute l'Europe on vient y recevoir la bonne parole. Ainsi Goethe arrive dans la ville éternelle en 1786 et, de retour dans son pays, fait bénéficier l'Allemagne de ses découvertes sur l'Antiquité.

La promotion de l'esthétique nouvelle n'est pas le seul fait des essayistes et des archéologues. Des ateliers de peinture s'ouvrent à Rome dont celui d'**Anton Raphaël Mengs** (1728-1779). Ce peintre devient un maître pour tous les jeunes artistes de passage à Rome. Son enseignement, axé sur la recherche du beau idéal, se fonde non seulement sur l'imitation de Raphaël et du Corrège, mais aussi sur l'étude des statues antiques.

Les formes complexes et mouvementées du Baroque et du Rococo correspondent au goût de l'aristocratie. La nécessité de proposer un répertoire nouveau, basé sur une morale plus rigoureuse, apparaît au milieu du XVIIIᵉ siècle avec la montée d'une autre classe sociale : la bourgeoisie. **Jean-Jacques Rousseau** exprime cette nouvelle moralité en 1750 dans son *Discours sur la science et les*

Nouvelle moralité ?

Où il n'y a nul effet, il n'y a point de cause à chercher : mais ici l'effet est certain, la dépravation réelle, et nos âmes se sont corrompues à mesure que nos sciences et nos arts se sont avancés à la perfection. Dira-t-on que c'est un malheur particulier à notre âge ? Non, messieurs ; les maux causés par notre vaine curiosité sont aussi vieux que le monde.

Jean-Jacques ROUSSEAU,
Discours sur la science et les arts.

*arts**, où il montre comment le progrès des sciences et des lettres a contribué à corrompre les mœurs et à quel point l'art partage cette responsabilité. Reprenant les idées de Rousseau, **Greuze** utilise dans ses peintures des sujets moraux représentés souvent d'une manière larmoyante, telle *La Malédiction paternelle**. La volonté de placer la morale et la raison à la base de toute création trouve sa source chez les encyclopédistes français. Cette pensée laïque, internationaliste, prêchant la tolérance, s'exerce en s'opposant au courant issu de la Contre-Réforme.

Les nouveaux hommes politiques aiment à se considérer comme des incarnations modernes des Grecs et des Romains. **Jacques Louis David** dessine les costumes et les décors de la fête de l'Être suprême dirigée par « le grand prêtre » Robespierre. Bonaparte apparaît comme un héros de l'Antiquité. L'idéal néo-classique devient celui de l'Empire* et le désir de l'Empereur de créer un empire latin-rhénan renforce la diffusion de l'esprit néo-classique.

Jean-Baptiste GREUZE (1725-1805),
La Malédiction paternelle
ou *Le Fils ingrat* (vers 1765).
Musée du Louvre, Paris.
© Dagli Orti.

Jacques Louis DAVID (1748-1825),
Le Sacre de Napoléon Iᵉʳ (1805-1807).
Musée du Louvre, Paris.
© Dagli Orti.

Grandeur et austérité

Carl Friedrich SCHINKEL,
Le Vieux-Musée de Berlin (1824-1828).
© 1988 Erich Lessing/Magnum Photos.

L e style néo-classique se caractérise principalement par un retour aux formes gréco-romaines. Pour les artistes, il ne s'agit pas de s'appuyer sur l'imitation servile de l'Antiquité ou sur les acquis de la Renaissance italienne, mais de développer de nouveaux principes, assez vite transformés en règles rigides : clarté de la proposition, simplicité de la structure à travers l'ordre, la symétrie, les proportions.

L'architecture

L'architecture incarne bien ces nouveaux idéaux. Elle s'appuie sur les ordres classiques revisités à travers les découvertes archéologiques récentes. Les propositions ne restent pas figées autour d'une seule formule. Elles oscillent entre la grandeur sévère de l'architecture romaine et la grâce et l'élégance de l'art grec. La colonne remplace le pilastre dans l'uniformité des colonnades au rythme répétitif, appuyée sur des façades souvent immenses, comme l'*église Saint-François-de-Paule* de **Bianchi** à Naples, la *Bourse* de **Brongniart** à Paris, ou le *Vieux-Musée** de **Schinkel** à Berlin. Les architectes dépouillent les murs de leur décoration, et cultivent parfois systématiquement l'art de l'austérité.

En France et en Angleterre, le néo-classicisme trouve des terrains particulièrement bien préparés. L'architecte français **Jacques Germain Soufflot (1713-1780)**, plus encore que **Jacques Ange Gabriel (1698-1782)**, se montre l'ennemi du Baroque et l'apôtre du retour à l'antique. En 1757, il commence sa grande œuvre, la reconstruction à Paris de l'*église Sainte-Geneviève*, devenue à la Révolution le *Panthéon* actuel (p. 198). Sur un plan en croix grecque, il propose la synthèse entre le panthéon romain et Saint-Pierre de Rome.

Pendant cette période, on élève de nombreux monuments publics. **Victor Louis (1731-1810)** construit le *Grand-Théâtre de Bordeaux*, **Marie-Joseph Peyre l'Aîné** le *théâtre de l'Odéon à Paris*. Parmi les projets grandioses de l'Empire, subsistent l'*Arc de Triomphe du Carrousel* (1806) et l'*Arc de Triomphe de l'Étoile* commencé par **Jean Chalgrin** et terminé trente ans plus tard. **Pierre-Alexandre Vignon** construit le *monument de la Grande Armée*, l'actuelle *église de La Madeleine*, copie conforme d'un temple romain.

En Angleterre, le goût reste attaché au palladianisme institué au XVIIᵉ siècle par **Inigo Jones**. L'architecte **Richard Boyle* (1694-1753)** rapporte en Angleterre des dessins de Palladio. **Robert Adam (1728-1792)**, après un séjour à Rome, devient avec ses trois frères le conseiller en décoration pour tous

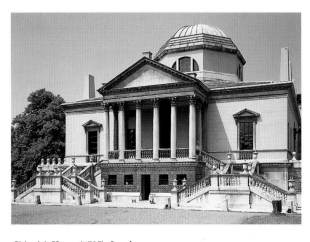

Chiswick House (1725), Londres,
construite par Richard BOYLE comte de Burlington.
© John Bethell/Bridgeman/Artephot.

les édifices d'Angleterre. Il introduit le style pompéien. D'Angleterre, le néo-classicisme passe en Amérique sous le nom de style « colonial ». Un péristyle à colonnes orne la façade des grandes maisons (*Résidence de Washington* à Mount Vernon, 1787). Le capitole de chaque État de la nouvelle République reprend un plan néo-classique tel qu'à Boston, à Richmond, et le plus important à Washington terminé en 1863.

En Allemagne, Berlin s'enrichit avec des œuvres néo-classiques comme *La Porte de Brandebourg* de **Carl Gotthard Langhans** (1788-1789), inspirée du dessin des Propylées d'Athènes. **Carl Friedrich Schinkel** y construit le *Nouveau Corps de garde* (1816-1818), sorte de temple dorique. À Munich, **Léo von Klenze** remodèle la ville avec la *Glyptothèque* (1816-1830), l'*Ancienne Pinacothèque* (1826-1836) et les *Propylées* (après 1848). Il construit le *Walhalla* (p. 189), copie d'un temple antique, en 1830-1842 près de Ratisbonne. Dans les pays du Nord, le succès du néo-classicisme est immense, en particulier à Helsinki ainsi qu'à Saint-Pétersbourg avec le *musée de l'Ermitage*.

La sculpture

L'esthétique néo-classique s'incarne dans la pureté des formes et le souci de rigueur que l'on retrouve dans la sculpture. Celle-ci s'inspire des statues et des bas-reliefs antiques, mais en accentuant la froideur, prise pour de la pureté. Toutefois, quelques figures féminines font exception et dénotent une calme volupté.

Ce retour à l'antique apparaît dans une partie de l'œuvre de **Jean-Baptiste Pigalle** (1714-1785) notamment dans la simplicité de ses bustes, en réaction contre les excès du Rococo. **Jean Antoine Houdon** (1741-1828) sait allier les caractéristiques de l'art antique à un souci de réalisme. Parmi ses portraits, en nombre considérable, il faut citer le *Voltaire assis* de la Comédie-Française. Le grand sculpteur vénitien **Antonio Canova** (1757-1822) peuple les palais impériaux de figures élégantes. Sa sculpture froide s'humanise dans ses représentations féminines (*Vénus sortant du bain*, 1812, palais Pitti à Florence). Le sculpteur danois, **Bertel Thorvaldsen***, qui travaille dans le même esprit, connaît un très grand succès et reçoit des commandes de toute l'Europe.

La peinture

Loin de la vie futile et artificielle de la société aristocratique du XVIIIe siècle, la bourgeoisie, classe montante, s'attache au concret. À ses yeux, l'art doit exprimer « le vrai », et seul le dessin permet ce rendu strict et exact de la réalité. Les personnages sont représentés avec un dessin noble, sobre, objectif et précis, aussi bien sur le plan anatomique que sur celui du drapé.

Bertel THORVALDSEN (1770-1844),
Vénus à la pomme (1813-1816),
© Musée Thorvaldsen, Copenhague. Artephot.

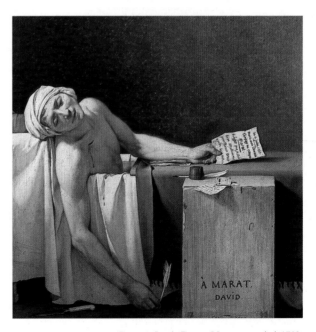

Jacques Louis DAVID, *Marat assassiné*, 1793.
Musées royaux de Bruxelles.
© Artephot/A. Held.

193

Jean Antoine GROS (1771-1835),
Les Pestiférés de Jaffa (1804).
Musée du Louvre, Paris.
© Hubert Josse.

Dans la peinture, cette recherche d'un idéal classique reste essentiellement axée sur la forme. Les grandes scènes historiques atteignent à la grandeur universelle par l'exaltation du héros antique. Les figures ne doivent représenter personne en particulier, mais typer un caractère. Il faut parvenir à l'idéal en éliminant tout ce qui est du domaine de l'ornement et des fioritures gracieuses. L'art prend une dimension fortement symbolique pour devenir utilitaire et servir d'enseignement : **l'art devient éloquence**.

Pour éviter de faire des œuvres qui seraient jugées trop expressives, la gamme des couleurs des peintres néo-classiques reste sobre ; des tons unis se détachent sur une tonalité générale sombre. La couleur se réduit à une fonction symbolique évidente, ou à un simple rôle d'habillage de la forme. Elle perd cette autonomie plastique expressive propre à la peinture baroque. Ainsi, Winckelmann propose comme programme : « La beauté est comme l'eau la plus limpide, puisée à une source pure et d'autant plus salubre qu'elle a moins de goût. »

Le peintre **Jacques Louis David** (1748-1825) apparaît en véritable chef d'école. Il veut un art sévère, moral, construit sur des reconstitutions archéologiques. Des figures sculpturales, aux poses majestueuses, expriment des sentiments héroïques. En utilisant peu de couleurs, il transfert le caractère de grandeur antique dans les tableaux historiques évoquant l'Antiquité : *Le Serment des Horaces* (p. 196), *L'Enlèvement des Sabines*, ou commémorant les événements contemporains : *Marat assassiné* (p. 193). Par ailleurs, il déploie une maîtrise exceptionnelle dans ses portraits : *Monsieur et Madame Seriziat*, *Le Pape Pie VII*, *La Maraîchère*, *Madame Récamier*. Malgré son autorité, les contemporains de David conservent une certaine personnalité. **Pierre Narcisse Guérin** (1774-1833) dispute sa fadeur au baron **François Gérard** (1770-1837). **Louis Girodet** (1767-1824), à travers une peinture néo-classique, choisit des sujets déjà romantiques. Le baron **Jean Antoine Gros**, l'auteur des *Pestiférés de Jaffa** et de *Napoléon à Eylau*, annonce lui aussi le romantisme dans le traitement des sujets et dans l'utilisation de la couleur. **Pierre Paul Prud'hon** (1758-1823) excelle dans le clair-obscur caressant des chairs blanches et veloutées. **Jean Auguste Dominique Ingres*** ne se contente plus de l'imitation du style grec et romain. Il cherche l'harmonie des proportions à travers l'étude des modèles pris dans la nature. Ses peintures perdent l'excessive sécheresse des contours chère à David. Les corps retrouvent consistance et couleur et allient la grâce à de délicats jeux d'ombres.

L'art néo-classique se prolongera longtemps à travers l'art académique enseigné à l'École nationale des beaux-arts. Parmi les professeurs, **Jean Léon Gérôme*** marquera fortement ses élèves. Le

Jean Auguste Dominique INGRES (1780-1867),
Le Bain turc (1863).
Musée du Louvre, Paris.
© Dagli Orti.

Jean Léon GÉRÔME (1824-1904), *Jeunes Grecs faisant battre des coqs* (1846).
Musée d'Orsay, Paris. © Photo RMN.

cadre très limité de l'Académie entraîne une rigidité de la doctrine qui demeurera pendant tout le XIXᵉ siècle à peu près identique à elle-même. En 1888, pour définir cet art, on parle de « style pompier » en référence à la pompe, au sens de « déploiement de faste », ainsi qu'à la représentation des casques guerriers antiques rappelant comiquement ceux des sapeurs-pompiers.

Les arts décoratifs

Le style néo-classique s'applique aussi au domaine de la décoration* et de l'ameublement. Il prend naissance dans ce que l'on appelle le style Louis XVI. Les cartouches irréguliers du rococo font place à un décor plus sévère où règnent la droite, l'angle droit, le cercle ou l'ellipse. À ce vocabulaire, succède celui du style Directoire (1789-1799). Ce dernier conjugue le goût antiquisant dit « pompéien » des dernières années de l'Ancien Régime, aux lignes raides et élancées du style Adam venu d'Angleterre. Puis le style Empire (1799-1815) transforme l'élégance du style Louis XVI en une proposition monumentale aux lignes raides, à la symétrie rigoureuse et aux motifs invariablement répétés.

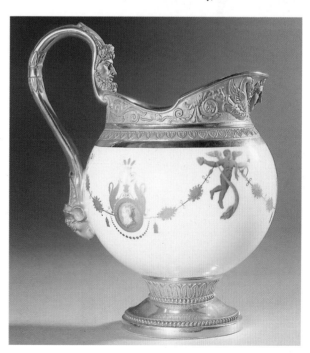

Porcelaine de Sèvres. Pot à crème à motifs dorés.
Époque Iᵉʳ Empire.
© Hubert Josse.

Le Serment des Horaces (1784-1785)

Jacques Louis DAVID (1748-1825), Paris, musée du Louvre.

© Dagli Orti.

Esquisse (1782). École des beaux-arts, Paris.
Dès son esquisse, David fait apparaître l'opposition entre 2 groupes, les hommes et les femmes. Dans l'œuvre finale, tout en simplifiant, il accuse les contrastes en renforçant l'effet de virilité par les droites et celui de féminité par les courbes.

Dès son retour de Rome en 1784, David réalise les premières esquisses pour *Le Serment des Horaces* et travaille à ce tableau pendant onze mois.

Le Serment des Horaces devient d'emblée le manifeste d'un style nouveau : le néo-classicisme.

Le sujet

David choisit un grand sujet d'histoire romaine évoqué dans un récit de **Tite-Live**.

Le tableau évoque l'histoire des trois frères Horace, choisis pour représenter Rome à l'occasion d'un combat contre les trois frères Curiace, champions de la cité d'Albe. Les relations matrimoniales entre les deux familles engendrent une situation particulière.

Pour son tableau, David a préféré représenter le moment où le vieux père demande à ses trois fils de prononcer le serment suivant : placer le caractère sacré de l'honneur et du patriotisme avant tous les autres sentiments humains.

196

La composition

Le tableau, d'un grand format (hauteur : 3,30 m – largeur : 4,25 m), résulte d'un calcul rigoureux pour épurer et simplifier la composition. Celle-ci s'appuie sur un réseau de verticales et d'horizontales qui assure une structure forte à l'ensemble. Les obliques, qui donnent la direction des jambes ou celles des glaives et de la lance, suivent le strict tracé des diagonales du même réseau.

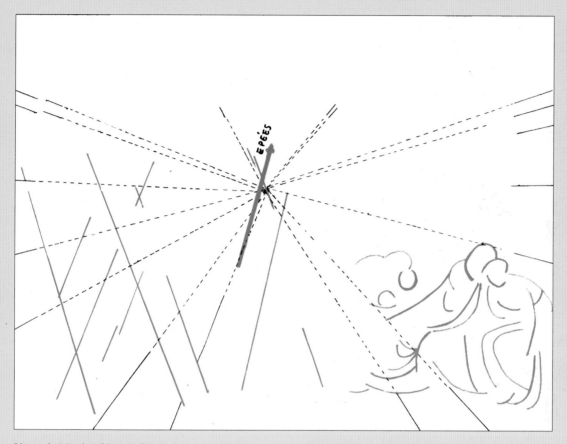

Lignes de fuite des éléments d'architecture se rejoignant sur les mains du père.

——— Obliques parallèles :
expression de la virilité et de la fougue.

——— Courbes et contre-courbes :
expression de la féminité et de la tristesse.

La pièce où se situe l'action ressemble à une scène de théâtre, espace clos, sans profondeur. Le décor, volontairement sans ornement, se présente frontalement. Les trois arches d'un portique d'ordre dorique isolent les uns des autres les groupes des principaux personnages : les fils, le père, les femmes. L'ensemble évoque une frise de bas-relief antique et les romantiques reprocheront par la suite à David de donner l'impression dans ses peintures de sculptures peintes. Les lignes de fuite des horizontales de l'architecture se rejoignent toutes sur les mains du père brandissant les épées de l'honneur.

David réalise un dessin aux contours nets et précis, exprimant l'harmonie à travers l'équilibre des proportions. Les couleurs restent froides et s'opposent aux coloris scintillants de la peinture rococo. La couleur demeure soumise à la forme et permet, à la manière de la peinture classique, de faciliter avant tout la lecture de l'œuvre. Cependant, David place des rouges vigoureux sur les vêtements masculins, alors qu'il habille les personnages féminins de couleurs plus douces. La couleur joue alors un rôle symbolique en accentuant le contraste entre les personnages principaux et les personnages secondaires, entre la virilité et la féminité.

L'expression

À travers le sujet, la composition, les couleurs, David cherche à remettre à l'honneur les valeurs esthétiques et morales déjà proclamées par les philosophes du siècle des Lumières. La grande trouée noire du fond évoque la mort, image de l'Ancien Régime, et s'oppose fortement aux deux groupes de personnages violemment éclairés, expression de la clarté de l'ordre républicain. Ce tableau apparaît comme un des coups sévères portés au régime monarchique qui tombera quatre ans plus tard en 1789. *Le Serment des Horaces* deviendra un tableau-phare dans l'histoire de la peinture.

Le Panthéon (Paris)

Jacques-Germain SOUFFLOT

Le Panthéon.
© Jean-Claude N'Diaye/Imapress.

Louis XV, tombé gravement malade, fait le vœu, s'il guérit, de reconstruire l'église de l'abbaye Sainte-Geneviève à Paris. Le directeur général des Bâtiments du roi, le marquis de Marigny, frère de Mme de Pompadour, commande les plans à Jacques-Germain Soufflot (1713-1780).

Les fondations sont commencées en 1758, mais des difficultés de financement ralentissent les travaux. Soufflot réalise le tambour durant les deux années avant sa mort. Pour terminer la construction du dôme, un de ses élèves, **Rondelet**, doit renforcer les points d'appuis et achève le monument en 1789.

En 1791, la Constituante décide que l'église recevra désormais « les cendres des grands hommes de l'époque de la liberté française » et lui donne le nom de *Panthéon*.

Description

L'édifice présente un plan centré en croix grecque. Le tombeau de sainte Geneviève, patronne de Paris, devait se trouver sous la haute coupole placée à la croisée du transept. Ce dôme se compose de trois coupoles en pierre, emboîtées les unes au-dessus des autres.

Soufflot dessine d'audacieux porte-à-faux dans la construction de la coupole et de son tambour*. De nombreux architectes de son époque prédisent que l'ensemble devrait s'écrouler.

La façade se compose d'un péristyle avec des colonnes corinthiennes supportant un fronton triangulaire où **David d'Angers** sculptera en 1831 *La Patrie distribuant aux grands hommes les couronnes que lui tend la Liberté*.

La Constituante enlève deux étages aux deux clochers situés de part et d'autre du chevet et fait boucher les 42 fenêtres que Soufflot avait aménagées dans les murs. Depuis lors, l'édifice a perdu beaucoup de sa clarté et les surfaces des murs nus paraissent sévères.

Le style

Le néo-classicisme recherche la simplicité en utilisant la ligne droite et la surface nue de la pierre. La domination de la ligne droite n'est rompue que par le cercle de la coupole. L'arabesque et la légèreté du rococo cèdent le pas à l'horizontalisme et à la pesanteur.

Le corps du bâtiment se présente comme une masse compacte. Soufflot abandonne le mur traditionnel baroque, orné de pilastres et de niches, pour redonner vie à la colonne libre et au portique, qu'il utilise pour animer la façade et structurer l'intérieur de l'édifice.

Pour séparer la nef des bas-côtés, Soufflot dresse une rangée de colonnes qui supportent une frise, une corniche et une balustrade. Aux voûtes en berceau jésuites, Soufflot substitue des coupoles aplaties pour la nef et des plafonds à caissons pour les bas-côtés.

Il allège l'ordonnance classique en imitant certains traits de la structure gothique. Pour cela, il met au point une nouvelle technique de pierre armée de barres de fer avec l'aide de l'ingénieur Rondelet. Cette virtuosité technique permet une économie de matériau, allège les supports et crée des espaces plus ouverts.

Commentaire

Soufflot devient le plus grand promoteur de la réaction néo-classique et, par une certaine froideur des murs et son goût des effets grandioses, annonce déjà l'art napoléonien. Le Panthéon servira de modèle pour plusieurs autres monuments tels que le *Capitole* à Washington. ·

Intérieur du *Panthéon*.
© Pix.

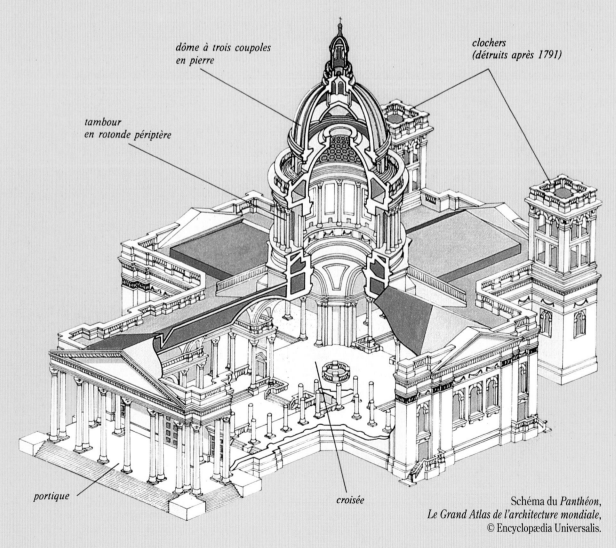

dôme à trois coupoles
en pierre

clochers
(détruits après 1791)

tambour
en rotonde périptère

portique

croisée

Schéma du *Panthéon*,
Le Grand Atlas de l'architecture mondiale,
© Encyclopædia Universalis.

Eugène DELACROIX (1798-1863),
Les Massacres de Scio (1824).
Musée du Louvre, Paris.
© Dagli Orti.

Chapitre 13

Le romantisme

À l'origine, le mot « romantisme » apparaît en littérature. En Allemagne, l'adjectif « *romantisch* » s'oppose à tout ce qui porte le nom de littérature classique.

En art, le romantisme, rejetant l'exemple de l'Antiquité gréco-romaine, s'affirme comme une réaction contre la tyrannie du néo-classicisme. Le romantisme marque une rupture complète avec les idées du passé. Il proclame la prééminence de l'individu et de sa personnalité. À l'empire de la froide raison, répond la puissance de la sensibilité, de la passion et de l'imagination.

L'esprit nouveau des « Droits de l'Homme » touche également le domaine de la culture. Victor Hugo affirme : « Le principe de la liberté... vient renouveler l'art comme il a renouvelé la société... » Une mutation générale du goût et de la pensée se développe dans toutes les activités : littérature, théâtre et musique, avant d'apparaître dans les arts plastiques où les artistes laissent libre cours à leur imagination. Ce changement radical des attitudes face à la vie et à l'art détermine un nouveau courant qualifié de « romantique ».

Le mouvement romantique apparaît progressivement pendant le XVIIIᵉ siècle, et dès la Révolution s'affirme à travers le culte du héros. Il s'impose à partir de 1824 avec le tableau de Delacroix, *Les Massacres de Scio**. Après une période enfiévrée, le romantisme s'essouffle et s'estompe vers 1850.

Cette exaltation de l'individualisme s'étend à toute l'Europe où l'Allemagne, l'Angleterre et la France jouent les premiers rôles. Elle conduira l'artiste à l'isolement et à des attitudes outrancières donnant alors naissance au mythe de l'artiste maudit.

Victor HUGO (1802-1885),
Le Phare d'Eddystone (1866),
lavis* et aquarelle*.
Musée Victor Hugo, Paris.
© Bulloz.

L'âge des passions

Caspar David FRIEDRICH (1774-1840),
L'Abbaye dans la forêt (1809).
Staatliche Schlösser und garten Schloss Charlottenburg, Berlin.
© Bridgeman-Giraudon.

Socialement, un homme neuf émerge des bouleversements politiques de la fin du XVIIIe siècle.
Cet homme aspire à des formes d'art libérées
de l'héritage de la Renaissance et du classicisme. La
naissance du romantisme s'effectue lentement car il
est très étroitement lié au néo-classicisme. En effet,
dès 1750, Piranèse publie *Les Prisons* où il présente
des scènes imaginaires. Des thèmes négateurs – la
nuit et la mort – y jouent le premier rôle. Bien au-
delà de l'apparence, son graphisme s'ouvre sur l'inconnu et l'angoisse de l'isolement. L'intrusion du
fantastique nous mène au bord de la folie. Les
thèmes romantiques émergent également dans un
certain goût pour les ruines et leurs mystères, que
l'on retrouve fréquemment dans les tableaux de
Caspar David Friedrich★.

Les artistes aiment choisir leurs sujets dans
les textes de *La Chanson de Roland* en France
et dans ceux du *Nibelungenlied* en Allemagne. Cette
référence au Moyen Âge suscite le désir de faire
revivre et de restaurer les monuments de cette
époque. Des travaux redémarrent à Cologne pour
achever la cathédrale, considérée comme le foyer
du germanisme. **Lenoir** crée le musée des Monuments français pour sauver les sculptures du
Moyen Âge qui avaient échappé aux destructions
des révolutionnaires.

John CONSTABLE (1776-1837),
La Charrette de foin (1821).
© National Gallery, Londres.

Les précurseurs germaniques

En Allemagne, le romantisme se fonde sur un retour à la vieille Germanie. Une réaction contre le classicisme français et la domination impériale du début du siècle déclenche une croisade nationaliste dont le *Discours à la nation allemande* de **Fichte** devient le manifeste. Des fêtes en l'honneur d'Albrecht Dürer, en 1828, montrent cette tendance à considérer ce peintre comme le premier peintre allemand. Goethe associe étroitement Dürer à l'art gothique dans son *Hymne à l'architecture allemande*. Des peintres venus de différentes régions d'Allemagne, dont **Peter von Cornelius** et **Johann Friedrich Overbeck**, s'installent en 1810 au couvent de San Isidoro à Rome pour consacrer leur vie à l'art et à la sainteté. Cette communauté reste connue sous le nom des « Nazaréens ». Ces derniers correspondent aux « Préraphaélites » anglais tel **Burne-Jones***, association de peintres fondée en 1848, qui cherchaient à retrouver l'esprit médiéval des peintres « avant-Raphaël ».

La réaction française

En France, 1824 fait date pour le romantisme. Cette année-là, au Salon, en face du *Vœu de Louis XIII* d'**Ingres**, resplendit la toile de **Delacroix** *Les Massacres de Scio*. Le sujet, pris dans l'actualité par souci de vérité, constitue une nouveauté. Delacroix avait déchaîné la critique deux ans plus tôt avec *La Barque de Dante*. À ce même Salon de 1824, le public découvre la peinture anglaise avec *La Charrette de foin* de **Constable*** que **Géricault** avait déjà vue lors d'un voyage à Londres. La peinture anglaise apporte beaucoup aux peintres français et notamment à Delacroix. La relation entre l'homme et la nature se trouve bouleversée. Au paysage-décor du classicisme succède un paysage-émotion où la présence humaine n'est plus indispensable. Le paysage devient souvent un « état d'âme » comme chez **Paul Huet**. L'inquiétude habite ses plaines et ses forêts dans une atmosphère d'orage où l'on y sent une angoisse contenue.

Deux camps s'opposent alors. L'École de David affronte les peintres regroupés sous l'étiquette de « shakespeariens » ou « romantiques ». L'apothéose de cet affrontement se donne finalement pour cadre le Théâtre-Français en février 1830, lorsque **Victor Hugo** déchaîne les passions lors de la première représentation d'*Hernani*.

Une même intimité spirituelle rapproche les artistes et les écrivains. Un accord très étroit s'établit entre la peinture, la musique, la poésie et la philosophie, qui permet au romantisme de devenir l'expression du monde de l'inconscient.

Le besoin de cultiver la différence en affirmant sa personnalité modifie le statut de l'artiste dans la société et remet en question sa sécurité matérielle. Le peintre travaille de moins en moins sur commande car il veut décider du choix de ses sujets.

Edward BURNE-JONES (1833-1898),
L'Escalier céleste (1876).
Tate Gallery, Londres.
© Hubert Josse.

L'exaltation du moi

Eugène DELACROIX (1798-1863),
La Liberté guidant le peuple (1830).
Musée du Louvre, Paris.
© Dagli Orti.

Ce tableau exécuté au lendemain des Trois Glorieuses constitue presque un manifeste politique.

À la droite de la Liberté apparaît le peintre, sous les traits d'un insurgé placé debout avec un fusil entre les mains, et à sa gauche bondit un jeune ouvrier coiffé du béret traditionnel des étudiants. Delacroix sait donner à l'anecdote les dimensions de l'épopée, amalgamant le nu allégorique et le costume moderne. Au-delà de l'exaltation du sujet, des effets dynamiques intenses commandent tous les aspects de cette création plastique.

L'œuvre d'art « romantique » doit être autonome et unique. Cette idée s'oppose à l'esthétique néo-classique pour qui la raison d'être de l'œuvre d'art se trouve dans l'illustration d'un programme théorique. Ainsi, le romantisme veut rendre la création indépendante des grandes théories fondées *a priori*, et réclame le droit à « l'art pour l'art ». Cette revendication apparaît en premier lieu en Allemagne dans les textes de **Schelling**, **Schiller** et **Lessing**.

Pour eux, l'art doit se débarrasser de toute visée morale. La création se définit comme une recherche purement plastique avec la volonté de jouer sur les effets picturaux qui parlent à notre sensibilité. La liberté et le hasard nourrissent l'inspiration. Lorsque **Victor Hugo** dessine, il part d'une tache d'encre ou de café qu'il cherche à modifier. Le lyrisme pulsionnel supplante l'élaboration raisonnée (voir p. 201). Ainsi l'effet chromatique, allié à une facture personnelle, prédomine au détriment de l'aspect fini et précis du rendu. L'esquisse• conserve l'impression de fraîcheur et de spontanéité. L'usage fréquent de l'aquarelle• et du pastel• permet de fixer rapidement l'impression initiale.

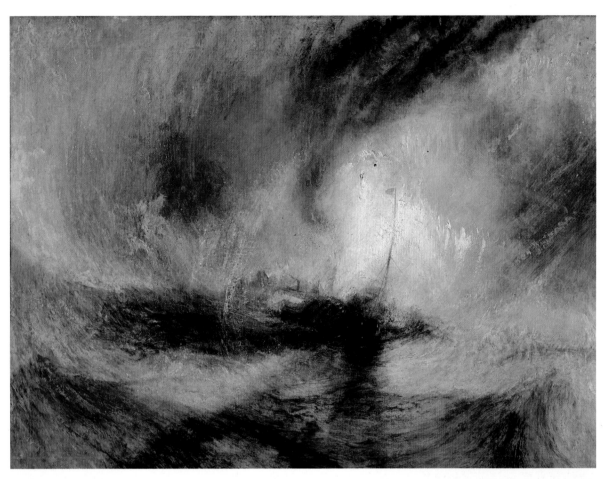

William Turner (1775-1851),
Tempête de neige en mer (1842).
Tate Gallery, Londres.
© Erich Lessing - Magnum Photos.

Les premières toiles d'**Eugène Delacroix** : *Dante et Virgile aux Enfers* puis *Les Massacres de Scio*, déchaînent les sarcasmes et deviennent des « manifestes » du romantisme. Delacroix apparaît alors comme le chef de ce mouvement, ce que lui-même refusera toujours. En 1825, il rencontre en Angleterre les peintres paysagistes **John Constable** et **Richard Bonington** (1802-1828). Toute sa vie, Delacroix s'inspire de la littérature romantique et prend par exemple, chez **Byron**, le sujet de *La Mort de Sardanapale** (p. 210). En 1830, il peint *La Liberté guidant le peuple**, scène allégorique au service d'un haut fait historique. Dans cette œuvre, il fait la synthèse de ses idées sur la couleur et le mouvement. D'un voyage en Afrique du Nord en 1832, il rapporte des carnets de croquis et d'aquarelles dont il s'inspire pour de nombreux tableaux : *Les Femmes d'Alger* (1834), *La Noce juive* (1839). Delacroix remet en question les règles de la composition d'un tableau. Le travail de chaque partie de la surface doit disparaître au profit avant tout de l'effet d'ensemble. Les peintres romantiques reprochent aux peintres classiques de juxtaposer sur la toile des surfaces indépendantes les unes des autres. Ils veulent accorder le premier rôle à l'ensemble du

Johann Heinrich FÜSSLI (1741-1825),
Le Cauchemar (1781). Goethemuseum, Frankfurt.
© Hubert Josse.

Théodore GÉRICAULT (1791-1824),
seconde esquisse (1818) du *Radeau
de la Méduse* (détail). Musée du Louvre, Paris.
© Dagli Orti.

tableau qui doit être plus expressif grâce à la cohérence du tout. Pour atteindre cet objectif, le peintre ne pousse pas aussi loin le travail de chaque zone du tableau ; certains « morceaux » restent très enlevés, à peine ébauchés, d'autres prennent de la vigueur par un travail plus poussé.

L'imagination, domaine de prédilection de l'art romantique, s'appuie sur des sensations inhabituelles en peinture. Cette dernière évoque le monde du vide, du silence, de l'infini. Ainsi en Allemagne, parmi les précurseurs du romantisme, **Caspar David Friedrich** choisit pour titre de ses œuvres : *L'Entrée du cimetière*, *Voyageur contemplant les nuages*, *Le Naufrage de l'Espoir dans les glaces*. Le paysage romantique se développe en Angleterre avec **William Turner*** (p. 205) et en France avec **Paul Huet**. Ces deux peintres donnent une vision lyrique de la nature qui met en scène des forces inquiétantes comme la tempête.

Les thèmes de la mort, de la solitude, du mal, apparaissent comme une nourriture pour l'imaginaire. Le trouble de l'émotion nous fait quitter le champ de la raison pour nous plonger dans celui de l'irréel, de l'incompréhensible, de la perte de contrôle de la conscience. Le Suisse **Johann Heinrich Füssli*** montre un goût très vif pour les sujets fantastiques. Il passe la plus grande partie de sa vie en Angleterre où il exécute des illustrations pour les œuvres de **Shakespeare**, **Dante**, ainsi que pour l'épopée germanique des **Nibelungen**. En France, **Théodore Géricault**, la première grande figure romantique, présente au Salon de 1812 *L'Officier de chasseurs de la garde impériale chargeant* qui attire l'attention de David. Il expose en 1819 *Le Radeau de la Méduse**, inspiré d'un événement d'actualité traité avec un pathétique bouleversant. Il se passionne également pour la peinture des chevaux, *Le Derby d'Epsom*, et pour l'étude de l'insolite à travers une suite de portraits de fous et folles (1821-1824). Mais sa mort prématurée interrompt cette œuvre exceptionnelle par sa fougue et ses innovations les plus hardies.

Des recherches nouvelles deviennent possibles grâce au traitement de la couleur. Les travaux du physicien **Newton** commencent à être connus dès 1704. Delacroix complète cette étude physique de la couleur (décomposition de la lumière en couleurs primaires et secondaires) par une réflexion sur les effets physiologiques (effets d'exaltation des complémentaires) et sur les effets psychologiques (traduction des sentiments, des passions). La couleur ne sert plus seulement à différencier les formes comme dans la peinture classique, mais elle devient expression.

En Espagne, les quelques peintres au style pittoresque disparaissent derrière l'immense personnalité isolée et presque inclassable de **Francisco de Goya y Lucientes**. Goya, malade et progressivement sourd à partir de 1792, devient un homme solitaire et tragique ; les scènes de tauromachie, *Le*

Francisco de GOYA (1746-1828), *La Fusillade du Trois Mai*.
Musée du Prado, Madrid.
© Dagli Orti.

Préau des fous (1793), montrent cette tendance romantique encore plus affirmée à la *Coupole de San Antonio de la Florida* (1798) par la foule populaire et colorée assistant à la résurrection d'un mort. Après avoir gravé *Les Désastres de la guerre*, il peint *La Fusillade du Trois Mai**. Ce message de liberté, face à l'oppression des armées françaises, annonce déjà les œuvres de Delacroix par le traitement du sujet, la fougue de la touche, l'utilisation des couleurs au service de l'expression et de l'émotion. De plus en plus isolé et malade, Goya achève cette descente vers la nuit par les peintures de *La Maison du sourd*, sa propre demeure, où il met en scène des cauchemars hallucinants.

Le groupe allemand des nazaréens se réunit à Rome dans l'ancien couvent de Saint-Isidore et prend pour chef **Friedrich Overbeck***. **Peter von Cornelius** (1783-1867) se joint à ce groupe et participe à l'exécution des *Fresques de l'histoire de Joseph* dans le palais Zuccaro à Rome. Ces peintres se proposent de ressusciter la pureté du style des primitifs italiens, mais témoignent eux-mêmes rapidement, par leur parti pris, d'une sorte d'académisme.

La tentative des nazaréens est reprise à partir de 1848 par les « préraphaélites » anglais qui s'inspi-

Johann Friedrich OVERBECK
(1789-1869),
Italia und Germania (1828).
Neue Pinakothek, Munich.
© Joachim Blauel/Artothek.

Théodore CHASSÉRIAU (1819-1856),
La Toilette d'Esther (1841).
Musée du Louvre, Paris.
© Hubert Josse.

rent des thèmes littéraires principalement tirés de la légende du roi Arthur et des souvenirs celtiques. Les artistes produisent essentiellement des peintures narratives. Parmi eux, il faut retenir les noms de **Dante Gabriel Rossetti** et **Edward Burne-Jones*** (p. 203).

Le romantisme correspond également à la mode de la peinture orientaliste. Après **Théodore Chassériau***, **Horace Vernet** (1789-1863), **Eugène Fromentin** (1820-1876) qui peignent l'Afrique du Nord, on voit apparaître avec **Alexandre-Gabriel Descamps** (1803-1860), des sujets turcs et orientaux.

L'architecture

Toute forme architecturale devient citation et reflète un discours culturel. L'architecture romantique veut faire rêver sur le passé, ce qui motive de coûteuses restaurations de monuments : en France **Viollet-le-Duc** reconstruit le *château de Pierrefonds*, en Allemagne **Karl Friedrich Schinkel** termine la *cathédrale de Cologne*. L'architecte imite des œuvres construites en d'autres lieux, en d'autres temps. Cette architecture prend le nom d'« historicisme » : le *Parlement de Londres**, monument néo-gothique par **Sir Charles Barry**, le *Burgtheather de Vienne*, monument néo-Renaissance par **Gottfried Semper**, l'*église du Sacré-Cœur de Paris*, monument néo-byzantin par **Paul Abadie**, etc. Parfois, l'architecte laisse courir son imaginaire, comme **John Nash** pour le *Pavillon royal néo-indien* de Brighton*, ou associe des architectures variées que l'on appelle « éclectisme », tels l'*Opéra de Paris* par **Charles Garnier***, le *Rijksmuseum d'Amsterdam* par **Peter Cuijpers**…

Sir Charles BARRY (1795-1860), Le *Parlement de Londres* commencé en 1836. © Dagli Orti.

John NASH (1752-1835), *Pavillon royal néo-indien* de Brighton (1815-1821). © A. Torry/Explorer.

Charles GARNIER (1825-1898), l'*Opéra de Paris* (1862-1875). © Jean-Paul Navicet/Explorer.

La Mort de Sardanapale (1827)

Eugène DELACROIX (1798-1863), Paris, musée du Louvre.

© Dagli Orti.

Au Salon de 1827, alors que **Ingres** expose son *Apothéose d'Homère*, Delacroix présente deux œuvres dont le sujet rend hommage à **Byron** qui avait trouvé la mort trois ans plus tôt à Missolonghi : *Scène de la guerre actuelle des Turcs et des Grecs* et *La Mort de Sardanapale*.

Le sujet

Sardanapale serait le dernier descendant de la fabuleuse reine Sémiramis.

Dans sa capitale, Babylone, assiégée par les Mèdes depuis deux ans, il aurait dressé un bûcher dans la cour de son palais pour se faire brûler avec ses trésors, ses chevaux, ses femmes et ses eunuques, plutôt que de se rendre.

La composition

À première vue, ce tableau apparaît comme une débauche de corps, d'étoffes, d'objets peints, avec des couleurs somptueuses. Tout baigne dans un climat de violence et de sensualité au sein duquel se déroule l'écroulement du despote oriental.

La liberté et le hasard propres à l'improvisation nourrissent cette peinture. Delacroix, cependant, organise sa toile selon quelques grandes lignes directrices. Tout d'abord, une grande oblique imprime l'élan général. Celle-ci part de l'œil du roi et descend en diagonale vers la femme égorgée, en bas à droite. Cette ligne descendante renforce l'impression de mort et de destruction. Ensuite, des arabesques complexes, issues des corps en prolongement les uns des autres, se distribuent en fonction d'un ensemble d'arcs de cercles concentriques, comme des ondes se propageant sur une surface liquide, et ayant pour centre le regard du roi. La composition reste ouverte et se prolonge en hors-champ sur trois côtés du tableau pour agrandir l'espace et augmenter ainsi l'effet d'abondance et d'accumulation autour du lit de Sardanapale. Ce hors-champ met aussi fortement en relation la scène d'autodestruction et la mise à sac du palais par les ennemis.

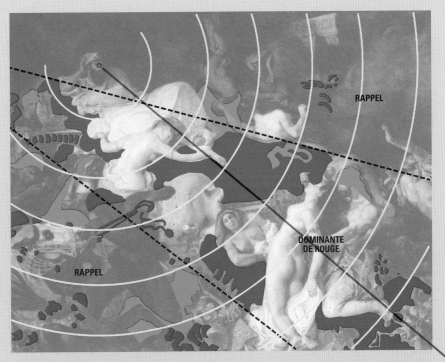

RAPPEL

DOMINANTE
DE ROUGE

RAPPEL

La dominante de rouge donne l'unité dans la zone centrale, les rappels de rouge rétablissent l'équilibre sur l'ensemble de la surface du tableau.
Le vert – complémentaire du rouge – se situe le long des bordures de la zone centrale et exalte la puissance du rouge.

La couleur

Reprenant les leçons de **Véronèse** et de **Rubens**, Delacroix se montre un grand coloriste. La composition chromatique domine sur l'organisation linéaire. Le peintre met dans sa palette des couleurs d'une splendeur rutilante pour les draperies, les chairs et les bibelots. La couleur, d'une extraordinaire richesse, distribuée violemment par taches, caractérise la peinture romantique. Au-delà de ces puissantes harmonies et ces habiles contrastes de couleurs, chaque nuance de l'échelle chromatique a une signification symbolique qui traduit cette furie sanguinaire et incendiaire. Delacroix note dans son journal : « Les couleurs sont la musique des yeux, elles se combinent comme les notes… certaines harmonies de couleurs produisent des sensations que la musique elle-même ne peut atteindre. »

L'expression

La mode de l'Orient, très vive à l'époque, inspire à Delacroix une toile sur la violence portée à son paroxysme. Par l'ambiance chromatique aux tonalités chaudes, par la force expressive des couleurs, l'artiste fait vibrer cette scène d'une sensualité exacerbée. Au-delà de cette intensité passionnelle, Delacroix découvre un langage plastique nouveau et réussit à étendre les pouvoirs de la peinture comme un prélude à la peinture moderne.

Eugène DELACROIX, étude• de femme pour *La Mort de Sardanapale*, pastel. Musée du Louvre, Paris.
© Photo RMN.

Edgar Degas (1834-1917),
L'Absinthe (1876).
Musée d'Orsay, Paris.
© Dagli Orti.

212

Chapitre 14

Le réalisme et l'impression-nisme

Depuis sa création, l'Académie, par l'intermédiaire du Salon, soumet l'art à des principes rigides. Contre cette dictature, un certain nombre d'écrivains, d'artistes, de critiques et de journalistes tentent de rapprocher l'art de la vie quotidienne. Pour eux, il s'agit de « faire du vrai » en cherchant dans la réalité la principale source d'inspiration. Ils se définissent comme « réalistes ».

La vie devient matière à œuvre d'art. Baudelaire écrit à propos du Salon de 1845 : « Celui qui saura arracher à la vie actuelle son côté épique et nous faire voir et comprendre, à travers la couleur et le dessin, combien nous sommes grands et poétiques avec nos cravates et nos souliers vernis, sera un peintre et un vrai peintre. »

La photographie*, nouveau moyen scientifique d'investigation, fascine les peintres. La volonté des réalistes de capter une vision fidèle de la réalité trouve ici son maître. Néanmoins, la photographie montrera la multiplicité des apparences à travers la saisie directe du réel ; ce qui stimulera des recherches sur les fluctuations des aspects d'une même scène placée dans des lumières ou des atmosphères différentes. Alors naîtra l'impressionnisme, aboutissement du réalisme soumis au seul contrôle des sensations optiques.

Le mouvement réaliste prend naissance aux environs de 1850 et se poursuit à travers l'impressionnisme qui apparaît dès 1860. Ce mouvement fit scandale en 1863 en ouvrant le « Salon des Refusés ». Pendant la dernière décennie du XIXe siècle, se manifestent de nouvelles tendances qui, peu à peu, éclipsent les derniers sursauts du XIXe siècle.

Baudelaire photographié par NADAR vers 1855. © Collection Viollet.

213

L'esprit positif

Gustave COURBET

« … enseigner au peuple l'histoire vraie en lui montrant la vraie peinture… J'entends par l'histoire vraie l'histoire débarrassée des interventions surhumaines qui, de tout temps, ont perverti le sens moral et terrassé l'individu. J'entends par vraie histoire celle qui échappe au joug de n'importe quelle fiction. Pour peindre vrai, il faut que l'artiste ait l'œil ouvert sur le présent, il faut qu'il voie par les yeux et non par la nuque. »

« … être à même de traduire les mœurs, les idées, l'aspect de mon époque, selon mon appréciation, être non seulement un peintre, mais encore un homme ; en un mot, faire de l'art vivant, tel est mon but. »

Gustave COURBET
Extraits de l'avant-propos du catalogue de son exposition particulière en 1855.

Edgar DEGAS (1834-1917),
Fin d'arabesque (vers 1877).
Musée d'Orsay, Paris. © Dagli Orti.

Auguste Comte publie de 1830 à 1842 *Le Cours de philosophie positive*, qui influencera beaucoup la recherche des peintres réalistes. « Au stade positif, écrit-il, l'esprit renonce à la connaissance de l'absolu et lui substitue celle du relatif, c'est-à-dire des relations et des lois qui régissent les phénomènes qui nous entourent. » Cette influence trouvera son achèvement dans les recherches des impressionnistes, prolongées ensuite par celles des pointillistes.

Une nouvelle invention, la photographie, apparaît dans la première moitié du XIXᵉ siècle, avec les découvertes du lithographe **Nicéphore Niepce** (1765-1833). Le peintre **Jacques Daguerre** (1787-1851) perfectionne rapidement ce procédé.

La photographie, par le cadrage, le net et le flou, l'écrasement de l'espace, influence le travail des impressionnistes. Elle révèle à **Degas*** et à **Toulouse-Lautrec** la perception exacte de la décomposition d'un mouvement, en particulier pour la représentation des danseurs et des chevaux. La possibilité d'arrêter le mouvement, de saisir l'instant, de prendre pour unique matériau d'expression la lumière, alimente un débat sur la perception et l'analyse de la sensation visuelle. De ce fait, la peinture comme imitation de la nature se trouve ébranlée dans ses fondements.

L'influence de la science et du positivisme se retrouve aux environs de 1850 chez les écrivains qui se proposent de ramener systématiquement la littérature à l'observation directe et à la reproduction fidèle du réel (Flaubert, Zola, Maupassant, Balzac).

La révolution de Février 1848, qui détermine l'avènement au pouvoir des républicains, marque une étape importante pour le réalisme, expression de la modernité. Elle apporte la consécration à ce nouveau mouvement artistique. En effet, la peinture académique, avec ses sujets historiques et religieux, semble attachée au pouvoir conservateur, alors que le réalisme privilégie les valeurs démocratiques, à travers une peinture du paysage et de la vie rurale de l'époque contemporaine. Le paysan devient une figure clef de l'actualité, sa catégorie sociale subissant les bouleversements de la révolution urbaine et industrielle.

Sous le Second Empire, la bourgeoisie d'affaires manque de culture artistique. Le seul critère de jugement d'une grande partie de la classe aisée est l'agrément et la somptuosité d'une œuvre. Cette peinture officielle fait pendant au nouveau style des monuments publics, au décor éclectique compliqué et aux intérieurs surchargés des particuliers. Cet académisme bénéficie aussi du rejet manifesté envers le romantisme. Au nom du bon goût, on

Édouard MANET (1832-1883),
Le Déjeuner sur l'herbe (1863).
Musée d'Orsay, Paris.
© Dagli Orti.

remet à l'honneur les théories de David reprises par Ingres. L'Académie des beaux-arts impose son goût par l'organisation du Salon. À partir de 1857, celui-ci ne se tient plus au Salon carré du Louvre (d'où son nom), mais au palais de l'Industrie, construit aux Champs-Élysées pour l'Exposition universelle de 1855. Le Salon consacre chaque année les grands peintres en leur attribuant des médailles, annonces des futures commandes publiques et privées. En 1855, le Salon refuse *L'Atelier** (p. 222) et *Un enterrement à Ornans* de **Courbet**. Huit ans après, en 1863, à la demande de Napoléon, un « Salon des Refusés » s'organise en marge du Salon officiel, où deux mille toiles et un millier de sculptures avaient été refusées par le jury qui venait de couronner l'artiste académique **Cabanel** pour sa *Naissance de Vénus*. Là, y exposent les jeunes peintres qui donneront naissance à l'impressionnisme tels **Renoir**, **Cézanne**, **Pissarro**, **Guillaumin**, **Monet**, **Jongkind**, **Fantin-Latour**, **Whistler**, d'autres encore, et **Manet** qui déclenche le plus grand scandale en présentant *Le Déjeuner sur l'herbe**.

Gustave COURBET (1819-1877),
Les Cribleuses de blé (1855).
Musée des Beaux-Arts, Nantes.
© Dagli Orti.

Scandales et modernité

Jean-François MILLET (1814-1875),
Les Botteleurs de foin.
Musée du Louvre, Paris.
© Photo RMN.

Le mot « réalisme » apparaît en 1836 dans un texte du critique **Gustave Planche** qui oppose la manière « réaliste » à celle des tenants du « beau idéal », rassemblés autour d'Ingres.

Ce terme désigne plus précisément un mouvement qui, entre 1848 et 1860 environ, réagit contre le romantisme et contre l'académisme des néo-classiques attardés. Ses limites demeurent imprécises dans le temps et dans l'espace car, français à ses origines, le réalisme se nourrit d'apports hollandais, espagnols, anglais, et se diffuse à travers toute l'Europe.

La peinture réaliste

Les germes du réalisme percent déjà dans les grandes compositions idéalisées des peintres néo-classiques, et encore plus nettement dans le genre plus simple, celui du portrait. Mais l'objectivité de la représentation n'est qu'une composante du réalisme. Ce style suppose que le caractère d'exécution change. D'une technique minutieuse et froide, propre au néo-classicisme, on passe à une exécution plus fruste, plus enlevée, souvent proche de l'esquisse. Un autre changement intervient, plus radical, dans le choix des sujets. Dans la hiérarchie classique des genres, la noble peinture d'histoire tient la première place. Par réaction, les réalistes représentent des scènes de la vie quotidienne. Les académiques traitent ces sujets de « caricatures ignobles et impies ».

Les peintres réalistes représentent la vie moderne et en particulier « la réalité sociale ». Ainsi, **Gustave Courbet** entend hausser la scène de genre au statut de peinture d'histoire. **Jean-François Millet*** puise son inspiration dans le monde des paysans. *L'Angélus*, symbole de la sainteté du travail de la terre, sera reproduit à des millions d'exemplaires. **Honoré Daumier*** montre son amour des humbles en peignant une humanité pauvre et souffrante. Il utilise la lithographie pour caricaturer tous les travers de son temps. Ce procédé nouveau, inventé par l'Autrichien **Senefelder** en 1798, présente l'immense avantage de permettre à l'artiste de dessiner directement au crayon gras sur la pierre, aussi aisément que sur une feuille de papier. Daumier en fait une arme dans les journaux satiriques auxquels il collabore : *La Caricature* et *Le Charivari*. Après le vote de la loi de 1835 interdisant la satire politique, Daumier passe à la satire sociale. Il s'en prend aux vices de la bourgeoisie et à la rapacité des avocats et des financiers.

Hors de France, le réalisme connaît une immense fortune grâce aux expositions universelles et aux tableaux que les peintres français (Courbet, Manet)

Honoré DAUMIER (1808-1879),
Rue Transnonain (1834), lithographie.
Musée de Dresde.
© E. Lessing/Magnum.

présentent à l'étranger. Courbet séjourne à deux reprises en Allemagne, à Francfort en 1858 et à Munich en 1869. Il « convertit » au réalisme les jeunes artistes allemands lassés des nazaréens. Sous cette influence se répand, de la France à la Russie, un large mouvement pictural autour de la « fidèle observation de la nature ».

Cette fascination pour le réel, constante chez les Germaniques, s'exprime dans les œuvres d'**Adolf von Menzel** (1815-1905). Outre plusieurs centaines d'illustrations sur la vie de Frédéric Le Grand, le peintre traduit la peine et la grandeur du travail des ouvriers. Il découvre Courbet en 1855 à l'occasion de l'Exposition universelle à une époque où déjà il cherchait à renouveler son inspiration. Ses dernières œuvres mettent en relief son intérêt pour la lumière, annonçant ainsi l'impressionnisme.

Wilhelm Leibl, considéré comme le chef de file du réalisme allemand, exécute des œuvres d'une très grande précision. Il rencontre Courbet en 1869 à Munich et se rend à Paris en 1870. Ses œuvres les plus célèbres (*Trois Femmes à l'église**) font apparaître un grand souci du rendu du détail rappelant le travail d'Holbein.

Wilhelm LEIBL (1844-1900), *Trois Femmes à l'église* (1881). Kunsthalle, Hambourg.
© Westermann/Artephot.

Jean-Baptiste Camille COROT (1796-1875), *Souvenir de Mortefontaine* (1864). Musée d'Orsay, Paris. © Dagli Orti.

Auguste RODIN (1840-1917),
Balzac, plâtre de 1898.
Musée d'Orsay, Paris.
© Photo Hubert Josse.

Pierre Auguste RENOIR (1841-1919),
La Balançoire (1876).
Musée d'Orsay, Paris.
© Dagli Orti.

La peinture de paysage

Les réalistes redécouvrent aussi un genre tenu pour secondaire : le paysage. Jusque-là, le paysage servait essentiellement à agrémenter certaines scènes historiques et présentait très souvent un caractère artificiel. Tout d'abord sous l'impulsion des romantiques, le paysage permet d'évoquer un état d'âme ; puis les peintres réalistes font une peinture objective du paysage, la plus simple et la plus franche possible. Certains restent fidèles à la peinture d'atelier et utilisent alors des couleurs sombres avec de fougueux empâtements, d'autres préfèrent se pencher sur l'observation directe du paysage. Cette pratique, qui culmine avec **les peintres de Barbizon**, du nom d'une commune située à la lisière de la forêt de Fontainebleau, annonce **l'impressionnisme**. Les études sur le motif, simples travaux préparatoires, font progresser la cause du réalisme par leur liberté technique. Le sujet du tableau ne se partage plus entre l'anecdote d'une scène bucolique et la nature environnante. Cette dernière constitue entièrement le sujet du tableau. Le travail en haute pâte, vigoureusement contrasté, permet l'évocation géologique du paysage. Les peintres de Barbizon s'attachent à rendre l'intensité de la lumière, variable selon la saison, l'heure et le site.

Chez **Jean-Baptiste Camille Corot*** (p. 217), la lumière revêt une importance particulière. Ses études de paysages présentent une atmosphère poétique d'où émane une douce vapeur diffusant des lueurs argentées. Corot annonce l'impressionnisme par l'utilisation d'une palette claire qui le distingue des peintres de Barbizon, et par l'acuité de son œil exercé à une analyse très fine des variations de la lumière.

La sculpture réaliste

Le réalisme se retrouve dans la sculpture de **Jules Dalou** (1838-1902) qui résume à lui seul toutes les aspirations d'une sculpture tournée vers l'homme. Il exalte les travailleurs et l'idéal républicain (*Triomphe de la République, Place de la Nation, Paris*). L'élégant **Jean-Baptiste Carpeaux** (1827-1875) conserve des attaches avec le romantisme. Il sait faire revivre la société de son époque dans ses bustes de Napoléon III, d'Alexandre Dumas, de Charles Garnier. En 1869, il réalise pour la façade de l'Opéra de Paris *La Danse*. Le plus grand représentant de la sculpture réaliste, **Auguste Rodin**, se heurte à l'incompréhension de ses contemporains. Il se préoccupe de capter la vie dans ses manifestations les plus fugitives faisant éclater les formes à partir de l'intérieur. Ainsi il ne réalise pas des œuvres lisses comme chez ses prédécesseurs, mais laisse des surfaces couvertes de trous et de bosses qui accrochent la lumière, et par ce jeu créent l'illusion de la vie. Cette pratique se rapproche des recherches des peintres impressionnistes. Rodin reste un novateur et veut que le sujet, au-delà de son réalisme, conduise vers un symbole universel :

Le Penseur, L'Homme qui marche* (p. 187)… Il marque une volonté du monumental : *La Porte de l'enfer*, et tend parfois vers l'abstraction : *statue de Balzac**. **Émile Antoine Bourdelle** (1861-1929), un de ses élèves, travaille dans un style expressionniste sans jamais oublier la sculpture grecque. **Aristide Maillol** (1861-1944) exalte la beauté simple des nus féminins.

La peinture impressionniste

Venus d'horizons différents, de jeunes peintres, nés entre 1830 et 1841, se rencontrent à Paris vers 1860 à l'Académie suisse : **Camille Pissarro** (1830-1903), **Paul Cézanne** (1839-1906), **Armand Guillaumin** (1841-1927) ; et à l'atelier Gleyre : **Claude Monet, Pierre Auguste Renoir***, **Frédéric Bazille** (1841-1870), **Alfred Sisley** (1839-1899). Ce groupe des exclus, rongés d'incertitudes, a besoin de discussions enflammées pour élaborer quelques idées. C'est le début du rôle des cafés dans la vie artistique. Dans ce cénacle informel, **Édouard Manet** (1832-1883) anime les réunions où se confrontent toutes sortes de tendances. Tout d'abord, ils contestent l'enseignement officiel et se montrent réticents devant le réalisme tributaire du travail en atelier. Ils marquent un intérêt pour la peinture claire du XVIIIᵉ siècle et découvrent les estampes japonaises qui les invitent à abandonner la technique du modelé, du clair-obscur et des détails trop précis. Ces impressionnistes de la première heure élaborent une peinture de plus en plus fluide, aérienne, se réclamant des Anglais **Constable** et **Turner**, du Hollandais **Jongkind** et du Français **Boudin**, le peintre de la mer, des ciels marins et des plages du Nord.

Dans l'atelier du photographe **Nadar**, 35 boulevard des Capucines à Paris, ces jeunes peintres exposent en avril et mai 1874. À cette occasion, le critique **Louis Leroy** invente, par dérision, le terme « impressionnisme » d'après le titre du tableau de **Monet** *Impression, soleil levant**.

Les impressionnistes s'attachent à peindre d'après nature. L'invention récente du conditionnement en tube de la peinture à l'huile leur permet de travailler en plein air, sur le motif. Ils constatent qu'un paysage se modifie selon l'heure, la saison, les changements atmosphériques. Cet attrait pour le fugace, le fugitif, les conduit vers l'évanescent, l'impalpable. Le vrai sujet du tableau devient la lumière et ses infinies variations, pour peu à peu ne se réduire qu'au reflet de cette lumière sur les plans d'eau et la surface des rivières.

Mettant en pratique les découvertes des lois optiques sur la lumière, la couleur, la vision, faites par les physiciens **Chevreul**, **Maxwell** et **Young**, les impressionnistes changent leur façon de faire les mélanges de couleurs. Ceux-ci ne sont plus fabriqués sur la palette mais par juxtaposition de touches de couleurs les plus pures possibles sur la toile : on parle alors de mélange « optique ».

Claude MONET (1840-1926),
Impression, soleil levant (1872), détail.
Musée Marmottan, Paris.
© Photo Hubert Josse.

219

Georges SEURAT (1859-1891),
Un dimanche après-midi à l'île de la Grande Jatte (1884-86).
Art Institute, Chicago.
© Artephot/Artothek.

Après une dernière exposition collective en 1886, le groupe impressionniste se disloque. Seul Monet continuera les recherches impressionnistes. À la fin de sa vie, avec *Les Nymphéas*, il propose des variations sur de très grands formats dans un style informel. Auguste Renoir, lié à Monet, préfère le portrait ou des scènes avec des personnages : *Le Bal du moulin de la Galette* (1876, Paris, musée d'Orsay). Après une période ingresque (1881-1888), il revient au travail de la couleur et adopte une facture plus gestuelle. Il se consacre alors presque exclusivement au nu féminin, qu'il traite d'une manière opulente et sensuelle.

Edgar Degas (1834-1917), lui, aime peu le plein air excepté aux champs de courses. Il peint l'Opéra, des scènes de café (*L'Absinthe*, voir p. 212), le café-concert. Il a un sens aigu de la vie et recherche l'instantanéité du mouvement. **Henri de Toulouse-Lautrec** (1864-1901) redonne priorité à la ligne dans ses tableaux et lithographies où il montre un sens de l'observation vif et mordant. Il est un novateur dans l'art de l'affiche et influencera tous les créateurs de la première moitié du XXᵉ siècle.

Seurat et le divisionnisme

Le néo-impressionnisme, ou **divisionnisme**, semble à première vue le prolongement de l'impressionnisme, mais à la fraîcheur de la sensation spontanée fait place une démarche scientifique rigoureuse qui sera poussée jusqu'au **pointillisme**. Les peintres développent d'une façon systématique l'analyse des effets du mélange optique des couleurs. **Seurat***, le chef de file du groupe pointilliste, fréquente les physiciens et partage les idées du savant **Charles Henry** sur les rapports entre directions, couleurs et sensations. **Signac** lui-même applique ces principes, mais évitera par la suite cette voie des compositions décoratives froidement calculées.

Au-delà de l'impressionnisme

Le post-impressionnisme regroupe un ensemble de mouvements artistiques divers. Trois artistes isolés, Van Gogh, Gauguin, Cézanne, tous influencés un moment par le langage impressionniste, constituent les figures majeures de cette période. **Vincent Van Gogh***, venu de Hollande, débarque à Paris en 1886 et découvre l'impressionnisme. Il se convertit avec enthousiasme à la peinture claire, mais ne renoncera jamais à architecturer les formes par des cernes souvent très accusés. Il s'éloigne rapidement des impressionnistes en se réfugiant en Provence pour travailler dans un esprit qui annonce l'expressionnisme. **Paul Gauguin** (1848-1903) participe à la 5ᵉ exposition impressionniste. Initié par Pissarro, puis attaché à Cézanne et finalement à Van Gogh, il quitte ceux-ci pour s'intéresser, à Pont-Aven, au procédé du cloisonnisme, inventé par Émile Bernard. Ce procédé consiste à peindre en teintes plates, en cernant les formes d'un trait fort,

Vincent VAN GOGH (1853-1890),
Le Père Tanguy (vers 1887).
Musée Rodin, Paris.
© Photo Hubert Josse.

Paul Cézanne (1839-1906), *La Maison du pendu* (1872-73).
Musée d'Orsay, Paris. © Erich Lessing/Magnum.

comme on le voit sur les estampes japonaises. Issu du groupe de Pont-Aven, Sérusier transmettra cette formule aux futurs nabis. La peinture de Gauguin est chargée de symboles souvent mystiques. Il devient, lorsqu'il s'installe à Tahiti, le chantre de la sensualité et du mystère des peuples primitifs. **Paul Cézanne*** oublie ses couleurs sombres et ses empâtements fougueux de jeunesse auprès de Pissarro à Auvers-sur-Oise. Il adopte la facture impressionniste et analyse la lumière avec une touche colorée. Il travaille avec lenteur et méthode pour associer, dans la justesse du ton, la lumière impressionniste avec la rigueur de la forme et du volume. « *Quand la couleur est à sa richesse*, enseigne-t-il à Émile Bernard, *la forme est à sa plénitude.* » Son sens de la construction servira de point de départ à la peinture du XXᵉ siècle.

Les macchiaioli (ou « tachistes ») donnent un renouveau à la peinture italienne de la fin du XIXᵉ siècle. Ils s'efforcent de conserver à leurs œuvres la fraîcheur de l'esquisse• avec une construction de taches colorées. Ils saisissent l'importance du mouvement impressionniste et en assurent la diffusion dans le contexte italien.

Critique relative à la 2ᵉ exposition des impressionnistes

« La rue Le Peletier a du malheur : après l'incendie de l'Opéra, voici un nouveau désastre qui s'abat sur le quartier. On vient d'ouvrir chez Durand-Ruel une exposition qu'on dit être de peinture. [...] Cinq ou six aliénés, dont une femme, un groupe de malheureux atteints de la folie de l'ambition, s'y sont donné rendez-vous pour exposer leurs œuvres. [...] Ces soi-disant artistes s'intitulent "les intransigeants, les impressionnistes", ils prennent des toiles, de la couleur et des brosses, jettent au hasard quelques tons et signent le tout. [...] Essayez donc de faire comprendre raison à M. Degas : dites-lui qu'il y a en art quelques qualités ayant nom : le dessin, la couleur, l'exécution, la volonté, il vous rira au nez. [...] Essayez donc d'expliquer à M. Renoir que le torse d'une femme n'est pas un amas de chairs en décomposition avec des taches vertes, violettes, qui dénotent l'état de complète putréfaction dans un cadavre ! »
Albert Wolff, *Le Figaro*, 3 avril 1876.

L'Atelier du peintre (1855)

Gustave COURBET (1819-1877), Paris, musée d'Orsay.

© Dagli Orti.

À l'occasion de l'Exposition universelle à Paris en 1855, le ministre des Beaux-Arts, le comte de Nieuwerkerke, demande à Courbet de peindre un important tableau en faisant abandon des aspects les plus controversés de son art. Courbet, indigné par cette requête, présente *L'Atelier du peintre*. Le jury refuse sa toile ainsi que d'autres de ses œuvres. Courbet décide alors de monter sa propre exposition dans un bâtiment temporaire, le « Pavillon du réalisme », en face de la manifestation officielle, et de publier un catalogue où figure le *Manifeste du réalisme*.

Le sujet

L'œuvre, appelée par Courbet « *L'Atelier du peintre, allégorie réelle déterminant une phase de sept années de ma vie artistique* », a des dimensions considérables : 5,98 m de long par 3,59 m de haut. À propos de son tableau, Courbet écrit : « Je suis au milieu peignant, à droite sont les actionnaires, c'est-à-dire les amis, les travailleurs, les amateurs du monde de l'art. À gauche, l'autre monde de la vie triviale, le peuple, la misère, la pauvreté, la richesse, les exploités, les exploiteurs, les gens qui vivent de la mort… »

L'expression – le sens

Avec cette toile, Courbet montre son indépendance vis-à-vis du régime impérial qui lui avait commandé un tableau avec un sujet imposé. Il affirme l'importance grandissante des classes populaires et de la paysannerie opprimées. Il rejette l'idéalisation artistique en tournant en dérision la muse soufflant l'inspiration à l'artiste, et remplace ici la muse par un modèle nu qui vient de jeter ses jupons à terre. Courbet donne à tous les personnages et aux objets représentés sur sa toile un sens symbolique, mais ramène volontairement chaque symbole au niveau d'une représentation très réaliste.

Ainsi, cette œuvre constitue une attaque majeure contre les conventions académiques. En se plaçant seul et isolé au centre de la toile, Courbet affirme son individualisme et montre quelle place primordiale l'artiste occupe dans la société.

La composition

Courbet organise son tableau comme une scène de Jugement dernier sculptée sur un tympan de cathédrale. Athée convaincu, il prend par dérision la

La toile appuyée et retournée contre le mur sans ouverture traduit l'absence d'avenir de la société issue du passé.

EN ROUGE : Les 2 axes de symétrie.

EN BLEU : Le rabattement de la largeur sur la longueur.

• Chaque groupe de personnages est disposé le long d'un quart de cercle.

• Dans le rectangle A₁ B₁ C₁ D₁ se trouvent Courbet, avec son modèle et son tableau.

Derrière le rideau soulevé, l'ouverture laisse apercevoir la lumière symbolisant la pensée moderne.

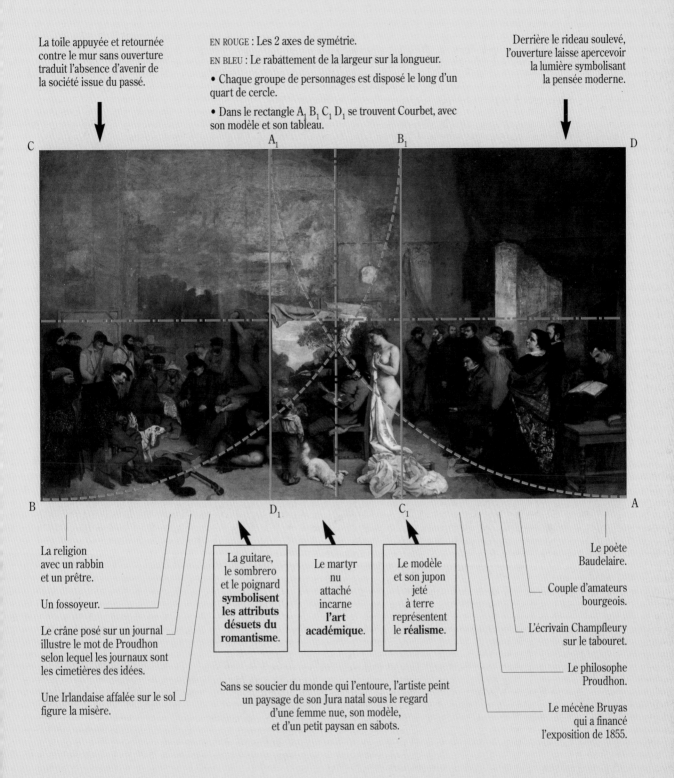

La religion avec un rabbin et un prêtre.

Un fossoyeur.

Le crâne posé sur un journal illustre le mot de Proudhon selon lequel les journaux sont les cimetières des idées.

Une Irlandaise affalée sur le sol figure la misère.

La guitare, le sombrero et le poignard **symbolisent les attributs désuets du romantisme**.

Le martyr nu attaché incarne **l'art académique**.

Le modèle et son jupon jeté à terre représentent le **réalisme**.

Le poète Baudelaire.

Couple d'amateurs bourgeois.

L'écrivain Champfleury sur le tabouret.

Le philosophe Proudhon.

Le mécène Bruyas qui a financé l'exposition de 1855.

Sans se soucier du monde qui l'entoure, l'artiste peint un paysage de son Jura natal sous le regard d'une femme nue, son modèle, et d'un petit paysan en sabots.

place de Dieu au centre pour récompenser les bons et condamner les mauvais.

La composition se répartit, selon la tradition classique, de part et d'autre de la verticale de l'axe de symétrie qui traverse la palette tenue par le peintre. Les têtes des personnages se distribuent le long de l'horizontale du deuxième axe de symétrie.

Un quart de cercle de rayon CB, ayant pour centre C, permet de construire un carré en abaissant une verticale depuis le point B₁. On obtient ainsi le carré CBC₁B₁. On peut construire avec une méthode similaire un deuxième carré DAD₁A₁.

Le rectangle A₁B₁C₁D₁ délimite une surface où sont isolés le peintre, sa toile et son modèle.

« Série » des *Gares Saint-Lazare* (1876-1877)

Claude MONET (1840-1926)

Pont de l'Europe, gare Saint-Lazare (1877).
Musée Marmottan, Paris. © Photo Hubert Josse. D.R.

Pont de l'Europe, gare Saint-Lazare (1877), détail.
Musée Marmottan, Paris. © Photo Hubert Josse. D.R.

Le chemin de fer apparaît au XIXᵉ siècle et la première voie ferrée en France date de 1823. Les grands réseaux se créent entre 1837 et 1848 et, à Paris, l'inauguration de la gare Saint-Lazare vient d'avoir lieu.

Pour les contemporains de Monet, une gare et ses machines constituent une atteinte à toute esthétique du bon goût.

Sujet

Pour les peintres impressionnistes, le train devient un nouveau thème, symbole de la modernité : **Turner** avec *Pluie, vapeur, vitesse* (1844, Londres, National Gallery), puis **Manet** avec *Chemin de fer* (1873, Washington, National Gallery).

En 1877, Monet présente huit toiles sur la gare Saint-Lazare à la 3ᵉ exposition des impressionnistes. Dans cette série des gares, il cherche à saisir le « paysage » urbain, uniquement à travers le mouvement et la lumière. En effet, sur ces toiles, on perçoit à peine la présence des maisons, de la gare avec ses trains et ses voyageurs, et Zola écrit à ce propos : « On y entend le grondement des trains qui s'engouffrent, on y voit des débordements de fumée sous de vastes hangars. »

Monet nous livre là une série d'impressions.

La Gare Saint-Lazare (1876).
© Tate Gallery, Londres. D.R.

La Gare Saint-Lazare (1877).
Musée d'Orsay, Paris.
© Photo Hubert Josse. D.R.

Expression : le sens

Après avoir découvert **Turner** lors de ses séjours en Angleterre à partir de 1870, Monet évolue. Il adopte une technique plus fluide et il choisit délibérément des sujets immatériels, impondérables et pourtant visibles, comme le brouillard ou la fumée.

Monet cherche à exprimer ces phénomènes limités dans la durée, sous des éclairages différents et à des moments variés, à travers des « séries » d'œuvres sur le même sujet. Il réalise sa première « série », celle des gares en 1876-77.

De toile en toile, Monet avance irrésistiblement avec la volonté de poursuivre la forme jusqu'à sa dégradation, et de saisir la réalité à travers l'impalpable : la lumière.

À travers les multiples variations sur un même thème, Monet cherche à fixer les fugitifs effets de la lumière. Ainsi, la vibration de la lumière définit la forme et constitue la substance même du motif. Comme un symbole de sa recherche, la verrière de la gare domine la scène, capte la lumière et la redistribue.

Par ailleurs, Monet fait disparaître les effets de perspective (plus de ciel ni de point d'horizon). Il supprime les passages et les modelés pour présenter un espace-temps réduit à deux dimensions. Les voyageurs et la locomotive s'effacent de plus en plus, jusqu'au moment où seule la vapeur suggère la présence de la gare.

À peine Monet a-t-il obtenu un résultat, qu'aussitôt il cherche à le dépasser, à aller plus loin. Les séries ne sont pas seulement à percevoir comme la multiplication d'œuvres autour d'un motif unique, mais comme un assemblage d'éléments dont la totalité doit présenter une cohérence intellectuelle. Ainsi, Monet peut dépasser l'instantanéité impressionniste et reconstituer la permanence du motif. Sa peinture, à la limite de l'informel, devient musique et nous conduit irrésistiblement vers l'abstraction lyrique, née au lendemain de la Seconde Guerre mondiale.

Salle à manger en aca-jou d'Eugène VALLIN avec des panneaux de cuir et un plafond de Victor PROUVÉ (1903).
Musée de l'École de Nancy.
© Dagli Orti.

Pendant tout le XIXᵉ siècle, les architectes proposent de renouer avec le passé en créant des pastiches associant des styles anciens différents (styles néo-byzantin, néo-gothique, néo-roman, etc.). Au milieu du siècle, un désir de briser cette tradition et de s'exprimer dans un langage neuf donne un renouveau aux arts plastiques. L'innovation en architecture passe alors par les ingénieurs qui imaginent des réalisations audacieuses en utilisant des structures en fer. Ce matériau, jusque-là peu employé, révèle son extraordinaire puissance.

En Europe, l'architecture de fer s'étend sur toute la deuxième moitié du XIXᵉ siècle. Ce style « ingénieur » triomphe avec la tour* de Gustave Eiffel à l'Exposition universelle de 1889.

Aux États-Unis, l'utilisation du fer prend un développement considérable avec l'École de Chicago. Celle-ci s'épanouit vers 1873 lors de la reconstruction de la ville après un incendie, pour s'effacer à partir de 1893 avec le retour du style historique à l'Exposition de Chicago, organisée pour le quatrième centenaire de la découverte de l'Amérique.

Par ailleurs, avec le renouveau de l'architecture, se manifeste celui des arts appliqués. Ceux-ci donnent naissance au principal mouvement artistique de la fin du XIXᵉ siècle : l'art nouveau ou « modern' style ». Ce style, d'une homogénéité relative, se précise dans les années 1890, et sa diffusion s'étend jusque vers 1905 avec quelques prolongements jusqu'à la grande cassure de la guerre de 1914.

L'Angleterre a l'initiative du mouvement, mais très rapidement se développent sur le continent des tendances similaires. La naissance des revues *Pan*, *The Studio*, *Jugend*, *L'Art décoratif*, etc., fait connaître les productions des artistes à travers toute l'Europe. L'expansion du commerce favorisera la diffusion de ce style dans le monde entier.

Chapitre 15

L'art autour de 1900

La Tour Eiffel (1889).
© Photo Lucien Hervé/Archipress.

L'ère industrielle

Galerie Victor-Emmanuel, Milan, 1865, par Guiseppe MENGONI.
© Photo S. Couturier/Archipress.

L a fin du XIXᵉ siècle sert généralement de ligne de rupture entre un état d'esprit classique et une nouvelle mentalité moderne. L'ère industrielle, amorcée dès le XVIIIᵉ siècle, succède à l'âge agricole et entraîne un bouleversement des modes de vie qui s'accélère en cette fin de siècle.

Après la mécanisation, le travail se systématise. L'artisan devient ouvrier. Le développement de l'industrie entraîne la naissance des villes ouvrières avec leurs banlieues nécessitant la construction de bâtiments d'un type nouveau, comme les gares, les marchés couverts, les immeubles de bureaux, les grands magasins, les galeries marchandes*, etc. Face à cette demande, on condamne l'abus ornemental artificiel, et c'est la fonction du bâtiment qui commande sa forme et son plan.

Le besoin d'élargir les marchés commerciaux vers d'autres pays favorise la création de réseaux ferroviaires internationaux, ainsi que la constitution d'empires coloniaux européens, en Afrique et en Asie. À la fin du XIXᵉ siècle, les nations européennes se sont partagées la quasi-totalité du monde.

Les États-Unis rejoignent le rang des grandes nations mondiales grâce à un essor prodigieux dû à une importante immigration européenne. Les Américains développent une civilisation matérialiste. L'occupation des territoires de l'Ouest, qui suivit la ruée vers l'or et le pétrole, permet aux établissements bancaires des investissements énormes.

D'autre part, une nouvelle technique de construction, économique et rapide, avec une ossature indépendante des murs, favorise l'exportation de modèles architecturaux en éléments séparés* qu'on retrouvera de Chicago à la côte du Pacifique, du Brésil au Viêt-nam. Accompagnant l'industrialisation, les progrès technologiques se multiplient. En 1866, Siemens invente la dynamo, mais l'usage de l'électricité restera pendant longtemps peu répandu. En 1876, l'Américain Bell découvre le principe du téléphone et, vers 1890, l'Italien Marconi met au point la télégraphie sans fil. En Allemagne, Daimler construit le premier moteur à explosion pour automobile en 1885. Cinq ans plus tard a lieu le premier vol de Clément Ader. En France, les frères Lumière imaginent le cinématographe en 1895 et dès 1896 s'ouvre à Paris le premier cinéma.

Dans la dernière moitié du XIXᵉ siècle, les principaux pays européens, à l'initiative de la France, abaissent leurs barrières douanières. Les expositions nationales, organisées pour faire connaître les nouvelles techniques industrielles, deviennent alors « universelles » et favorisent le développement du commerce international. Ces grandes expositions évoluent vers la conception de véritables sanctuaires dédiés au culte du progrès. La première s'ouvre à Londres en 1851. Puis la France inaugure une brillante suite d'Expositions universelles à partir de 1855. Celles de 1889* et 1900 resteront parmi les plus fastueuses. Chaque exposition donne l'occasion de faire l'étalage de la puissance économique du pays organisateur, et porte un témoignage de la volonté d'un équilibre européen.

Dans les années 1880, sous l'impulsion du socialisme alors en plein essor, naît le désir d'une amélioration des conditions de vie. Les artistes participent à cet élan en étudiant le dessin des objets quotidiens, depuis l'affiche jusqu'au bijou, en passant par la mode et le mobilier. L'idée de l'art pour tous cherche à réconcilier l'art et la société. On assiste à la construction de bâtiments, telle la Maison du Peuple à Bruxelles construite par Horta pour le Parti socialiste, mais le plus souvent, c'est le public bourgeois nouvellement enrichi qui bénéficiera de ce nouvel élan.

Charles Mackintosh crée une École des beaux-arts à Glasgow. En France, Gallé renouvelle les arts décoratifs à Nancy. Les villes de Weimar, de Barcelone ont aussi leurs productions artistiques. L'art nouveau reste donc avant tout une réaction des provinces cherchant à s'émanciper de l'art conformiste des capitales.

Les distinctions entre « arts majeurs » et « arts mineurs », entre « art » et « technique », s'atténuent. Cette synthèse de tous les arts veut aboutir à l'œuvre totale qui symboliserait les aspirations à la modernité d'une société en pleine transformation.

Maison de style « colonial » à Zévalos, Guadeloupe. Les éléments d'architecture en fer ont été construits dans les ateliers de Gustave Eiffel à Paris.
© Pix-Dusart.

Exposition universelle de 1889 à Paris. Imposante *Galerie des machines* de Dutert et Contamin. © Viollet.

L'âge du renouveau

Park Row Building en construction, 1902, New York.
© Edimedia.

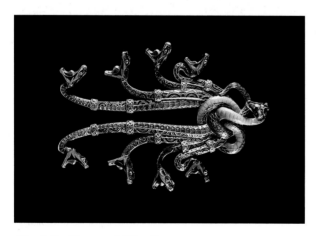

Bijou de René LALIQUE. © Edimedia.

Face à l'architecture basée sur l'utilisation de la pierre, apparaissent des propositions nouvelles caractérisées par l'utilisation du fer.

Dès 1851, pour abriter l'Exposition universelle de Londres, **J. Paxton** construit le *Crystal Palace* puis, entre 1853 et 1858 à Paris, **V. Baltard** réalise les nouvelles halles. Cette innovation où s'unissent le beau et l'utile, l'art et l'industrie, fut reprise par les ingénieurs qui proposèrent des solutions techniques permettant de transformer avec encore plus d'audace le langage architectural. **H. Baron** édifie en 1864 une gare métallique : la *Gare Saint-Pancras* à Londres. **Dutert** et **Contamin** réalisent la *Galerie des machines** (p. 229) pour l'Exposition universelle de Paris en 1889 avec une travée d'une seule portée de 115 m x 420 m. **Gustave Eiffel** (1832-1923), d'abord formé à la construction des ponts (ponts de Porto et de Bordeaux, viaduc de Garabit), s'intéresse aux problèmes de résistance au vent et érige en 1889 la célèbre *Tour Eiffel*.

Aux États-Unis l'incendie de Chicago en 1871 fournit l'occasion de réfléchir sur de nouveaux procédés de construction utilisant des structures en fer avec un habillage de briques pour rendre les immeubles incombustibles. Ces édifices très simples, réduits en grande partie à leur squelette, offrent de grandes surfaces vitrées permettant une utilisation totale des immenses espaces intérieurs. On désigne sous le nom d'**École de Chicago** ce mouvement architectural qui se développa sous l'impulsion de **William Le Baron Jenney** (le *Home Insurance Building*, 1883-1885). Un de ses élèves, **Louis Sullivan** (1856-1924), travaille en association avec l'ingénieur **Adler** jusqu'en 1895. Sullivan définit un nouveau prototype d'immeubles : l'immeuble de bureaux. Il met l'accent sur les lignes verticales de ces bâtiments. Il crée un style américain basé sur des effets de puissance sans renier l'apport discret d'un décor art nouveau. Le prix de plus en plus prohibitif des terrains entraîne une multiplication du nombre de niveaux, et la mise au point de l'ascenseur électrique en 1881 permet de construire des gratte-ciel de plus en plus hauts*.

L'art nouveau

Dans la dernière décennie du siècle, les artistes osent rompre avec la dépendance à l'égard du passé. Les métiers d'art connaissent un nouvel essor. Les artisans dessinent des objets à la fois éloignés de la copie archéologique et de la banalité des productions industrielles. À cette volonté de s'exprimer dans un langage neuf vient s'ajouter un autre désir : celui de donner à l'art une fonction sociale, de le mettre à la portée de tous. Les artistes cherchent à rétablir un lien entre l'art et la collectivité en se tournant vers des créations concernant la vie quotidienne (mode, bijouterie, livre, affiche, habitat...). Le besoin d'échapper aux contraintes de la tradition unit toutes les recherches souvent aux antipodes les unes des autres. Ainsi la souplesse d'un bijou de Lalique* s'oppose à première vue à la raideur des couverts d'Hoffmann.

À l'origine de l'art nouveau, nous rencontrons les préoccupations des artistes anglais comme **William Morris** (inspiré par les préraphaélites), **Voysex**, puis **Mackintosh**. Sous l'influence de ce « modern' style » d'outre-Manche, les initiatives se multiplient dans le reste de l'Europe. Un esprit commun se retrouve sous des appellations différentes : « art nouveau » en France et en Belgique, « style Liberty » en Italie, « Jugendstil » en Allemagne, « Sezessionstil » en Autriche, « Modernisto » à Barcelone.

En France, les arts mineurs retrouvent une faveur auprès du public grâce à l'École de Nancy animée par **Émile Gallé** (1846-1904). Dans ce groupe, **L. Majorelle** et **E. Vallin*** (p. 226) tentent de retrouver la force organique de la plante dans le dessin des meubles. À Paris, **Hector Guimard** se rend célèbre en dessinant les entrées des stations de métro et divers immeubles particuliers dits de « style nouille ». En Belgique, **Henry Van de Velde** abandonne la peinture pour se consacrer aux métiers d'art et à l'architecture. Autour de lui se rassemblent des architectes comme **Paul Hankar** et **Victor Horta** (1861-1947).

En Espagne, le renouveau artistique apparaît à Barcelone où s'élèvent les architectures fantastiques de **Antonio Gaudi**. Cet architecte crée une cathédrale, **la Sagrada Familia**, où l'exaltation lyrique, combinée à la verve imaginative, impose un dépaysement total. Son tempérament hyperbaroque explose dans la construction des maisons Guell, Battló* et Mila.

Les artistes se laissent prendre par le vertige de la création ornementale, par les compositions asymétriques ou par les rythmes graphiques de la ligne « coup de fouet ». À l'exaspération de la ligne courbe, évoquant souvent l'image de la fleur et de la femme, répondent les protestations des architectes d'outre-Rhin : en Allemagne **Behrens** ou **Loos**, et en Autriche **Otto Wagner**, **Josef Hoffmann** ou **Olbrich**, l'architecte de la maison de la Sécession* à Vienne. Sous l'influence de l'Écossais Mackintosh, ils préconisent un décor fondé sur la simplicité rigoureuse des formes quadrangulaires, en faisant coïncider le décoratif et le fonctionnel, puis en s'orientant vers le dépouillement, prémices du style du XXe siècle.

La plupart des grands peintres de la fin du siècle n'échappent pas à l'influence de l'art nouveau, de Gauguin à Hodler, de Toulouse-Lautrec à Klimt, des nabis aux expressionnistes.

Antonio GAUDI (1852-1926),
Casa Battló, Barcelone (1905-07).
© Photo Luc Bœgly/Archipress.

Josef Maria OLBRICH, *le Pavillon de la Sécession* (1898) à Vienne.
© Œsterreich Werbung.

Hôtel Tassel

(Bruxelles, 1893) par Victor HORTA

Après quelques réalisations, Victor Horta (1861-1947) reste pendant près de sept ans à réfléchir sur un nouveau langage plastique architectural.

Ses recherches aboutissent en 1893 à la construction de l'hôtel Tassel, 12 rue de Turin, à Bruxelles. Horta peut y mettre en pratique, pour la première fois, toutes ses idées fondamentales.

– Rénovation du plan

Dans la maison, il bannit le corridor et les pièces en enfilade. L'escalier placé au centre de la maison sert en quelque sorte de trait d'union entre toutes les parties de l'édifice. Cette disposition crée des espaces fluides qui s'ouvrent les uns sur les autres.

– Utilisation du fer dans la plastique architecturale

Horta est l'un des premiers à avoir introduit l'usage du fer dans l'architecture domestique. Presque partout les systèmes d'assemblage, les rivetages restent apparents comme on le pratiquait jusqu'ici dans les bâtiments utilitaires industriels.

– Primauté de la ligne courbe

Partout s'impose un incroyable hymne à la courbe inspiré du règne végétal. Des sortes de lianes ou des vrilles de vigne, des lignes en « coup de fouet » forment des tourbillons avec des mouvements opposés ou contraires. Les détails de la rampe d'escalier, les potelets, les poutrelles, les éléments métalliques qui les prolongent, s'harmonisent dans un mouvement exubérant. Les mêmes motifs végétaux rampent aussi sur la mosaïque du sol et grimpent sur les peintures des murs.

À Bruxelles, l'étroitesse des parcelles constructibles obligeait à agrandir l'intérieur des bâtiments par des moyens artificiels. Pour résoudre ce problème, Horta installe une grande verrière diffusant la lumière d'en haut, à travers les étages, ouvrant ainsi le bâtiment à la verticale, ou bien encore des miroirs se faisant face, élargissant l'espace à l'infini.

En phase avec les recherches techniques des ingénieurs, Horta exploite toutes les possibilités architectoniques de l'acier. Il ose également utiliser celui-ci jusque dans la décoration. Horta apporte une réponse concrète à la question de l'unité de l'art. Il articule les rapports entre la structure, les matériaux et l'ornement, en devenant tour à tour ingénieur, décorateur, ensemblier et coloriste.

Façade.
Les structures métalliques internes apparaissent visiblement sur la façade dans les montants des grandes baies vitrées.
© Ch. Bastin et J. Evrard.

Vue intérieure
montrant la variété des sources de lumière.
© Ch. Bastin et J. Evrard.

Hall d'entrée.
© Ch. Bastin et J. Evrard.

Détail des supports.
Le formel et le fonctionnel entrent en symbiose. On ne sait y reconnaître la subordination de l'un par rapport à l'autre ; l'ornement répond à la même finalité que l'élément structurel.
© Ch. Bastin et J. Evrard.

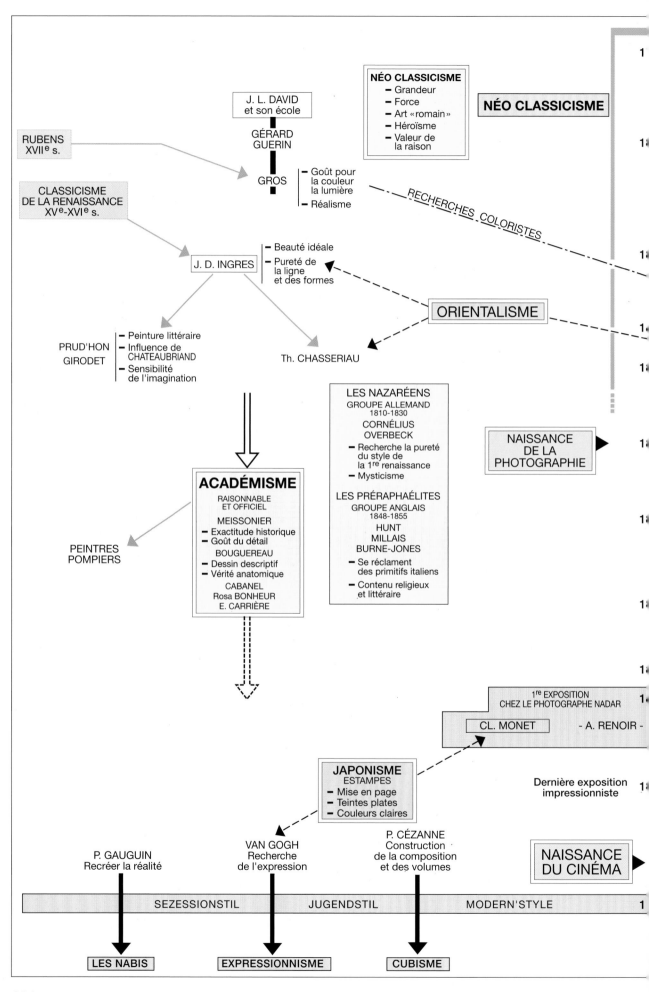

NÉO CLASSICISME
- Grandeur
- Force
- Art «romain»
- Héroïsme
- Valeur de la raison

NÉO CLASSICISME

J. L. DAVID et son école

GÉRARD
GUERIN

GROS

- Goût pour la couleur la lumière
- Réalisme

RUBENS
XVIIe s.

CLASSICISME
DE LA RENAISSANCE
XVe-XVIe s.

RECHERCHES COLORISTES

J. D. INGRES
- Beauté idéale
- Pureté de la ligne et des formes

ORIENTALISME

PRUD'HON
GIRODET
- Peinture littéraire
- Influence de CHATEAUBRIAND
- Sensibilité de l'imagination

Th. CHASSERIAU

LES NAZARÉENS
GROUPE ALLEMAND
1810-1830
CORNÉLIUS
OVERBECK
- Recherche la pureté du style de la 1re renaissance
- Mysticisme

LES PRÉRAPHAÉLITES
GROUPE ANGLAIS
1848-1855
HUNT
MILLAIS
BURNE-JONES
- Se réclament des primitifs italiens
- Contenu religieux et littéraire

NAISSANCE
DE LA
PHOTOGRAPHIE

ACADÉMISME
RAISONNABLE
ET OFFICIEL
MEISSONIER
- Exactitude historique
- Goût du détail
BOUGUEREAU
- Dessin descriptif
- Vérité anatomique
CABANEL
Rosa BONHEUR
E. CARRIÈRE

PEINTRES
POMPIERS

1re EXPOSITION
CHEZ LE PHOTOGRAPHE NADAR

CL. MONET   - A. RENOIR -

JAPONISME
ESTAMPES
- Mise en page
- Teintes plates
- Couleurs claires

Dernière exposition
impressionniste

VAN GOGH
Recherche
de l'expression

P. CÉZANNE
Construction
de la composition
et des volumes

**NAISSANCE
DU CINÉMA**

P. GAUGUIN
Recréer la réalité

SEZESSIONSTIL   JUGENDSTIL   MODERN'STYLE

LES NABIS   EXPRESSIONNISME   CUBISME

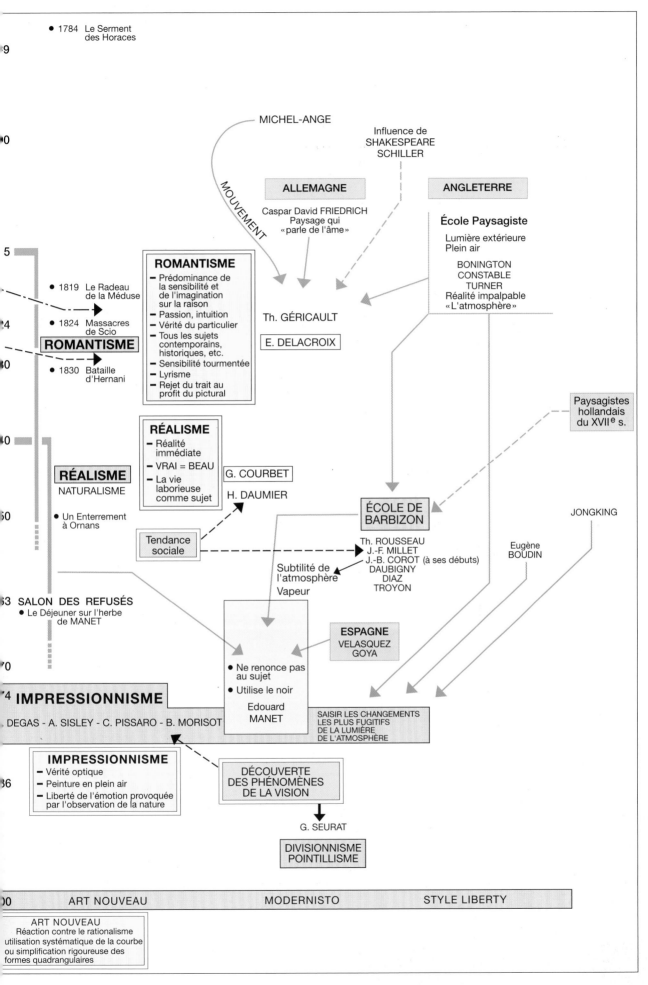

● 1784 Le Serment
        des Horaces

MICHEL-ANGE

Influence de
SHAKESPEARE
SCHILLER

MOUVEMENT

ALLEMAGNE

Caspar David FRIEDRICH
Paysage qui
« parle de l'âme »

ANGLETERRE

École Paysagiste

Lumière extérieure
Plein air

BONINGTON
CONSTABLE
TURNER
Réalité impalpable
« L'atmosphère »

● 1819 Le Radeau
        de la Méduse

● 1824 Massacres
        de Scio

ROMANTISME

● 1830 Bataille
        d'Hernani

ROMANTISME
– Prédominance de
  la sensibilité et
  de l'imagination
  sur la raison
– Passion, intuition
– Vérité du particulier
– Tous les sujets
  contemporains,
  historiques, etc.
– Sensibilité tourmentée
– Lyrisme
– Rejet du trait au
  profit du pictural

Th. GÉRICAULT

E. DELACROIX

RÉALISME

NATURALISME

RÉALISME
– Réalité
  immédiate
– VRAI = BEAU
– La vie
  laborieuse
  comme sujet

G. COURBET

H. DAUMIER

Paysagistes
hollandais
du XVIIe s.

● Un Enterrement
  à Ornans

Tendance
sociale

**ÉCOLE DE
BARBIZON**

JONGKING

Th. ROUSSEAU
J.-F. MILLET
J.-B. COROT (à ses débuts)
DAUBIGNY
DIAZ
TROYON

Eugène
BOUDIN

Subtilité de
l'atmosphère
Vapeur

63 SALON DES REFUSÉS
● Le Déjeuner sur l'herbe
  de MANET

ESPAGNE
VELASQUEZ
GOYA

● Ne renonce pas
  au sujet
● Utilise le noir

Edouard
MANET

74 **IMPRESSIONNISME**

, DEGAS - A. SISLEY - C. PISSARO - B. MORISOT

SAISIR LES CHANGEMENTS
LES PLUS FUGITIFS
DE LA LUMIÈRE
DE L'ATMOSPHÈRE

IMPRESSIONNISME
– Vérité optique
– Peinture en plein air
– Liberté de l'émotion provoquée
  par l'observation de la nature

DÉCOUVERTE
DES PHÉNOMÈNES
DE LA VISION

G. SEURAT

DIVISIONNISME
POINTILLISME

ART NOUVEAU   MODERNISTO   STYLE LIBERTY

ART NOUVEAU
Réaction contre le rationalisme
utilisation systématique de la courbe
ou simplification rigoureuse des
formes quadrangulaires

235

Cinquième partie

L'art du XXᵉ siècle

Les bases du XXᵉ siècle :
cubisme et futurisme

L'art informel et l'abstraction
géométrique

L'art figuratif : le regard subjectif

Les mondes picturaux du surréel

L'art en tant que processus :
mouvement et action

Art et fonction : l'architecture et le design

Déformation, liberté de la couleur, nouveaux modes de représentation de l'espace, abstraction née du geste lyrique ou de la géométrie, rejet de la « forme close », mélanges de formes, diversité de matériaux, éclatement des catégories : autant d'idées qui viennent à l'esprit de qui pense à l'art du XXᵉ siècle. L'art tour à tour jeu, protestation, critique, invitation à la réflexion, élément perturbateur : autant de fonctions souvent évoquées. L'art du XXᵉ siècle est dédaigné, tourné en dérision, interdit, brûlé, mais également fêté, glorifié, utilisé et commercialisé. Il se développe tantôt dans la continuité de l'art du XIXᵉ siècle, tantôt en opposition avec lui. Toutefois, les transformations s'opèrent de manière saccadée, dynamique, contradictoire, et à différents niveaux.

La photographie joue un rôle décisif dans l'évolution de l'art. En effet, elle ne se contente pas de lancer un défi à l'art et de l'inspirer en redéfinissant son rapport à la réalité et à l'imitation. Elle est de plus la condition préalable à de nouvelles techniques de reproduction qui s'inscrivent dans le cadre du développement des médias visuels.

On attend de l'art une innovation permanente et une certaine originalité qui, ajoutées à la prise en compte d'intérêts artistiques et thématiques spécifiques, sont autant de facteurs qui concourent à la diffusion de l'art liée aux conditions du marché.

Le subjectif est particulièrement mis en relief à travers la diversité des styles, des techniques, des matériaux, des thèmes et des intentions, ce que traduisent également manifestes et autres proclamations qui sont souvent des déclarations, des directives et des justifications destinées à accompagner l'apparition de conceptions nouvelles de l'art. L'art est inspiré de la nature, chaotique, dépendant du hasard, non structuré, et, à l'opposé, il s'appuie sur des systèmes construits selon un ordre géométrique. Il se veut figuratif ou au contraire abstrait. Les systèmes et les critères rigides font place à l'invention de nouvelles règles et à l'autonomie. Dans une certaine mesure, cette constatation s'applique aussi à la réception : l'art ne fait pas de déclaration dogmatique et obligatoire ; il est une offre qu'il faut accepter et solliciter. Il est le miroir de notre siècle dynamique, complexe et contradictoire. Les six chapitres qui suivent ne donnent qu'un aperçu de la diversité des mouvements. Ils s'efforcent de mettre en évidence les tendances et mutations caractéristiques qui, malgré les graves ruptures que représentent les deux guerres mondiales, font apparaître l'évolution de l'art comme un processus dynamique.

La complexité de notre époque

Gustav KLIMT (1862-1918),
Le Baiser (1908), (huile sur toile, 180 cm x 180 cm).
Galerie autrichienne, Vienne.
© 1986 Erich Lessing/Magnum.

Grandeurs et craintes du XXᵉ siècle

Sous les yeux de 3,5 millions de téléspectateurs, l'astronaute américain Neil Armstrong marche sur la Lune le 21 juillet 1969. Avec le triomphe technologique qu'ont successivement représenté le vol en ballon des frères de Montgolfier (1783), le vol motorisé des frères Wright (1903) et l'envoi de la fusée de Wernher von Braun (1942), la vision de Jules Verne (1865) est devenue réalité. Mais il ne faut pas oublier le revers de la médaille : des bombes sont larguées à partir des ballons et des avions, la fusée devient une arme, la recherche aérospatiale et l'informatique servent des buts militaires. La conquête de la Lune s'effectue à une époque où l'humanité est consciente du fait qu'elle peut être totalement anéantie. Cette prise de conscience est renforcée par le spectacle épouvantable qui a suivi le lancement de la première bombe atomique sur Hiroshima en 1945, et l'accident de la centrale nucléaire de Tchernobyl en 1986. Notre époque est marquée par l'espoir que nous inspire le progrès et l'utopie d'un monde juste et pacifique, mais aussi par l'incertitude et la peur de la menace nucléaire et de la destruction de l'environnement. C'est cette ambivalence qui transparaît de manière plus ou moins claire dans l'art du XXᵉ siècle.

Ce rapport complexe à la vie est exprimé de manière cachée dans le tableau de Klimt. *Le Baiser**. En utilisant le fond d'or, sécularisé par les tableaux du Moyen Âge, Klimt élève l'instant de bonheur terrestre au niveau d'une précieuse atemporalité qui contraste volontairement avec l'homme ordinaire de la grande ville, et évoque une idylle liée à la nature. Au XXᵉ siècle, l'accent est mis sur l'individu en tant que sujet, qu'il convient de replacer dans le contexte d'une nouvelle image de l'homme née de la biologie moderne (théorie évolutionniste de Darwin), de la psychanalyse (Freud) et de la philosophie (existentialisme, phénoménologie). À la croyance positiviste de la possibilité inconditionnelle de tout dominer, s'oppose une théorie évolutionniste de la connaissance qui se fonde plus sur des probabilités que sur un savoir figé, déterminé. Le caractère de l'art, ouvert et empreint de subjectivité, reflète cette attitude.

Cependant, nombreux sont les artistes chez qui le scepticisme grandit face à l'aliénation engendrée par le progrès mécanique, et qui semble confirmé par l'horreur de la Première Guerre mondiale. Ses conséquences sociales et politiques font l'objet d'une thématisation critique*. Par ailleurs, le progrès technologique, qui permet la mise au point de nouveaux matériaux (béton armé, matières plas-

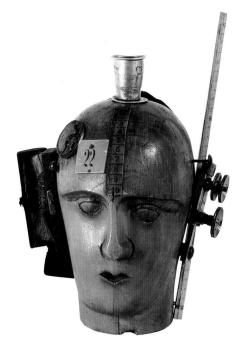

Raoul HAUSMANN (1886-1971),
L'Esprit de notre temps (1921), (H. 32 cm).
Musée national d'Art moderne, Paris.
© Photo Ph. Migeat. ADAGP, Paris 1995.

tiques, peintures synthétiques), de nouvelles techniques de reproduction, et l'apparition de nouveaux médias, motivent aussi des expériences artistiques, la recherche d'innovation et de l'essence des choses. Le photomontage réalisé par Paul Citroën, à partir de cartes postales et de coupures de photographies, révèle à la fois une fascination et un malaise face à la grande métropole moderne* qui inspire à Fritz Lang le film du même nom *Metropolis* (1926). Les événements politiques exercent une influence décisive sur l'art. Picasso condamne la destruction de Guernica par les bombardiers allemands, l'Allemagne s'étant alliée à Franco dans la guerre civile espagnole. Son tableau de grandes dimensions*, réalisé pour le Pavillon espagnol de l'Exposition universelle de Paris en 1937, apparaît, au-delà des circonstances du moment, comme une condamnation de toutes les guerres.

L'art au service du pouvoir

Lors de l'exposition de 1937, l'aspect martial du Pavillon allemand et les sculptures monumentales de Josef Thorak, qui y sont exposées, manifestent l'idéologie de l'art nazi. Les nazis décrètent que l'art moderne est malade et le mettent au pilori, à partir de 1937, au cours de l'exposition itinérante intitulée « Art dégénéré ». L'art moderne est banni des musées ; les artistes subissent l'interdiction de peindre ; beaucoup d'entre eux émigrent. L'art

Paul CITROËN (1896-1984), *Metropolis* (1923), (photomontage 76 x 57 cm).
Cabinet des Estampes, Leyde.
© Photo Giraudon. SPADEM, 1995.

Pablo PICASSO (1881-1973), *Guernica* (1937).
Huile sur toile (349 x 780 cm).
Casón du Buen Retiro, musée du Prado, Madrid.
© Dagli Orti. SPADEM, 1995.

« officiel » se présente, en architecture et en sculpture, dans un style classique monumental censé symboliser la revendication du pouvoir et l'emphase du système totalitaire. La peinture et l'estampe•, dont beaucoup d'œuvres illustrent des thèmes idéologiques et de propagande, se conforment à un naturalisme conventionnel. Le Pavillon soviétique, tout aussi martial, se dresse en face du Pavillon allemand. Un couple allégorique (*L'Ouvrier et la Kolkhozienne*)* y parade. Il exhibe de façon théâtrale les symboles de la souveraineté du système soviétique, la faucille et le marteau : c'est un exemple du « réalisme socialiste », art de propagande qu'en 1932 Staline déclare art officiel.

Wera Ignatjewna MUCHINA (1889-1953), *L'Ouvrier et la Kolkhozienne* (1937). Plaque d'acier (H. 25 m). Conçu par B. Jofan pour le Pavillon soviétique de l'Exposition universelle de Paris. © Cros Ginette/Explorer.

Ossip ZADKINE (1890-1967), *Monument à la « ville morte »* (1953). Bronze (H. 260 cm). Rotterdam. © Dagli Orti. SPADEM, 1995.

Eduardo PAOLOZZI (né en 1924), *La Dernière Idole* (1963). Aluminium, peinture à l'huile (244 x 71 x 64 cm). Musée Ludwig, Cologne. © Rheinisches Bildarchiv, Cologne. D. R.

Diversité de la création

La sculpture d'Ossip Zadkine*, parce qu'elle est avant tout invention d'une figure humaine évidée, désarticulée, clouée par un x à son socle, est plus convaincante que l'œuvre de Muchina. C'est un monument bouleversant contre l'inhumanité de la guerre. La fin de la Seconde Guerre mondiale change le monde en le divisant en deux camps : l'un capitaliste et démocratique et l'autre socialiste. L'U.R.S.S. impose le réalisme socialiste dans le bloc socialiste, où les artistes ne peuvent se soustraire à sa tutelle que sous certaines conditions. C'est en Pologne que la liberté est la moins entravée. L'art ne pourra se développer librement qu'après la fin de la domination soviétique, en 1991. À l'Ouest, le marché de l'art stimule une production innovante et expérimentale variée qui, soit reprend les courants d'avant-guerre, soit prend de nouvelles orientations. C'est ainsi que l'art met en valeur les produits d'une société de consommation en les intégrant dans la création artistique et se fait le témoin de l'histoire contemporaine en reprenant le vocabulaire quotidien des médias*. Les artistes contemporains du monde entier, qui communiquent étroitement entre eux, sont très sensibles aux événements politiques, économiques, scientifiques et culturels – ce qui fait que leur art global, correspond à un monde complexe avec toutes ses contradictions.

Robert RAUSCHENBERG (né en 1925),
Retroactive I (1964).
Huile sur toile et report sérigraphique (213,3 x 152,4 cm).
© ADAGP, Paris 1995.

Marcel DUCHAMP (1887-1968),
Nu descendant l'escalier (1912).
Huile sur toile (146 x 89 cm).
Musée des Beaux-Arts, Philadelphie.
© Edimedia. ADAGP, Paris 1995.

En 1913, a lieu à New York l'exposition « *Armory Show* », destinée à présenter aux Américains, pour la première fois, une vue d'ensemble de l'art moderne européen. Les 1100 œuvres d'art exposées déclenchent un énorme scandale. Le tableau de Marcel Duchamp*, notamment, suscite l'indignation, parce qu'il n'est pas conforme aux habitudes visuelles. Le personnage et le fond sont étroitement unis ; l'illusion de l'espace, obtenue grâce à la perspective donnée par des lignes de fuite, technique habituelle depuis la Renaissance, a été atténuée au profit d'une peinture plus aplatie. Au lieu d'un être humain fidèlement représenté, on n'y reconnaît que des éléments imbriqués, aux arêtes vives, que seul un examen précis, guidé par le titre du tableau, permet de regrouper comme des phases du mouvement décomposé d'un même personnage représenté à différents niveaux de l'escalier. Duchamp associe ici le dynamisme et la simultanéité de l'art futuriste à une organisation systématique du tableau à l'aide d'éléments en facettes, qui correspond aux principes du cubisme. Les cubistes s'efforcent, comme Cézanne, de faire apparaître clairement la construction de leurs tableaux. Le conseil de Cézanne, « traiter la nature par le cylindre, la sphère et le cône », trouve sa réalisation dans le cubisme. En 1913, le poète Guillaume Apollinaire écrit : « *Ce qui distingue le cubisme de la peinture traditionnelle, c'est le fait qu'il n'est plus un art d'imitation, mais un art de représentation qui cherche à s'élever jusqu'à être une nouvelle création.* » Il ne s'agit pas de représenter la réalité vue, mais la réalité reconnue : principe que des sculpteurs reprennent eux aussi à leur compte, comme Archipenko*, qui obtient des formes nouvelles par la recherche de l'abstraction cubiste et de l'équilibre entre les personnages et l'espace qui les entoure.

Chapitre 16

Les bases du XXᵉ siècle : cubisme et futurisme

Alexander ARCHIPENKO (1887-1964), *Tête* (1913).
Musée d'Art moderne, Rome.
© Dagli Orti. D. R.

Le cubisme

Georges BRAQUE (1882-1963), *Le Portugais* (1911).
Huile sur bois (117 x 81,5 cm). Künstmuseum, Bâle.
© Giraudon. ADAGP, Paris 1995.

Pablo PICASSO (1881-1973),
Nature morte à la chaise cannée (1912).
Collage (29 x 37 cm). Musée Picasso, Paris.
© Photo R.M.N. - SPADEM, 1995.

Le cubisme analytique

Georges Braque, artiste français, et **Pablo Picasso**, Espagnol vivant à Paris, développent ensemble le cubisme à partir de 1908. Encouragés par le marchand de tableaux allemand **Daniel Kahnweiler** et soutenus par la pensée du poète **Guillaume Apollinaire**, ils ne s'imposent qu'avec peine à un public qui les critique et les refuse. Le mot « cubique », que les critiques ont employé avec un mélange de raillerie et de dédain, ne doit s'entendre que comme une tendance dominante dans les formes, comme le montre le tableau de **Braque** *Le Portugais**. Alors que les premiers paysages peints par **Braque** et **Picasso**, selon les préceptes de **Cézanne**, font effectivement apparaître des motifs simplifiés par une décomposition en cubes, nous ne retrouvons pas de cubes ici, mais une surface structurée, de manière relativement uniforme, en facettes et éclats anguleux, en demi-ronds ouverts le plus souvent. Ce n'est qu'avec peine et à force d'associations qu'on peut y distinguer un homme avec une guitare. « *Le sujet*, écrit **Braque**, *ce n'est pas l'objet, mais la nouvelle unité, le lyrisme, qui ressort entièrement des moyens employés.* » À une époque où les rayons X permettent de voir à travers la matière et où de nouvelles techniques rendent visible le monde microscopique, les artistes, ne se souciant plus d'une représentation illusionniste de la réalité, s'intéressent eux aussi à l'analyse par le regard qui met à nu et rend visible la structure géométrique profonde des choses. Renonçant à un point de vue fixe, le peintre montre le caractère tridimensionnel des corps dans la simultanéité, en le fragmentant sur les deux dimensions de la surface. Bien sûr, il ne s'agit pas d'observer simplement des règles comme pour dessiner une boîte pliante en plan, ce n'est pas là une imitation de la nature, mais une nouvelle création. Les éléments prennent leur indépendance, l'objet perd de plus en plus d'importance, et la gamme de couleurs se réduit à des teintes grises et brunes. Ce **cubisme analytique** ne doit donc pas être interprété seulement comme un style nouveau, mais plutôt comme une nouvelle vision du monde, comme une connaissance esthétique et une pénétration du monde qui viennent s'ajouter à l'image du monde que donnent les sciences de la nature et la philosophie.

Le cubisme synthétique

Outre les fragments, le tableau de **Braque** comporte aussi des chiffres et des lettres de l'alphabet. L'insertion de tels signes annonce l'évolution logique vers le **cubisme synthétique**, qui s'épanouit dans les années 1913 et 1914. Le premier collage est réalisé par **Picasso** dans la *Nature morte à la chaise cannée**. Au motif de la nature morte rendu par fragmentation analytique, Picasso colle sur sa toile un morceau de toile cirée imprimée d'un motif de cannage et entoure le tableau ovale d'une grosse corde. C'est ainsi qu'il fait naître le principe du collage, qui marquera durablement l'art du XXᵉ siècle. Des éléments de la réalité de tous les jours, peints, dessinés et directement pris dans le réel, par exemple des coupures de papier journal collées ou des fragments d'objets insérés sur la toile, permettent au tableau de retrouver une nouvelle synthèse. Les frontières traditionnelles de l'art sont dépassées ; l'estampe, la peinture et la sculpture peuvent dès lors se fondre dans une seule œuvre. La réalité reconnaissable se retrouve dans le tableau sous forme de fragments caractéristiques. Non seulement le cubisme synthétique opère un retour à la couleur par l'usage des papiers collés et le trompe-l'œil de collages peints, mais il redonne au tableau l'impression de matérialité et d'atmosphère en structurant la peinture et en introduisant des éléments de collage le plus souvent préfabriqués.

Très vite, d'autres artistes parisiens adhèrent au cubisme, parmi lesquels **Marcoussis** (1883-1941), né à Varsovie, **Jean Metzinger** (1883-1957) et **Albert Gleizes** (1881-1953). L'Espagnol **Juan Gris*** devient un représentant important du cubisme synthétique. En 1912 un groupe d'artistes, dont font partie les frères **Duchamp** et **Roger de La Fresnaye**, fonde la « Section d'Or ».

Pour beaucoup, tels **Marcel Duchamp** (1887-1968) ou **Francis Picabia** (1879-1953), le cubisme n'aura été qu'une étape de leur cheminement artistique. **Fernand Léger** (1881-1955) utilise des formes cylindriques simples pour développer une expression personnelle. Comme dans sa série de tableaux de fenêtres*, **Robert Delaunay** reprend la fragmentation prismatique en éclats propre au cubisme, et avec sa femme, **Sonia Terk** (1890-1979), il développe cette technique jusqu'à **l'orphisme**. Ce qui importe ici, c'est la lumière qui monte de la couleur et que l'utilisation du contraste libère. Cette lumière se détache de plus en plus de l'objet. Par le tintement des couleurs et le rythme, elle fait penser à la musique. C'est ce à quoi renvoie également l'appellation d'orphisme (du nom d'Orphée, chanteur mythique de l'Antiquité) qu'Apollinaire a donnée à ce courant en référence à son recueil de poésie *La Suite d'Orphée*.

La Première Guerre mondiale met un terme au rôle dominant du cubisme. En 1918, **Amédée Ozenfant** et **Édouard Jeanneret** (dit « Le Corbusier ») publient le manifeste du **purisme**, intitulé *Après le cubisme*. Ils y réclament le retour à la simplicité architectonique et louent la machine comme symbole. Mais le purisme ne restera qu'un court épisode dans l'histoire de l'art.

Juan Gris (1887-1927), *Guitare sur une table* (1916). Huile sur toile (92 x 60 cm). Coll. particulière. © Edimedia. ADAGP, Paris 1995.

Robert Delaunay (1885-1941), *Fenêtres simultanées sur la ville* (1912). Huile sur toile. Kunsthalle, Hambourg. © Elke Walford - Fotowerkstatt Hamburger Kunsthalle. ADAGP, Paris 1995.

245

Le futurisme

Étienne MAREY (1830-1904), *Saut à la perche* (1890).
Analyse du mouvement par chronophotographie.
Musée Marey, Beaune.

Carlo CARRÀ (1881-1966), *Le Cavalier rouge* (1912).
Tempera, encre de chine/papier (26 x 36 cm). Coll. Junker, Milan.
© Scala. ADAGP, Paris 1995.

Luigi RUSSOLO (1885-1947), *Dynamisme d'une automobile* (1912).
Huile sur toile (104 x 140 cm). Musée national d'Art moderne, Paris.
© M.N.A.M. - D. R.

Parallèlement au cubisme parisien, le **futurisme** se développe en Italie. Son manifeste-programme est publié en 1909 par l'écrivain **Filippo Tommaso Marinetti** : « *Nous déclarons que la splendeur du monde s'est enrichie d'une beauté nouvelle : la beauté de la vitesse. Une automobile de course avec son coffre orné de gros tuyaux tels des serpents à l'haleine explosive est plus belle que la "Victoire de Samothrace".* » En réaction à Marinetti, **Giacomo Balla** (1871-1958), **Umberto Boccioni**, **Carlo Carrà**, **Luigi Russolo** et **Gino Severini** (1883-1966) signent le 11 avril 1910 le *Manifeste de la peinture futuriste*, dans lequel on peut lire : « *En réalité, tout bouge, tout court, tout se transforme rapidement. Étant donné la persistance de l'image sur la rétine, les objets en mouvement se multiplient, se déforment en se poursuivant comme des vibrations précipitées dans l'espace qu'ils parcourent. C'est ainsi qu'un cheval courant n'a pas quatre jambes, mais vingt, et leurs mouvements sont triangulaires.* » Les artistes du futurisme reprennent ce que la **chronophotographie**** avait rendu visible par les études photographiques du mouvement. Le tableau de **Carrà**, *Le Cavalier rouge**, qui se caractérise par une coloration fortement marquée et presque agressive, en est une bonne illustration. Comme dans les œuvres cubistes, le motif est fragmenté ; cependant, le cheval et le cavalier restent reconnaissables. Les fragments ne les déploient pas sur la surface, mais servent à rendre visible la célérité du mouvement. **Luigi Russolo** rehausse le dynamisme avec des lignes forces marquées qui, tout à la fois flèches et signes de mouvement, rendent sensibles la course d'une voiture roulant à toute allure*.

Enfants des grandes villes mûris dans une société de masse, les futuristes sont tournés vers l'avenir et aiment le dynamisme engendré par la technique. Un grand nombre d'autres manifestes réclament l'association des arts plastiques à la littérature, l'art dramatique, la chorégraphie, la musique, le théâtre synthétique et l'architecture, mais annoncent aussi le programme politique provocant, chauvin et préfasciste du futurisme. Les futuristes italiens se sentent l'âme de révolutionnaires, provoquent à coups de slogans nationalistes, chantent le progrès technique sans aucun esprit critique, et glorifient la guerre en tant que salut du monde. Dans son emphase, leur art est lié au symbolisme ; dans leur façon de peindre, ils s'appuient sur le divisionnisme de Seurat, l'élan décoratif de l'art nouveau, la couleur des « fauves » et la fragmentation des cubistes. Leur but est de parvenir à une peinture complète, qui s'adresse à tous les sens : les teintes, les bruits et les odeurs. Leurs tableaux sont caractérisés par la spirale en mouvement, la diagonale et des limites transparentes. Ils ne cherchent pas à rendre un état, mais un processus. La sculpture futuriste poursuit elle aussi cet objectif, comme le montre les *Formes uniques dans la continuité de l'espace* de **Umberto Boccioni***. Par-delà l'attitude de la marche, l'interpénétration des surfaces et des formes vise à exprimer le mouvement vibrant dans l'espace.

Le futurisme triomphe entre 1912 et 1915. Après la Première Guerre mondiale, il perd en importance, notamment du fait de son rapprochement étroit avec le fascisme, que la marche sur Rome de Mussolini mettra au pouvoir en 1922.

Le cubo-futurisme

Le **cubisme** et le **futurisme** ont laissé une empreinte durable sur l'art du XXe siècle. Le principe de la fragmentation en éclats propre au **cubisme analytique**, tout comme le collage de fragments du **cubisme synthétique**, sont repris par beaucoup d'artistes dans des travaux originaux et fondus avec le dynamisme et la simultanéité du futurisme, et donne des œuvres dites cubo-futuristes. L'illustration de Marcel Duchamp, p. 242, en est un exemple éloquent. Il s'établit aussi des liaisons avec d'autres mouvements artistiques. En Allemagne, **Franz Marc** fait partie des artistes qui combinent des éléments cubistes et futuristes avec des traits expressionnistes, comme le montre son tableau animé *Formes combattantes**. On retrouve des tendances analogues en Angleterre avec le **vorticisme**, en Pologne avec le **formisme**, ou encore à Prague avec le **cubo-expressionnisme** d'**Emil Filla** (1882-1953). En Russie, **Malevitch** et **Natalia Gontcharova** (1881-1962), entre autres, peignent entre 1912 et 1916 des tableaux cubo-futuristes qui constitueront bientôt une transition vers des orientations abstraites. La technique du collage, en particulier, inspire beaucoup d'artistes, par exemple le dadaïste de Hanovre **Kurt Schwitters** (1887-1948). Dans ses collages de matériaux, il insère par montage et par collage des morceaux de papier, des résidus de matériaux, de petits objets trouvés ici ou là pour obtenir des compositions en relief qu'il accentue avec de la peinture et baptise de titres souvent ironiques et provocants. C'est également ici que certains courants artistiques d'après 1945 tels que les collages et les compositions plastiques du **pop art** prennent leurs racines.

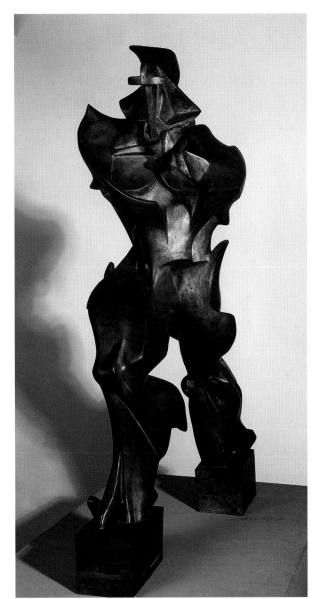

Umberto Boccioni (1882-1916), *Formes uniques dans la continuité de l'espace* (1913). Bronze (H. 112 cm). Coll. Mattioli, Milan. © Lauros/Giraudon.

Franz Marc (1880-1916), *Formes combattantes* (1914). Huile sur toile (91 x 131,5 cm). Galerie d'État d'Art moderne, Munich. © Blauel/Gnamm - Artothek.

Les Demoiselles d'Avignon (1907)

Pablo PICASSO (1881-1973), musée d'Art moderne de New York.

Huile sur toile (244 x 234 cm). © SPADEM 1995.

Picasso réalisa cette œuvre dans le plus grand secret, et elle ne fut présentée au public que lors de l'Exposition universelle de 1937 à Paris. Rares furent ceux qui y reconnurent un tableau clé de l'art du XXᵉ siècle. Picasso, qui y a consacré plus de 450 travaux préliminaires, a livré un véritable combat pour parvenir à cette œuvre.

Dans cette investigation, il a mis ses connaissances artistiques, son expérience et le courage d'innover.

La particularité du tableau ne réside pas tant dans le thème, les nus féminins pouvant correspondre, par exemple, à la représentation qu'on aimait faire des Grâces depuis la Renaissance. Ils rappellent *Les Baigneuses* de **Cézanne** et certaines scènes de bordel, comme celles de **Toulouse-Lau-trec**. La particularité de ce tableau, c'est la **manière** dont Picasso forme le motif. Comme par collage, cinq femmes sont posées dans le tableau, sans espace clairement défini, sans que l'éclairage soit uniforme, sans qu'elles aient un quelconque rapport de communication entre elles. La perspective est variée : le personnage de gauche est debout, vu de profil, et regarde vers la droite du tableau ; à côté de lui, deux femmes peintes de face qui se ressemblent et dont la pose rappelle des femmes couchées ; une femme assise, les jambes écartées, montre son dos au spectateur, mais son visage est tourné vers lui ; enfin, à droite du tableau se trouve une femme debout, vue de trois quarts. Les personnages sont simplifiés, les couleurs à peine modulées et appliquées par aplats. Nous voyons le tableau comme à travers un rideau ouvert, mais la scène ne se situe pas dans un espace se référant au réel. La nature morte aux fruits, elle aussi, est présentée en projection sur un plan. Un espace plastique nouveau se crée par l'articulation des corps et des vides qui les séparent. Les têtes des deux femmes de droite rappellent des masques africains*, tels que ceux montrés en 1906 lors d'une grande exposition parisienne. Le tableau, d'ailleurs, a un effet plus provocateur qu'érotique.

Pablo PICASSO,
Étude pour *Les Demoiselles d'Avignon* (1907).
(81 x 60 cm). Coll. Berggruen, Paris.
© Artephot/Nimatallah. SPADEM, 1995.

Art africain, Zaïre. Masques de visages humains en bois dur.
Coll. particulière. © Edimedia.

Dans des dessins préparatoires* Picasso a introduit deux personnages masculins : au milieu, un marin assis ; à gauche, un jeune homme qui tient un livre et dans lequel on peut voir un étudiant en médecine (dans d'autres esquisses, il tient également une tête de mort). Plusieurs interprètes ont vu là une allégorie : la mise en garde contre la maladie vénérienne, un *memento mori* (le rappel de la mort). Le tableau dans sa version finale reste un mystère non élucidé qui oblige le spectateur à la réflexion personnelle, ce qui est une caractéristique marquée de l'art de notre siècle.

Pablo PICASSO,
étude pour *Les Demoiselles d'Avignon* (1907). Dessin à la craie
(48 x 76 cm). Cabinet des Estampes, Bâle.
© Peter Willi/Explorer. SPADEM, 1995.

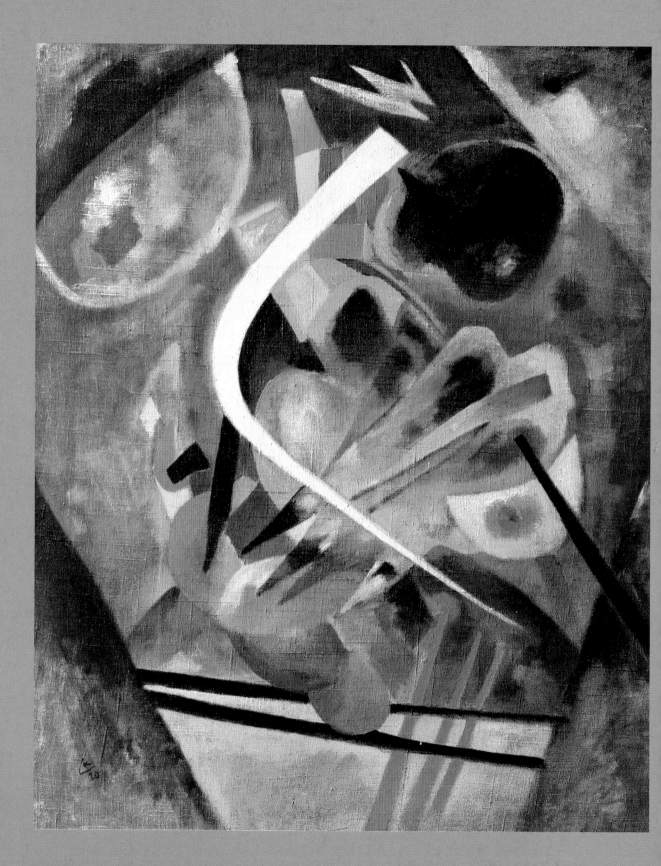

Wassily KANDINSKY (1866-1944),
Trait blanc (1920).
Huile sur toile (98 x 80 cm).
Musée Ludwig, Cologne.
© Rheinisches Bildarchiv, Cologne. ADAGP, Paris 1995.

250

À partir de 1910, l'art abstrait se fait un programme de ce que le cubisme, le futurisme et l'orphisme avaient annoncé : la restitution du monde visible par une imitation mimétique est abandonnée au profit d'un art qui se concentre sur la couleur, la forme et la composition. Le *Trait blanc* de Kandinsky* indique les deux tendances déterminantes qui, de nos jours encore, caractérisent ce que Kandinsky appelle la « grande abstraction » : d'une part un art lyrique spontané, souvent marqué par les gestes et qui intègre le hasard ; d'autre part « l'abstraction géométrique » qui s'appuie sur des formes géométriques de base, comme le montre le travail de Bell*. Dès 1568, Wenzel Jamnitzer dessine dans son cahier d'esquisses des constructions purement géométriques, mais ce ne sont que des exercices ludiques sur la perspective. La remarque de Léonard de Vinci, concernant l'empreinte sur un mur d'une éponge plongée dans la peinture, doit être comprise simplement comme une invitation à exploiter le hasard dans l'élaboration de l'œuvre. Il n'est pas question, pour lui, de considérer l'empreinte elle-même comme œuvre d'art. L'objectif de l'art abstrait est la création individuelle et originale, non pas d'après la nature, il ne s'agit pas d'imitation, mais d'une « véritable œuvre d'art, d'un sujet autonome, qui respire par l'esprit », une création qui puise son existence « dans l'artiste » et qui obéit à une « nécessité intérieure » (Kandinsky).

Chapitre 17

L'art informel et l'abstraction géométrique

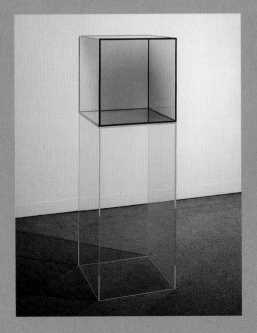

Lary BELL (né en 1939),
Sans titre (1966).
Verre et laiton recouverts de rhodium.
Musée national d'Art moderne, Paris.
© Photo Philippe Migeat.
Centre Georges Pompidou. D. R.

La grande abstraction

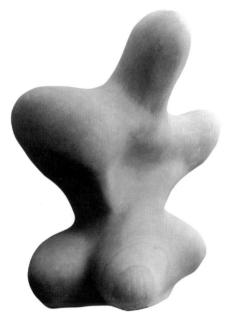

Hans ARP (1887-1966), *Pépin géant* (1937) (H. 162 cm).
Musée national d'Art moderne, Paris.
© ADAGP, Paris 1995.

Olga ROSANOWA (1886-1918), *Composition sans objet* (1916).
Huile sur toile (118 x 101 cm). Musée régional d'Art, Samara.
D.R.

Art abstrait

C'est à l'aquarelle *Composition*, peinte en 1910 à Munich par le Russe **Wassily Kandinsky** (1866-1944), que remontent les débuts de l'art abstrait. L'art abstrait n'est pas une reproduction réaliste, idéalisante ou allégorique d'un modèle, il ne cherche pas à montrer, il se présente lui-même. Face au danger que cet art soit perçu à tort comme une simple décoration, beaucoup d'artistes se sont sentis poussés à clarifier verbalement leurs intentions. C'est avec véhémence que Kandinsky s'élève contre l'idée d'un jeu arbitraire avec la forme : « *L'artiste doit avoir quelque chose à dire, puisque sa tâche ne consiste pas à maîtriser la forme, mais à adapter cette forme au contenu.* » Ce qui importe à l'art abstrait, c'est l'essence, l'esprit, qui, libéré de l'objet extérieur, est saisi par la couleur, la forme et la composition. L'artiste ambitionne d'égaler la nature par son acte créateur, et « *même, au moyen d'une invention dont seul l'homme est capable parmi tout ce qui vit, de la surpasser* » (Vasarely). La contemplation extérieure se transforme en une « participation intérieure ». C'est ainsi que **Hans Arp*** ne reproduit pas des plantes, mais cherche, en fondant des formes anthropomorphes, à saisir le processus de croissance lui-même.

Abstraction géométrique

À partir de tendances cubo-futuristes, les constructivistes russes développent un art rationnel qui repose sur les moyens offerts par la géométrie. **Casimir Malevitch** (1878-1935) peint en 1913 le *Carré noir sur fond blanc*, qu'il appelle « *L'Icône nue et sans cadre de mon temps* ». Il baptise son art **suprématisme**, expression censée illustrer sa conception de la suprématie de la sensation dans les arts plastiques. Il influence **Olga Rosanowa**, dont l'œuvre *Composition sans objet**, avec ses couleurs et ses formes nettes, est représentative d'un grand nombre d'œuvres comparables. Désigné par le terme générique **constructivisme**, ce type d'art, auquel se rattachent également les tableaux qu'**El Lissitzky** (1890-1941), peint sous l'appellation de « *proun* » (du russe *pro unowis*, pour un renouvellement de l'art), est l'art officiel de la Révolution soviétique de 1917 à 1921. Face à la réorientation de la politique culturelle soviétique, et aux débuts du « réalisme socialiste », les artistes d'avant-garde quittent l'Union soviétique. El Lissitzky émigre en Allemagne, où il enseigne au « *Bauhaus* » avec des artistes qui lui sont proches comme **Johannes Itten, Josef Albers, Làszlò Moholy-Nagy** et **Kandinsky**.

Le Hollandais **Théo Van Doesburg** (1883-1931), qui en 1917 fonde avec **Piet Mondrian*** le groupe et la revue « *De Stijl* », aura une large audience. Loin de l'emphase révolutionnaire des Russes, « *De Stijl* » prône une peinture caractérisée par une sobriété pleine de sensibilité, par l'ordre et le respect de règles. Mondrian montre comment l'essentiel tiré de la nature peut être rendu visible par une succession de dessins toujours plus réducteurs, au point que l'artiste trouve un langage « universel » dans un équilibre dynamique de l'horizontale et de la verticale, de couleurs et de non-couleurs, évitant tout ce qui ressortit au « tragique individuel ».

En 1930, Van Doesburg, dans sa revue parisienne *Art concret*, demande qu'on se mette à parler d'art « concret » plutôt que d'art « abstrait », l'art ne partant pas d'un processus d'abstraction, mais de l'utilisation directe par l'artiste de moyens picturaux concrets. Sa proposition conduira à la fondation du groupe international « Abstraction-Création » (1931-1936). Ses membres se distinguent par la quête d'une netteté génératrice d'ordre. Le langage des formes d'**Auguste Herbin***, qui se concentre sur des signes concrets, en est un exemple caractéristique. L'art concret se manifeste grâce au peintre et sculpteur suisse **Max Bill** (né en 1908), qui organise la première exposition internationale à Bâle en 1944, puis réunit de nombreuses œuvres en 1960 à Zurich pour une exposition intitulée « Art concret – Cinquante ans d'évolution ».

La contribution des États-Unis

Face à l'avènement de la dictature nazie en Allemagne et à l'éclatement de la Seconde Guerre mondiale, beaucoup d'artistes sont contraints de quitter l'Europe. Ils enseigneront aux États-Unis et inspireront certaines tendances de l'art américain comme la « nouvelle abstraction » *(postpainterly abstraction)*, un courant artistique apparu à la fin des années 50. Il repose sur la recherche systématique caractérisant les études gestaltistes sur la couleur réalisées par le « *Bauhaus* ». Les protagonistes de ce courant sont **Mark Rothko** (1903-1970), **Barnett Newman** (1905-1970) et **Ad Reinhardt** (1913-1967). Le « *hard-edge* » en est une orientation spécifique. Le tableau de **Kenneth Noland*** (p. 254) (né en 1924) montre des surfaces colorées chromatiques, aux contours tranchants, nettement séparées les unes des autres. La surface du tableau, baptisée « *Shaped Canvas* », devient support pictural et, depuis la fin des années 60, allie divers matériaux.

Dans le domaine de la sculpture, l'**art minimal** s'efforce, dans les années 60, de trouver un langage des formes réduit à des structures de base simples. **Robert Morris**, un artiste marquant de ce courant, explique ainsi la nécessité de montrer les déterminants simples de l'espace : « *La simplicité de la forme n'implique pas nécessairement la simplicité de l'expérience artistique. Des formes homogènes ne réduisent pas les relations, elles les ordonnent.* »

Piet MONDRIAN (1872-1944), *Composition 1* (1931).
Collection Thyssen-Bornemisza.
© Dagli Orti. INTERNATIONAL LICENSING PARTURE, 1995.

Auguste HERBIN (1882-1960), *Composition* (1940).
Gouache (33,5 x 26 cm). Coll. privée.
© Edimedia. ADAGP, Paris 1995.

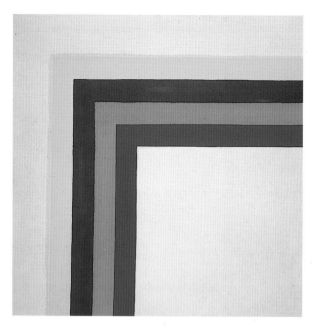

Kenneth NOLAND, *Swing* (1964).
Acrylique sur toile (251 x 249 cm).
© Collection d'art de Rhénanie-du-Nord/Westphalie, Düsseldorf.
ADAGP, Paris 1995.

Un autre artiste émigré, **Hans Hofmann** (1880-1966) inspire le développement aux États-Unis, parallèlement aux différentes formes d'abstraction géométrique, de l'**expressionnisme abstrait**, un mouvement qui rassemble toutes les formes d'expression libérée, dynamique et renonçant à la figuration. Outre **Franz Kline**, **Willem De Kooning**, **Mark Tobey** et **Robert Motherwell**, il convient de citer surtout **Jackson Pollock** (cf. pp. 256-257) comme représentant important de la « *New York School* ».

L'Europe après la guerre

Après la Seconde Guerre mondiale, l'art abstrait continue à évoluer en Europe également, à partir de Paris. En 1945, **Jean Dubuffet** (1901-1985) et **Jean Fautrier** (1898-1964) exposent des œuvres de matière pâteuse, informe, poussée au pinceau et à la spatule. En 1952, M. Tapié baptise cet art « informel », une appellation qui deviendra générique pour désigner toute peinture marquée par le geste qui, refusant des règles fixes de composition, exige le recours à un processus de création spontanée et tente d'exprimer directement des impulsions de l'esprit. **Georges Mathieu*** (né en 1921) baptise « abstraction lyrique » son art expressif reposant sur la sensation directe.

« *Je crois que la célérité de l'acte de création est l'une des conditions les plus importantes de ma peinture. Je suis convaincu que seule la célérité de l'action permet de saisir et d'exprimer ce qui monte de la profondeur de l'être sans que sa percée spontanée soit retenue ou modifiée par une réflexion ou une intervention rationnelles.* » (Georges Mathieu)

En 1950, le critique d'art Michel Seuphor parle de « tachisme » et range sous cette appellation non seulement les œuvres de Mathieu, mais aussi celles de **Wols**. *Le Moulin à vent** montre l'importance de

Georges MATHIEU à Stockholm le 23 juillet 1958, peignant *La Bataille de Brunkeberg*.
Huile sur toile (130 x 340 cm). Propriété de l'artiste.

l'écriture en soi : le moulin est là par hasard, il n'est pas le but de la peinture, mais bien plutôt le processus direct de l'acte de peindre lui-même, qui, dans une certaine mesure, devient le sismographe de l'état psychologique de l'artiste. (On peut établir ici des correspondances avec « l'automatisme psychique » du surréalisme.) La diversité de ces formes d'art spontané, de tendances comparables, s'exprime dans des œuvres telles que les assemblages de matière à base de film plastique fondu d'**Alberto Burri** (né en 1915), les peintures expressives et pâteuses de **Karel Appel** (né en 1921 ; membre du groupe Cobra fondé en 1948), les tableaux gestuels de **Karl Otto Götz** (né en 1914) réalisés à l'aide d'un racloir trempé dans la peinture humide, ou encore dans le langage des signes de **Cy Twombly** (né en 1928), qui rappelle des graffitis.

Un art démocratique ?

Lors de l'exposition « Documenta II », panorama de l'art contemporain à travers le monde, qui eut lieu en 1959 à Kassel, consacrée à l'art abstrait en tant que « langage stylistique universel », il apparut que bien des visiteurs étaient complètement désemparés. Des œuvres d'art dépourvues de référence à l'objet, qu'elles relèvent de l'art informel ou de la construction géométrique, ne sauraient être déchiffrées comme des signes qui renvoient à quelque chose. Elles obligent le spectateur à envisager une nouvelle façon de voir, qui ne repose pas sur ce qui lui est familier ni sur ce qu'il sait, mais qui lui fait une proposition innovante à laquelle il doit répondre en faisant appel à sa fantaisie et à sa créativité. On pourrait dire que, tant dans sa création que dans sa perception, l'art abstrait renvoie à la société démocratique qui oppose la liberté individuelle aux contraintes liées aux conventions et à l'administration. C'est ainsi qu'on peut très bien voir dans son développement au début de ce siècle le signe d'une protestation concrète, mais utopique, contre des structures politiques et matérielles contraignantes. Des régimes dictatoriaux, comme le national-socialisme en Allemagne ou le stalinisme en Union soviétique, ont d'ailleurs marqué cet art au fer rouge et l'ont interdit. Après la chute des dictatures, tant en 1945 qu'en 1989, l'art abstrait devient l'expression de la liberté retrouvée. Bien entendu, il ne s'agit pas là de la seule explication possible de son développement. Mais le contenu de l'art est toujours le reflet de l'état d'esprit de son temps. L'art abstrait s'adresse à un spectateur émancipé, dont il exige beaucoup. Le spectateur doit apprendre à voir les œuvres comme une proposition ouverte (Schumacher*) mais en aucun cas arbitraire. Il lui faut apprendre à aborder l'œuvre concrète. De même que l'œuvre d'art abstrait reflète un processus vivant, une recherche, un rejet et une nouvelle création de la part de l'artiste, de même elle exige en même temps un dialogue subjectif et vivant avec le spectateur.

WOLS (1913-1951),
Le Moulin à vent (1951).
Huile sur toile (73 x 60 cm).
© Westfälisches Landesmuseum, Münster.
ADAGP, Paris 1995.

Emil SCHUMACHER (né en 1912),
GG-1/1991 (1991).
Laque rouge, noire, blanche
et pastel noir (65,5 x 85 cm).
Propriété de l'artiste.
ADAGP, Paris 1995.

255

Number 3 (1949)

Jackson POLLOCK (1912-1956),

Washington D.C., Hirschhorn-Museum.

Huile, peinture à l'aluminium sur toile (157,5 x 94,3 cm). SPADEM, 1995.

Un chaos de couleurs, des tons de rouge et d'orange, du noir, des taches, des lignes incurvées. Le regard qu'on porte habituellement sur un tableau, à la recherche d'un plan, de signes familiers identifiables ou qu'on pourrait trouver par associations, est déçu. Mais si nous choisissons une trace colorée au hasard et si nous la suivons des yeux, nous découvrons son cheminement, nous voyons qu'elle recouvre d'autres traces de couleur, qu'elle-même est recouverte par d'autres qui la croisent. Nous sentons qu'il ne s'agit pas là d'une reproduction, mais du résultat d'un processus de mouvement que nous pouvons suivre en esprit. H. Rosenberg a baptisé l'art de Pollock du nom de « peinture gestuelle » (*action painting*).

L'artiste ne se trouvait pas devant le tableau, mais *dedans*, et balançant une boîte percée remplie de peinture ou un pinceau à manche long plein de peinture comme un pendule au-dessus de la toile étalée au sol, il a constitué un réseau de gouttes de peinture, animé d'un mouvement de danse, comme de transe, inspiré uniquement par l'émotion de l'ins-

Jackson POLLOCK au travail. © Th. Eteve (Coll. PPP/IPS/NASA).

tant, libre de toute représentation consciente ou rappelée à sa mémoire. Pollock a baptisé cette technique « méthode des gouttes » (*dripping*) et l'a utilisée pour la première fois à la fin de 1946. Il en résulte un mouvement matérialisé et conservé, que les traces qu'il a laissées permettent de reconstituer : du temps visible. C'est un enregistrement au caractère le plus immédiat qui soit. « *Au sol, je me sens mieux,* explique Pollock, *je me sens plus proche du tableau, plus qu'une simple partie de lui, parce qu'ainsi, je peux… littéralement être dans le tableau.* » La perception en est une vue physique qui n'est pas appelée à être déchiffrée, à être interprétée, mais qui doit se laisser aller ouvertement à sentir le processus montré par le tableau et son rayonnement esthétique. Mais les sensations, les associations d'idées ou les interprétations du spectateur ne sont pas laissées à sa convenance. Les spectateurs, selon Pollock, « *devraient chercher à accueillir ce que le tableau a à leur proposer, et non pas arriver avec un contenu principal ou une idée préconçue dont ils chercheraient la confirmation* ».

Who's Afraid of Red, Yellow and Blue ? IV (1969-70)

Barnett NEWMAN (1905-1970),

Berlin, Staatliche Museen.

Acrylique sur toile (274 x 603 cm). © Photo B.P.K., Berlin. - D. R.

L e tableau, pris en largeur, montre trois couleurs : un carré rouge à gauche, un carré jaune à droite, séparés par une bande verticale bleue, large de 55 cm. Ce tableau, non encadré, ne fait d'effet qu'à celui qui le regarde en face. Cinq couches de rouge (rouge cadmium clair) et deux couches pour le jaune (jaune cadmium clair) et le bleu (outremer) donnent aux champs de couleur une surface plate et homogène.

Le spectateur peut jeter un coup d'œil rapide sur le tableau, qui est vite perçu : il n'y a ni détails, ni structure complexe nécessitant beaucoup de temps ou d'efforts pour être saisis tout au moins en reproduction. Car un tableau de Newman se livre essentiellement à travers sa picturalité (visible sur l'œuvre réelle) qui déploie la temporalité du processus pictural.

« Un tableau de Newman ne vise pas à montrer que la durée dépasse la conscience, il veut être lui-même l'événement, l'instant qui se déroule... Un tableau de Newman, c'est un ange. Il n'annonce rien, il est lui-même l'annonciation. » (J.-F. Lyotard).

La sensation temporelle éveillée par ce tableau rappelle celle qui se dégage du *Moine au bord de la mer* de C. D. Friedrich*, la sensation de l'infini de l'espace, de la nature, du temps.

« Avec ses deux ou trois objets mystérieux, le tableau est là comme l'Apocalypse, comme s'il était plongé dans les méditations nocturnes de Young, et comme, dans son uniformité et son absence de rivage, il n'a d'autre premier plan que le cadre, quand vous le regardez, c'est comme si on vous avait coupé les paupières », écrivait Kleist en 1810 (*Sensations face au « paysage marin » de Friedrich*).

« Mes tableaux, dit Newman, *ne sont pas une manipulation de l'espace ; ils ne sont pas liés à une représentation picturale, mais à une sensation temporelle. »*

Caspar David FRIEDRICH (1774-1840), *Le Moine au bord de la mer* (1808-09).
Huile sur toile (110 x 171,5 cm). Berlin-Charlottenburg, château et jardins d'État.
© Photo Jörg P. Anders.

À la différence de l'art gestuel spontané de l'expressionnisme abstrait, qui laisse une place au hasard, le tableau de Newman est construit avec réflexion. La couleur, appliquée en aplats•, empêche tout effet d'illusion de l'espace. Newman et les artistes de la nouvelle abstraction se sont intéressés de très près à la philosophie de l'Asie orientale (bouddhisme zen) et se sont inspirés de son art. D'où la puissante monochromie de leurs tableaux, qui entend produire un effet méditatif (cf. Mark Rothko*). Par la force de l'espace aux profondeurs multiples créé par les relations entre les couleurs, le spectateur est appelé à abandonner son comportement distant pour arriver à une conscience de soi plus aiguë.

Mark ROTHKO (1903-1970),
Rouge, Orange (1968).
Huile sur toile (234 x 176 cm).
© Galerie Beyeler, Bâle.
ADAGP, Paris 1995.

Daniel SPOERRI (né en 1930),
Le Petit Déjeuner de Kichka (1960).
Matériaux divers (69 x 34 x 64 cm).
Musée d'Art moderne, New York.
© Diatec. ADAGP, Paris 1995.

Avec son *Tableau-piège**, Daniel Spoerri fixe une situation née du hasard. Il colle sur le plateau d'une table tout ce qui s'y trouve à la fin d'un repas, et accroche au mur cet assemblage en relief, sans oublier la chaise. Spoerri est membre du groupe des « nouveaux réalistes » qui se réunit à Paris en 1960 pour s'opposer à l'art abstrait, qui domine à cette époque. Dans le prolongement du mouvement « dada » et de l'identification opérée par Duchamp, dans ses « *ready mades* », entre l'art et la vie, ces artistes visent une confrontation directe avec le monde réel. L'assemblage de Spoerri est un exemple extrême, radical, du « grand réalisme » qui constitue l'un des pôles de l'art contemporain, auquel Kandinsky (1912) oppose le pôle de la « grande abstraction ». Kandinsky insiste sur le fait que chacun de ces deux pôles a une existence qui se justifie, qu'ils ont même valeur, et qu'il existe, dans la pratique de l'art, de nombreuses et diverses correspondances entre eux. L'art figuratif, qui s'oriente par rapport à la réalité visible, ne se conçoit en aucun cas comme une imitation servile de la nature. Comme le dit Paul Klee en 1920, « l'art ne reproduit pas le visible, il rend visible ». Le but recherché n'est ni une artistique tromperie de l'œil, ni l'idéalisation ; il s'agit d'affronter le réel de manière critique avec des façons de voir subjectives. C'est ainsi que, dans le tableau de Picasso*, la coloration violente, les déformations et l'accentuation des formes sont autant de signes caractéristiques d'une vision subjective de l'artiste qui est interprétation émotionnelle. L'ensemble du monde visible et imaginable peut devenir objet d'un tableau, ce qui entraîne l'abolition des frontières de l'art et permet la diversité et le mélange des modes de représentation.

Chapitre 18

L'art figuratif : le regard subjectif

Pablo PICASSO (1881-1973),
Femme à l'artichaut (1942).
Huile sur toile (195 x 132 cm).
Musée Ludwig, Cologne.
© Rheinisches Bildarchiv, Cologne.

L'art expressif

Ernst Ludwig KIRCHNER (1880-1938),
La Toilette (1912). Huile sur toile (101 x 75 cm).
Collection privée, Düsseldorf. D.R.

L'art figuratif du XXᵉ siècle comporte une grande diversité de styles. On peut distinguer quatre grandes tendances liées entre elles de plusieurs manières : le réalisme figuratif, le réalisme critique, l'art de l'assemblage et l'art expressif.

Avec des moyens tels que la déformation, de forts contrastes de couleurs et un style gestuel marqué, l'art expressif reflète une image de la réalité déterminée par la subjectivité. Le terme « expressionnisme » a été introduit en 1911 par **Herwarth Walden** dans la revue *Der Sturm* (éditée à Berlin) pour désigner à l'origine l'ensemble de l'art contemporain avant-gardiste. Renvoyant plus précisément à un style, cette appellation se rapporte entre autres à la communauté d'artistes appelée « *Die Brücke* », fondée à Dresde en 1905. Le tableau de **Ernst Ludwig Kirchner***, artiste du mouvement « *Die Brücke* », montre comment une écriture spontanée traduit le regard subjectif à l'aide d'un renforcement des formes et des couleurs déterminé par l'émotion.

Les œuvres qui ont annoncé et inspiré le mouvement « *Die Brücke* » sont des œuvres produites entre 1885 et 1900 (**Vincent Van Gogh, Edvard Munch, James Ensor, Henri de Toulouse-Lautrec**), des sculptures africaines, des gravures japonaises sur bois tinctoriaux et des œuvres du gothique flamboyant. Le scepticisme croissant manifesté à l'égard d'une réalité où la technique ne sert pas, comme on l'espérait, à libérer l'homme, mais renforce son aliénation, a incité beaucoup d'artistes à pratiquer un art essentiellement lié à leurs états d'âme. En 1907, **Emil Nolde** écrit dans une lettre : « *Si, dans certaines œuvres de l'art contemporain, tu perçois une tendance anarchiste, un caractère arbitraire ou débridé, de la grossièreté ou de la brutalité, alors étudie longtemps et minutieusement ces œuvres-là, et tu finiras par reconnaître que ce qui te semblait arbitraire se transformera en liberté, et la grossièreté en grande finesse. Les œuvres inoffensives ont rarement une quelconque valeur.* »

Le groupe « *Die Brücke* » dont l'existence se prolonge jusqu'en 1913 attire temporairement des artistes comme l'Allemand du Nord **Emil Nolde**, le Suisse **Cuno Amiet** ou le Hollandais **Kees Van Dongen**. Ce dernier fait aussi partie des « fauves » français (1905-1907) qui, sans s'associer au pessimisme mélancolique inspiré de la philosophie de Kierkegaard qui caractérise les expressionnistes

Henri MATISSE (1869-1954), *La Blouse roumaine* (1940).
Huile sur toile (92 x 72 cm). Musée national d'Art moderne, Paris.
Photo Dagli Orti. © Succession H. Matisse.

allemands, utilisent des moyens de réalisation semblables. Les « fauves » se rattachent à **Gauguin**, qui met l'accent sur le caractère subjectif de l'acte de peindre, et se plient de façon encore plus poussée aux conséquences qu'il en tire : simplification des moyens, abandon de la perspective illusionniste, emploi de couleurs fortes et pures. Sous la direction d'**Henri Matisse***, le groupe, baptisé « les indépendants », expose au Salon d'automne de Paris en 1905. Le critique d'art Louis Vauxcelles compare leurs travaux à ceux de bêtes sauvages (fauves) – c'est ainsi que le mot « fauves » s'imposera pour désigner leur style.

« *Ce à quoi j'aspire avant tout,* écrit Henri Matisse en 1908, *c'est l'expression… Il m'est impossible de copier la nature de manière servile – il me faut l'interpréter et la soumettre à l'esprit du tableau.* » (Matisse, *La Grande Revue*, 25.12.1908). Matisse, chef de file des « fauves », prend ses distances avec l'école classique idéaliste (David, Ingres), mais aussi avec le réalisme proche de la nature pratiqué par Courbet, ou encore avec l'art visuel des impressionnistes qui dépend de l'instant. Qu'ils soient joueurs ou provocants, les artistes, les « fauves » français aussi bien que les expressionnistes allemands, entendent déterminer eux-mêmes leur activité artistique et en répondre. Ils ne la considèrent ni comme une imitation servile, ni comme une invention arbitraire, mais comme une activité intellectuelle : leur propre processus de création. Conformément au modèle qu'ils voient en Van Gogh, ils pensent que les couleurs et les formes sont un moyen d'exprimer son rapport singulier à la nature. « *On croit très sérieusement,* écrit Franz Marc en 1912, *que nous, peintres modernes, ne tirons plus nos formes de la nature… La nature brille dans nos tableaux comme dans toutes les formes de l'art.* » Le but visé est la domination et l'explication de la nature au moyen d'un art qui est « la passerelle vers le monde de l'esprit ». « *Nous recherchons aujourd'hui des choses cachées derrière le voile des apparences… Nous recherchons et peignons cet aspect spirituel de notre moi qui se trouve dans la nature.* » (Marc, revue *Pan*, 7.3.1912).

Le mouvement « *Neue Künstlervereinigung* » (nouvelle union d'artistes), fondé en 1909 par le Russe **Wassily Kandinsky** à Munich, fait lui aussi partie de l'expressionnisme. C'est de ce mouvement que naît en 1912 la communauté d'intérêts du Cavalier bleu : « *Der Blaue Reiter* » (**Franz Marc**, **August Macke** entre autres). Au lendemain de la guerre, les idées expressionnistes continuent à avoir de l'influence tant sur les arts plastiques que sur la littérature, la musique et le cinéma. Les tendances expressionnistes se retrouvent entre autres à Vienne (**Oskar Kokoschka**), en Suisse (**Alberto Giacometti**), en France (**Germaine Richier**, **Georges Rouault**) et en Angleterre (**Francis Bacon**). Les œuvres d'émigrés travaillant à Paris, tels le Lituanien **Chaïm Soutine**, le Russe **Marc Chagall** ou l'Italien **Amedeo Modigliani*** sont également expressives par les formes et les couleurs.

Amedeo MODIGLIANI (1884-1920), *Portrait de Mme G. van Muyden* (1917). Huile sur toile (92 x 65 cm). Musée d'art de Sao Paulo. © Dagli Orti.

Elvira BACH (née en 1951), Sans titre (1985). Dispersion sur toile (165 x 130 cm). Collection particulière. Photo D.R. © ADAGP, Paris 1995.

Carl GROSSBERG (1894-1940), *Tanks* (1933).
Huile sur toile (90 x 70 cm). Collection privée, Milan.
© Dagli Orti.

Après la Seconde Guerre mondiale, **l'expressionnisme abstrait** donne un nouvel élan à l'art expressif. Ainsi, des artistes comme **Asger Jorn** et **Karel Appel** du groupe « Cobra » (1948-1950) associent des représentations figuratives et abstraites. À la fin des années 70, une nouvelle peinture figurative et expressive se développe, essentiellement en Allemagne (« *Neue Wilde* » (nouveaux fauves) avec **Elvira Bach*** (p. 263) ; et en Italie « *Arte Cifra* »). Réalisée généralement en grand format, elle utilise des signes personnels codés.

L'art réaliste figuratif

Le regard subjectif n'est pas lié à un style déterminé, mais appelle la diversité. Ce pluralisme peut même apparaître dans l'œuvre d'un seul artiste, comme dans celle de **Pablo Picasso** qui comprend des phases cubistes, expressives, surréalistes, mais prend aussi comme modèle de grandes œuvres de l'histoire de l'art, pour les interpréter à sa manière.

Le regard subjectif peut se refléter dans un langage de signes naïvement narratif (**Henri Rousseau**), par l'analyse de phénomènes visibles (cubisme), dans le symbolisme énigmatique d'une réalité intérieure (surréalisme), ou alors dans une concentration minutieuse pleine d'atmosphère (**Edward Hopper**).

En 1925, les artistes de la **nouvelle réalité** (*Neue Sachlichkeit*)* présentent, lors d'une grande exposition à Mannheim, une reproduction du quotidien, de scènes de grandes villes et de l'environnement industriel, froide et fidèle jusque dans les détails. Leur réalisme figuratif sera repris par le **réalisme photographique** ou **hyperréalisme*** de la fin des années 60 et des années 70 aux États-Unis et en Europe. Mais le monde est perçu de plus en plus indirectement à travers la photographie, le cinéma et la télévision. En conséquence, le sujet des « photos réalistes » n'est plus l'objet lui-même, mais son double qui figure sur le support photographique. Le quotidien est représenté à partir de photographies dans une restitution extrêmement précise. Même des artistes comme les membres du groupe « *Zebra* » de Hambourg (fondé en 1965) tirent leurs motifs de photographies pour présenter des scènes réalistes de la vie quotidienne, empreintes d'accents symboliques, critiques ou ironiques. D'autres artistes comme le Canadien **Alex Colville** ne transmettent, avec leurs tableaux d'une extrême netteté, que l'impression d'une photo, sans pourtant s'en inspirer. Les œuvres figuratives d'artistes new-yorkais comme **David Salle**, **Jean-Michel Basquiat** ou **Richard Longo**, réalisées depuis les années 80, sont plus expressives, en partie illustratives et symboliques.

Richard ESTES (né en 1936), *Foodshop* (1967). Huile sur toile (166 x 123,5 cm). Musée Ludwig, Cologne.
© Rheinisches Bildarchiv, Cologne. - D.R.

Les médias font partie des sujets du **pop art** né en Angleterre. Lawrence Alloway désigne ainsi en 1956 un art qui caractérise de manière critique et ironique la société de consommation occidentale à travers l'objet banal à l'aide de compositions collées, peintes et assemblées. Avec ironie, l'Anglais **Richard Hamilton*** reprend le langage pictural des objets du quotidien, tirés de la publicité et des illustrés. Dès les années 20, l'art et la publicité s'influencent mutuellement, ce qui donne lieu à une pratique reprise à partir du début des années 60 par les représentants américains du pop art, tant en Californie (**Mel Ramos**), qu'à New York (**Andy Warhol** et **Roy Lichtenstein**). « *Le pop art*, explique Andy Warhol (1930-1987), *veut donner sans illusion aucune la parole aux choses elles-mêmes.* » Le quotidien est esthétisé à travers la publicité, la bande dessinée, les graffiti, la mode et le design, et il dépasse la « superficialité » du regard quotidien par l'agrandissement, la stylisation, la transformation indirecte qui font d'un objet quotidien un objet d'art, qui trouvera sa place dans un musée ou dans une galerie d'art.

Le réalisme critique

Après la Première Guerre mondiale, des artistes comme **Max Beckmann**, **Otto Dix** et **Georg Grosz** perpétuent la tradition d'un **Francisco de Goya** (1746-1828) en dénonçant publiquement les conséquences effroyables de la guerre et les dérapages sociaux entraînés par le capitalisme. L'objet de cet art baptisé « **vérisme** » est la réalité vécue, qui n'est pas représentée, mais bien plutôt interprétée comme « *imitation d'une pratique sociale* » (Tomberg). Les véristes se montrent partiaux dans leurs prises de position et voient dans leur travail critique un moyen de se battre et de faire la lumière sur les choses. Grosz* choisit un langage pictural direct, choquant, dont le caractère systématiquement typé relève en partie de la caricature.

Dans la seconde moitié de ce siècle également, sur fond des événements de 1968, se développe en Europe un réalisme critique dont les objectifs d'engagement social sont proches de ceux du vérisme. On peut citer l'exemple de *Miss America* de **Wolf Vostell*** (p. 266). Parodiant la Justice et la statue de la Liberté, rappelant par la forme l'image du « Christ Maître des mondes », une créature de rêve se dresse de manière cynique et ironique au-dessus d'une série de photographies choc de la guerre du Viêt-nam diffusées par voie de presse à travers le monde entier en 1968. La technique de composition de Vostell mélange les références du moment avec un symbolisme atemporel. L'événement sert d'exemple pour la dénonciation générale de la violence de la guerre. Alors qu'en Europe de l'Est le « réalisme socialiste », propagande d'État, idéalise par des moyens académiques conventionnels une réalité que l'on souhaite voir se concrétiser, et qu'en R.D.A. des artistes comme **Wolfgang Mattheuer**

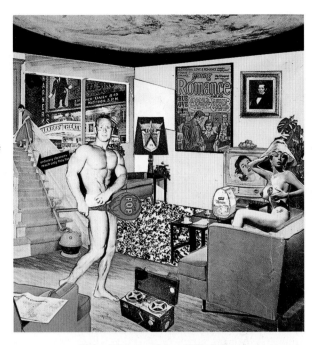

Richard HAMILTON (né en 1922), *Qu'est-ce qui peut rendre nos foyers d'aujourd'hui si différents, si sympathiques ?* (1956). Photomontage (26 x 25 cm). Kunsthalle, Tübingen. SPADEM, 1995.

Georg GROSZ (1893-1959), *Jour gris* (1921). Huile sur toile (115 x 80 cm). Galerie nationale, Berlin. Photo J. P. Anders – Bildarchiv Preussisches Kulturbesitz. © ADAGP, Paris 1995.

Wolf VOSTELL (né en 1923), *Miss America* (1928).
Photographie sur toile, glacis, sérigraphie• sur toile (200 x 120 cm).
Musée Ludwig, Cologne.
© Rheinisches Bildarchiv. ADAGP, Paris 1995.

Renato GUTTUSO (1912-1987), *L'Inhumation de Togliatti* (1972).
Huile, collage sur papier, bois (330 x 440 cm).
Galerie d'Art moderne, Bologne. © ADAGP, Paris 1995.

(né en 1927) n'osent percer les apparences de cette fausse réalité que très prudemment, au moyen d'un symbolisme caché, les réalistes critiques, à l'Ouest, se montrent, eux, provocants et ironiques. C'est le cas de l'Islandais **Errò** ou du groupe espagnol **Equipo Crónica**, ou encore de critiques et agitateurs comme l'Italien **Renato Guttuso***. Les artistes s'expriment au moyen de styles et de matériaux multiples. Leurs thèmes sont la violence, la pression politique, l'exploitation, l'isolement, la fièvre de la consommation, bref les problèmes clés de la société (occidentale). La première Triennale d'art réaliste de « l'union spéciale des artistes » (« *Künstlersonderbund* » Berlin, 1993) démontre cette diversité de l'art réaliste figuratif dans la peinture, l'estampe et la sculpture, qui persiste même en cette fin de siècle.

L'art de l'assemblage

Le pluralisme de l'art du XXᵉ siècle, qui, par la mise en évidence de la subjectivité, par des techniques de représentations particulières et par la déformation des perspectives, s'apparente au maniérisme, fait tomber les barrières entre les genres traditionnels. Certes, l'estampe, la peinture et la sculpture continuent d'exister, mais des formes hybrides apparaissent dans l'œuvre de beaucoup d'artistes. L'« anti-art » provocant des dadaïstes, apparu pour protester contre la Première Guerre mondiale et contre les structures figées de la

Marcel DUCHAMP (1887-1968), *Roue de bicyclette* (1913).
Ready-made (H. 127 cm). Original disparu. Répliques
depuis 1916. Photo M.N.A.M. © ADAGP, Paris 1995.

société, est ici particulièrement radical. Si, pour les expressionnistes, l'objet est le véhicule des sentiments jusqu'à son élimination dans l'art abstrait, **Marcel Duchamp** déclare que le produit industriel fabriqué en série est lui-même objet d'art*. Alors que **Pablo Picasso** fait appel à sa fantaisie pour donner, à la manière de Giuseppe Arcimboldo (1527-1593), de nouvelles significations à des objets trouvés qu'il assemble*, les « *ready-mades* » de Duchamp, signés et exposés au musée, invitent à jeter un regard nouveau sur les « icônes » de notre époque. Ces « *ready-mades* » sont des modèles dont s'inspire l'art de l'assemblage des « *New Realists* » (le New Realism fut fondé à New York en 1954), le « nouveau réalisme » (fondé à Paris en 1960). On en trouve des représentants chez **Claes Oldenburg*** qui élève les objets de la vie quotidienne au rang de monuments, et réalise des « *soft-sculptures* » aliénées, cousues en toile et agrandies, et également dans les tableaux-pièges de **Daniel Spoerri*** (p. 260), ou encore dans la série des « accumulations » d'**Arman** qui présente des objets d'utilisation courante dans une boîte en Plexiglas. Les objets trouvés que **Kurt Schwitters** insère, dans les années 20, dans ses « assemblages Merz », sont les précurseurs des assemblages, des œuvres en relief (vaste exposition à New York en 1961) et des « peintures combinées » (*combine-paintings*) de l'Américain **Robert Rauschenberg**, qui intègre des produits de consommation dans ses tableaux. Les œuvres d'art en relief qui représentent des scènes de la vie quotidienne sont appelées « *Environnement* »• (**Edward Kienholz**) et, dans les années 80 et 90, « *Installation* »• (**Rebecca Horn**). Le Français **Raymond Hains** ou l'Italien **Mimmo Rotella** matérialisent la fugacité du temps au moyen d'affiches qu'ils ont trouvées et partiellement lacérées (décollage). Les œuvres de la « *Spurensicherung* » (relevé d'empreintes) matérialisent elles aussi le temps depuis le début des années 70. Les artistes de cette tendance exposent dans des musées des découvertes archéologiques fictives (**Anne** et **Patrick Poirier** en France), des signes de l'histoire de l'évolution de l'homme (**Claudio Costa** en Italie), ou encore des découvertes relatant l'histoire d'une région (**Nikolaus Lang** en Allemagne*).

Le grand cri (introduit par le tableau intitulé *Le Cri* d'Edvard Munch, peint en 1893), qui caractérise l'art-révolte de notre siècle, semble étouffé sous la domination de la banalité quotidienne. En 1986, **Esther** et **Jochen Gerz** érigent une stèle de 12 mètres de haut recouverte de plomb comme monument commémoratif contre le fascisme et la guerre. Les visiteurs sont priés d'y graver leur signature et leur opinion. Dès que tout l'espace accessible est recouvert de gravures, la stèle est enfoncée dans le sol, et finalement elle y disparaît complètement. Au cri pictural individuel et expressif succède, à la fin du siècle, un cri collectif comme poussé par la pensée, un cri d'avertissement qui ne saurait être ignoré.

Pablo PICASSO (1881-1973), *Tête de taureau* (1943). Bronze coulé d'après un guidon de bicyclette et une selle (H. 42 cm). Musée d'Art moderne, New York. © SPADEM 1995.

Claes OLDENBURG (né en 1929), *Pince à linge* (1976), (H. 13,70 m). Philadelphie. © Steenmanns – Zefa. - D.R.

Nikolaus LANG (né en 1941), *Caisse pour les frères et sœurs Götte* (1973-74). Caisse avec objets trouvés. Lenbachhaus, Munich. D.R.

Pierrette et le Clown (1925)

Max BECKMANN (1884-1950), Mannheim, Kunsthalle.

Huile sur toile (160 x 100 cm). Photo Artephot/A. Held. © ADAGP, Paris 1995.

Un homme vêtu de vert est assis dans un fauteuil placé contre un mur, les jambes en l'air et les mains sur les mollets. Sa tête est emmitouflée dans un tissu blanc qui forme une pointe ; à l'emplacement des yeux, des trous lui permettent de voir. Devant lui une femme est assise, apparemment sur le bras du fauteuil, les jambes croisées, un

éventail ouvert dans la main droite. Elle fait face au spectateur. Peu d'accessoires complètent la scène : un miroir, dont la moitié gauche est cachée par le bras et l'épaule de la femme, accroché de travers au mur ; devant le fauteuil sont disposés un violoncelle, une cape verte, un chapeau pointu de Pierrot blanc, un autre éventail fermé sur le sol (à moins que ce ne soit une batte ?). Les personnages et les objets occupent la totalité du tableau en hauteur, de sorte que l'espace semble étroit, serré. La lumière qui tombe de la partie supérieure gauche est utilisée pour composer les ombres et moduler les couleurs, de manière à ce que tous les éléments prennent du relief. La rigueur de la composition donne au motif une certaine rigidité. D'après le titre, l'homme est un clown. Son attitude grotesque et amusante, qui produit un effet provocant et obscène, sécurisé par la protection que lui procure son masque, évoque l'amuseur du cirque (cf. tableaux ci-contre). Le visage emmitouflé du clown et la couleur blanchâtre qui marque l'ensemble du tableau reflètent l'insécurité et en même temps rapprochent le caractère du clown de celui de Pierrette, personnage de la commedia dell'arte qui incarne, au cours de son évolution, le type lyrique et mélancolique comme le clown blanc au cirque*. Pierrette est coquette, mais avec son regard interrogateur fixant un point hors du tableau, et sa main gauche pointant l'index vers un avenir incertain, elle a presque l'air d'un sphinx.

Le tableau comporte des traits autobiographiques. Derrière le clown se cache le peintre Max Beckmann ; Pierrette est un portrait de Mathilde von Kaulbauch à 21 ans, celle qui allait devenir plus tard la seconde épouse de Beckmann. L'arrogance de la pose ne suffit pas à cacher l'incertitude du peintre quant à cette relation qui n'en est qu'à ses débuts. Cette œuvre a été exécutée pendant le carnaval* ; au-delà de la biographie, comme beaucoup d'œuvres sur ce thème, elle soulève symboliquement les questions existentielles, à savoir quelles peuvent être, en période d'insécurité, les relations humaines, particulièrement entre l'homme et la femme.

Max BECKMANN, *Carnaval* (1920). Huile sur toile (186,5 x 91,5 cm). Détail. Tate Gallery, Londres. Photo D.R. © ADAGP, Paris 1995.

Dans ce tableau, on retrouve la pose du clown dont la tête est couverte d'un masque de singe.
Selon Beckmann, il se représente lui-même dans ce clown, reconnaissable à sa main droite bien connue de ses amis, et identique à celle de *Pierrette et le Clown*.

Bernard BUFFET (né en 1928), *Le clown* (1955). Huile sur toile (230 x 150 cm). Petit-Palais, Genève. Photo Petit-Palais, Genève. ADAGP, Paris 1995.

Ib ANTONI, *Affiche pour le cirque Schumann* (1967) (119 x 80 cm). Kunstindustrimuseet, Copenhague. © Ole Woldbye.

269

Figure with Meat (1954)

Francis BACON (1909-1992), Chicago, The Art Institute.

Huile sur toile (129,2 x 121,9 cm).
© 1995, The Art Institute
of Chicago. - D.R.

Peint au pinceau, à la brosse et aux doigts sur le dos rugueux d'une toile prétravaillée à l'apprêt, le tableau du peintre britannique Francis Bacon caractérise un travail véhément et marqué par le geste, intégrant aussi le hasard dans la vision picturale. « Le tableau change au cours de sa réalisation », explique Bacon. L'artiste peint sans ébauche ni esquisse. Il suit néanmoins un modèle : le portrait du pape Innocent X par Velázquez*. De 1950 à 1965, Bacon a réalisé une série de quarante-cinq tableaux en travaillant à partir de ce portrait.

Sa représentation expressive, déformée, destructive du pape, s'inspire également d'une photographie qui montre le pape Pie XII dans la *sedia gestatoria* (sa chaise à porteurs). Elle renforce la position accentuée, isolée, du pape sur le tableau ; celle-ci est encore approfondie ici par la zone noire et l'étroit coffre suggéré par le dessin. La bouche ouverte pour crier (qui se dessine sur un visage estompé) rappelle le cri de la nourrice dans le célèbre film de Sergueï Eisenstein *Le Cuirassé « Potemkine »* (1925), et *Le Cri* d'Edvard Munch (1893). L'art fortement expressif de Bacon appelle une interprétation symbolique. La bouche ouverte qui crie ressemble à une blessure, et la silhouette isolée du pape évoque un symbole pessimiste de l'homme angoissé, perdu, face aux horreurs de notre époque. Au-dessus du trône du pape, on peut voir, se fondant presque sans transition, les deux moitiés d'un bœuf mis en pièces.

Le lien avec Rembrandt* saute aux yeux ; tout comme avec Chaïm Soutine*. L'atmosphère de l'abattoir et la beauté du morbide éveillent en Bacon un sentiment de répulsion et en même temps de fascination. Le symbole de la mort est représenté par l'association de la viande de bœuf et du portrait du pape, formant ainsi une horrible métaphore de la solitude et du nihilisme qui renvoie au « représentant du dieu mort » tiré du *Zarathoustra* de Nietzsche. Les deux moitiés du bœuf évoquent des ailes, les ailes de l'ange de la mort.

Diego VELÁZQUEZ (1599-1660), *Le pape Innocent X* (1650). Huile sur toile (140 x 120 cm). Galerie Doria Pamphili, Rome. © Scala.

REMBRANDT VAN RIJN (1606-1669), *Le Bœuf écorché* (1655). Huile sur bois (94 x 67 cm). Musée du Louvre, Paris. © Hubert Josse.

Francis BACON, *Étude d'après le portrait du pape Innocent X par Velázquez* (1953). Huile sur toile (153 x 118 cm). © Des Moines Art Center, Coffin Fine Arts Trust Fund.

Chaïm SOUTINE (1894-1943), *Le Grand Bœuf* (1925). Huile sur toile (114 x 75 cm). Art Institute, Mineapolis. © Varga/Artephot. SPADEM, 1995.

Supermarket Lady (1970)

Duane HANSON (1925-1996), Aix-la-Chapelle, forum Ludwig.

Fibre de verre, polyester, vêtements – réalisation grandeur nature – Photo Béatrice Hatala.
© Centre G. Pompidou.

Lorsqu'en 1877 Auguste Rodin (1840-1917) expose sa statue *L'Âge d'airain*, ses détracteurs lui reprochent – à tort – d'avoir moulé son personnage à partir du modèle vivant. Un reproche monstrueux destiné à discréditer l'artiste en le traitant de falsificateur. Depuis les années 60 de notre siècle, les critères ont changé. C'est ainsi que le relevé des formes du modèle fait partie de la conception de l'art de Duane Hanson (né en 1925 aux États-Unis). Comme Rodin, il cherche l'essentiel, qui pour lui réside dans ce que le phénomène directement observable au quotidien a de typique. Il met en scène une pose caractéristique et moule le corps du modèle avec des bandes de plâtre. Il coule ensuite du polyester dans ces moules en plâtre et renforce les moulages ainsi obtenus avec des fibres de verre, les soude, les peint, puis ajoute une perruque, des vêtements et des accessoires.

En Europe, une ménagère portant des bigoudis et des pantoufles et tirant un chariot serait pour le moins insolite ; aux États-Unis, un tel personnage fait partie des apparitions quotidiennes dans les supermarchés. Le spectateur ne s'aperçoit pas au premier coup d'œil qu'il a devant lui un « objet d'art » et non une personne réelle ; il s'ensuit généralement de l'incertitude, un choc, et de la stupéfaction.

Pour Aristide Maillol*, la question qui se pose avant tout est celle des dimensions et des formes. Il sculpte à partir du modèle vivant dans le but de créer l'allégorie d'un type de femme nouveau inspiré cependant de l'art antique.

Niki de Saint-Phalle crée avec ses *Nanas** le symbole de la femme joyeuse, libérée. Plus tard, après avoir vu la *Vénus de Willendorf** (p. 7), une sculpture datant de 21 000 ans environ avant Jésus-Christ, et constaté avec surprise des ressemblances, elle considère sa *Nana* comme un personnage maternel atemporel, indépendant, bon et heureux, tiré d'une époque matriarcale.

À l'inverse, Hanson s'intéresse directement à l'homme dans sa réalité quotidienne. Alors que son maître George Segal* considère le moulage de plâtre comme un moyen de distanciation et d'aliénation, Hanson entend rester aussi près que possible de la réalité, sans pourtant rien inventer ni exagérer. « *Mes motifs préférés sont les Américains moyens de la classe inférieure ou de la classe moyenne. Pour moi, la résignation, le vide et la solitude de leur existence rendent bien la véritable réalité de la vie de ces gens.* » (Hanson)

Aristide MAILLOL (1861-1944), *Île de France* (1925). Bronze (H. 28,5 cm). Musée Ludwig, Cologne.
© Rheinisches Bildarchiv. SPADEM, 1995.

Niki de SAINT-PHALLE (née en 1930), *Nana noire* (1968-69). Polyester peint (293 x 200 x 120 cm). Musée Ludwig, Cologne.
© Rheinisches Bildarchiv. ADAGP, Paris 1995.

George SEGAL (né en 1924), *Woman in a Restaurant Booth* (1961). Table, banc, bandes de plâtre. Taille réelle.
© Musée d'Art moderne. Fondation Ludwig, Vienne.
ADAGP, Paris 1995.

Max ERNST (1891-1976),
L'Antipape (1941).
Huile sur toile (160 x 127 cm).
Coll. Peggy Guggenheim, Venise.
© Edimedia. SPADEM - ADAGP, Paris 1995.

Le tableau de Max Ernst* constitue une bonne introduction à la problématique de ce chapitre. Il nous montre, dans un paysage étrange, un ensemble de personnages qui semblent irréels, comme tirés d'un rêve. Ces êtres hybrides, bizarres, ont l'air de personnages de légendes ou de contes de fées ; ce sont les acteurs d'un jeu théâtral fantastique et visionnaire dont le sens reste énigmatique. La décalcomanie•, un procédé permettant de reproduire des couleurs et de donner des formes et des structures pleines de fantaisie, inspire l'artiste au gré du hasard. Max Ernst les utilise comme dans un jeu et les développe en les conduisant vers un but précis. Le titre du tableau ne se veut pas explicatif : il entend provoquer la fantaisie du spectateur et l'amener à des associations d'idées. Il peut être également compris comme un manifeste car, de même que les antipapes représentaient une protestation contre le pape élu selon le droit canon, ce tableau s'oppose à la vision familière que nous avons de la réalité. Le tableau de Ernst est une œuvre du surréalisme, un courant qui repose *« sur la croyance à la réalité supérieure de certaines formes d'associations négligées jusqu'à lui, à la toute-puissance du rêve, au jeu désintéressé de la pensée »* (Breton). Tout comme les représentations imagées du mythe, avec ses symboles et ses visions, étaient une interprétation du monde, le surréalisme, en référence à la psychanalyse et par un effet de distanciation, de jeu associatif ou encore de symboles énigmatiques, vise à libérer les différentes forces psychiques de l'être humain.

Chapitre 19

Les mondes picturaux du surréel

Meret OPPENHEIM (1913-1985), *Le Déjeuner en fourrure* (1936).
Vaisselle de petit déjeuner recouverte de fourrure
(24 cm de diamètre).
Musée d'Art moderne, New York.
© Artephot. SPADEM, 1995.

275

« *Pittura metafisica* »
La « peinture métaphysique »

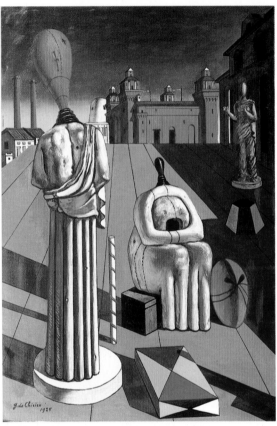

Giorgio DE CHIRICO (1888-1978), *Les Muses inquiétantes* (1925).
Huile sur toile (97 x 66 cm). Coll. Gianni Mattioli, Milan.
© Explorer. ADAGP, Paris 1995.

Joan MIRÓ (1893-1983), *Escargot, femme, fleur,
étoile* (1934). (195 x 172 cm). Fondation Joan Miró,
Barcelone. © Artephot/Oronoz. ADAGP, Paris 1995.

Les horreurs de la Première Guerre mondiale font apparaître que même notre siècle a sa part d'irrationnel : en effet, ces horreurs ont ébranlé la foi en la raison et remis en question le rôle de la pensée scientifique qui, croyait-on, assurerait le bien-être des hommes. De nombreux artistes sont alors attirés par des thèmes fantastiques, mystérieux, des scènes de rêves visionnaires repris en signe de protestation contre une pensée progressiste par trop sûre d'elle-même. Après la guerre, la « *Pittura metafisica* » fait son apparition en Italie ; elle se rattache à la longue tradition de l'art fantastique et s'inspire notamment du symbolisme de Max Klinger et de Arnold Böcklin, et de la philosophie de Schopenhauer et de Nietzsche. En 1917, le futuriste **Carlo Carrà**, qui prend ses distances par rapport à la glorification de la technique, rencontre **Giorgio De Chirico** dans un hôpital militaire et développe avec lui cet art énigmatique et mythique empreint d'un calme magique qui a pour objectif d'arriver « par la peinture à une nouvelle psychologie métaphysique des choses ». Dans les tableaux de Giorgio De Chirico, des mannequins raides et aveugles placés dans des lieux vides, qui rappellent des scènes de théâtre, illustrent ce que le temps a de lugubre*. Il s'en dégage une angoisse oppressante parce qu'il n'est pas possible de déceler une origine à la menace ressentie, et qu'on ne peut interpréter le tableau avec les moyens conventionnels. Le symbolisme subjectif de l'artiste provoque le spectateur à voir dans le tableau une énigme à laquelle il n'existe pas de solution.

Le surréalisme

A l'instar de Sigmund Freud qui, avec la psychanalyse, tentait de faire passer l'inconscient au niveau de la conscience et de guérir ainsi l'âme malade de ses refoulements, l'art s'ouvre à l'inconscient et au rêve pour échapper au « diktat de la pensée » et « libérer la vie » par la reconnaissance de soi. Tel est le credo et l'ambition des surréalistes, qui se veulent des révolutionnaires, des rêveurs, souhaitant changer le monde pour changer la vie. L'appellation « **surréalisme** » est tirée d'un sous-titre donné en 1917 par **Guillaume Apollinaire** à une pièce de théâtre ; elle sert de nom et de programme à un groupe d'écrivains parisiens rassemblés autour d'**André Breton**, de **Paul Eluard** et de **Louis Aragon**, qui s'expriment dans une correspondance fournie avec les dadaïstes venus à Paris au lendemain de la Première Guerre mondiale. Cette correspondance a paru dans la revue *Littéra-*

Salvador DALI (1904-1989),
Métamorphose de Narcisse (1937).
Huile sur toile (50,8 x 76,2 cm).
Ex-Edward James Foundation, Sussex.
Photo The Bridgeman Art Library.
© Demart Pro Arte B. V. Genève -
ADAGP, Paris 1995.

ture fondée en 1919. En 1924, Breton publie le *Manifeste du surréalisme*, qui sera suivi en 1929 par un deuxième manifeste. Très vite, le groupe attire des peintres, des sculpteurs et des architectes, entre autres : les Français **Yves Tanguy** et **André Masson**, les Allemands **Max Ernst**, **Hans Bellmer** et **Richard Oelze**, les Espagnols **Joan Miró** et **Salvador Dali**, le Belge **René Magritte*** (p. 280) et le Chilien **Matta** (Roberto Matta Echaurren). Ce sont les expositions d'arts plastiques qui ont lieu à partir de 1925 qui font connaître le surréalisme en tant que mouvement international.

La méthode utilisée par les écrivains, les artistes peintres et les sculpteurs surréalistes, c'est « l'automatisme », le souci de « *pénétrer l'ensemble du domaine psychophysique (dont la sphère de la conscience ne constitue qu'une partie réduite)* » (Breton). Le but est d'atteindre l'inespéré, l'inattendu, qui peut émerger de l'association de contraires, conformément à la « *rencontre fortuite sur une table de dissection d'une machine à coudre et d'un parapluie* » (Lautréamont). Les surréalistes tirent profit de techniques aléatoires qui exploitent le hasard, par exemple la friction de structures préexistantes (frottage, grattage) ou la décalcomanie, procédé qui consiste à presser une feuille de papier sur de la peinture fraîche puis à la retirer. Joan Miró développe un « automatisme rythmique ». Avec une palette restreinte de couleurs intenses, il arrange des formes librement inventées qui ne font que vaguement référence à la réalité pour obtenir une « composition onirique ».

Franz RADZIWILL (1892-1983),
La Chute mortelle de Karl Buchstätter (1928).
Huile (90 x 95 cm). Musée Folkwang, Essen.
© Archiv für Kunst und Geschichte, Berlin.
ADAGP, Paris 1995.

Arik BRAUER (né en 1929),
Le Trou d'ozone (1987).
(111 x 101 cm).
© Pfeifer, Vienne. - D.R.

Anselm KIEFER (né en 1945),
Chanson de Wölund (1982).
Plomb sur huile sur toile (280 x 380 cm). - D.R.
© Béatrice Hatala/Centre G. Pompidou.

Ses tableaux laissent une impression de conte de fées, souvent gaie et légère* (p. 276), et autorisent le spectateur à développer ce qu'on lui montre en faisant appel à son imagination. **Salvador Dali**, qui en 1929 tourne avec **Luis Buñuel** le premier film surréaliste, *Un chien andalou*, développe sa « méthode paranoïaque-critique », une « *méthode spontanée de connaissance irrationnelle, basée sur l'association interprétative-critique des phénomènes délirants… Il s'agit de l'organisation systématiquement interprétative du sensationnel matériel expérimental surréaliste, épars et narcissique.* » (Dali). Il peint avec un réalisme académique d'une minutie poussée à l'extrême, introduit une distanciation et des métamorphoses relevant du fantastique (des éléphants aux pattes d'araignée), invente des symboles subjectifs (des montres molles), développe des images figées, dans lesquelles seul un deuxième regard plus attentif peut distinguer des motifs qui s'assemblent pour donner un nouveau sujet surprenant. Il exploite des similitudes de formes pour évoquer des métamorphoses qu'il est possible d'interpréter de façons multiples* (p. 277).

Après avoir vécu des discussions et des controverses violentes, des démissions et des exclusions, les membres du groupe surréaliste sont dispersés par l'arrivée de la Seconde Guerre mondiale. Bellmer et Ernst sont faits prisonniers, puis émigrent aux États-Unis, où se trouvent déjà Breton, Masson, Matta et Tanguy. Cependant, des expositions organisées à Mexico (1940) ou à New York (1942), qui auront des retombées importantes, montrent que le surréalisme existe encore. La guerre terminée, le groupe se reconstitue à Paris en 1946. En 1969, Jean Schuster annonce la fin du surréalisme « *comme mouvement organisé en France* ». Mais il ajoute : « *Le surréalisme est-il mort pour autant ? Non !* » La dialectique entre le rationnel et l'irrationnel, qui marque le style de peinture académiquement figuratif d'un Dali ou d'un Magritte, l'art fantastique expérimental de Max Ernst, « l'automatisme rythmique » de Miró et « l'automatisme absolu » de Matta, qui ouvre la voie à des courants artistiques informels tels que le tachisme et la peinture gestuelle, tout cela montre bien que cet art présente des courants divers et qu'il n'est lié ni à un groupe ni à une époque particulière. « *Ce qui distingue l'œuvre surréaliste*, explique Breton en 1947, *c'est avant tout l'esprit dans lequel elle a été conçue.* »

Réalisme magique et réalisme fantastique

La revue *Valori Plastici* (1918-1921), organe de la « *Pittura metafisica* » qui inspire fortement les surréalistes, exerce également une grande influence sur les peintres du **« réalisme magique »**. Cet art, dont le berceau est situé essentiellement en Allemagne, choisit comme sujet la « magie du quotidien » : des coins de rues, des lignes de maisons, des ponts, des passages à niveau. Le nom de « réalisme magique » a été donné par Franz Roh, en 1924, entre autres à l'art de **Franz Radziwill**, qui se compose de tableaux oniriques d'une clarté excessivement précise, tantôt lyriques et enchanteurs, tantôt oppressants et menaçants* (p. 277). Dans les années 60, cette appellation est reprise pour se distinguer du « nouveau réalisme » et du « pop art », et désigner les tableaux symboliques peints par **Konrad Klapheck**, les personnages féminins ressemblant à des machines de l'artiste germano-américain **Richard Lindner**, ou encore les nœuds de cravate d'une taille monumentale de l'Italien **Domenico Gnoli**.

Au milieu des années 50, « **l'École viennoise du réalisme fantastique** » est créée à Vienne. S'y rattachent les tableaux pleins de symboles cabalistiques d'**Ernst Fuchs**, les jardins de fleurs artificielles de **Wolfgang Hutter** et les autoportraits psychologiques de **Rudolf Hausner**, de même que les paysages féeriques et fantastiques du peintre et auteur-compositeur **Erich (Arik) Brauer***. Les tableaux de Graham Sutherland et leurs végétaux cauchemardesques hérissés d'épines sont également qualifiés de « réalisme fantastique », tout comme le monde pictural fantastique et mythique de **Paul Wunderlich**, souvent fruit d'une simple technique d'aspersion, ou encore les êtres métaphoriques étranges qui apparaissent dans les dessins réalisés avec des crayons de couleur de **Friedrich Schröder-Sonnenstern**.

Mythologies

L'art du fantastique est une méthode, pas un style. Elle recèle, en les liant souvent entre elles, des tendances réalistes et des tendances abstraites. L'objectif est de déstabiliser le spectateur de manière productive pour éveiller son imagination et le pousser aux associations d'idées. Cette approche rappelle l'utilisation de la force créatrice contenue dans le sens des mythes, que **Anselm Kiefer** a citée de manière équivoque dans ses *Tableaux mythologiques de la pensée*. Sa *Chanson de Wölund** s'appuie sur la légende germanique dans laquelle le forgeron Wölund (Wieland) fuit la captivité à l'aide d'un vêtement de ressorts/plumes. L'aile de plomb, très lourde, devient le symbole de la soif de liberté, et également de la liberté de penser, à l'aide d'images poétiques indépendamment de la rationalité scientifique.

On retrouve des éléments fantastiques dans l'œuvre de beaucoup d'artistes du XXe siècle : ainsi par exemple dans les associations rêveuses et poétiques de l'artiste du « *Bauhaus* » **Paul Klee***, ou dans les scènes féeriques aux couleurs puissantes peintes par **Marc Chagall***. Le grand intérêt que le fantastique suscite chez le spectateur est illustré notamment par la pléthore d'œuvres de distraction réalisées par des illustrateurs de science-fiction et d'œuvres littéraires, des auteurs de bandes dessinées (tels que **Philippe Druillet** ou **Mœbius**, c'est-à-dire Jean Giraud).

Paul KLEE (1879-1940), *Le Prince noir* (1927). Huile sur toile (33 x 29 cm). Collection d'art de Rhénanie, Düsseldorf. © ADAGP, Paris 1995.

Marc CHAGALL (1887-1985), *Le Jongleur* (1943). Huile sur toile (110,5 x 78,7 cm). Coll. particulière, New York. © Lauros/Giraudon. ADAGP, Paris 1995.

Les Promenades d'Euclide (1965)

René MAGRITTE, (1898-1967), Minneapolis, The Minneapolis Institute of Art.

Huile sur toile (163 x 130 cm). © Photothèque René Magritte-Giraudon. ADAGP, Paris 1995.

Le tableau, *Les Promenades d'Euclide*, montre un intérieur. Un chevalet est posé devant la fenêtre centrée dans le tableau et encadrée à gauche et à droite par un rideau. À travers la vitre, nous apercevons les toits d'une ville. Au premier plan, une tour avec un toit en cône qui cache la voûte de feuillage vert d'une rangée d'arbres. Immédiatement à droite, une large allée conduit tout droit dans la profondeur du tableau. À l'exception de deux personnes qui sont visiblement en conversation l'une avec l'autre, cette allée est déserte. La perspective des couleurs claires et le flou donnent l'impression que le paysage citadin s'étend jusqu'à l'horizon, surmonté d'un ciel bleu parsemé de cumulus blancs. La représentation laisse une impression de sobriété et d'objectivité. Grâce au chevalet, à la bande blanche de gauche et à une ligne de contour fine, à peine perceptible, marquée en haut, à droite et en bas du tableau, nous découvrons, à peine visible, une toile peinte. Le motif peint, dont les couleurs et les formes sont fidèles, se fond dans la vue que l'on a de la fenêtre.

Alors que la vue par la fenêtre indique qu'on a affaire à la reproduction d'un tableau « naturel » à l'intérieur du tableau, le motif de la toile peinte indique cette fois un autre tableau « artificiel » à l'intérieur du tableau. On a l'impression que le tableau de la toile peinte est identique au tableau « naturel » qu'il cache. Dans *La Trahison des images**, Magritte renvoie clairement et ironiquement à la différence entre le référent : une pipe réelle, l'idée abstraite de la pipe (le signifié) et sa reproduction par le tableau. Ce qui lui importe, c'est l'interaction des différents niveaux de réalité. Dans *Les Promenades d'Euclide*, par le jeu de la forme, de la couleur et de la structure, l'allée et la pointe conique de la tour sont identiques, ce qui soulève le même problème. Libérée de la perspective du point de fuite, l'illusion de la profondeur se révèle n'être qu'un artifice de peintre. Le titre du tableau, choisi après mûre réflexion, est une allusion à l'axiome sur les parallèles du mathématicien grec Euclide, qui est à la base du modèle spatial que nous avons de notre réalité.

René Magritte entend déstabiliser le spectateur et sa « pensée automatique ». Dans *Le Château des Pyrénées**, il montre quelque chose de surprenant, de mystérieux, par l'association inhabituelle d'éléments tirés de la banalité du quotidien. « *En faisant usage de la plus grande liberté qui soit, le spectateur peut voir mes tableaux pour ce qu'ils sont, en s'efforçant, comme leur inventeur, de penser au sens, c'est-à-dire : à l'impossible.* » (Magritte)

René MAGRITTE,
La Trahison des images (1929).
Huile sur toile (59 x 80 cm).
County Museum of Art, Los Angeles.
© Giraudon/Art Resource. ADAGP, Paris 1995.

René MAGRITTE,
Le Château des Pyrénées (1961).
Huile sur toile (200 x 140 cm).
Musée d'Israël, Jérusalem.
© Photothèque René Magritte-Giraudon. ADAGP, Paris 1995.

Jean TINGUELY (1925-1991),
Balouba n° 3 (1961). (H. 144 cm).
Musée Ludwig, Cologne.
© Rheinisches Bildarchiv, Cologne.

C'est avec des objets trouvés, des déchets, des ressorts, des tuyaux de caoutchouc, des clochettes et bien d'autres choses encore que Jean Tinguely construit ses *Balou-bas**, sculptures poétiques et multicolores dont le nom rappelle celui des danseurs masqués de danses rituelles d'une tribu bantoue. Ces sculptures ne sont pas statiques comme des sculptures ordinaires. Des moteurs électriques mettent leurs éléments en mouvement, et le spectateur se voit donc proposer, outre le spectacle visuel, une expérience acoustique sous la forme d'une pétarade ou d'une sonnerie. L'« art cinétique » ajoute aux arts plastiques une dimension à laquelle, selon la conception couramment répandue, il leur fallait jusque-là « renoncer complètement » (Lessing) : la dimension temporelle. Le temps est vécu directement à travers un processus dynamique fugace, miroir de notre siècle marqué par la technique.

Les manifestations du groupe Fluxus, telles que la *Danger Music* de Higgins**, dans laquelle l'artiste en tant qu'acteur se trouve lui-même au centre de l'œuvre, sont également des œuvres d'art gestuel liées au temps. Dans un élan ludique, l'art gestuel dépasse toutes les limites traditionnelles établies entre les genres, s'empare de tous les médias et de tous les sens. Il mise sur l'effet du processus authentique auquel le public lui aussi peut participer en tant qu'acteur. L'objectif est d'abolir la frontière entre l'art et la vie par un art qui se conçoit comme une « philosophie active de l'expérience » (Ken Friedman).

Chapitre 20

L'art en tant que processus : mouvement et action

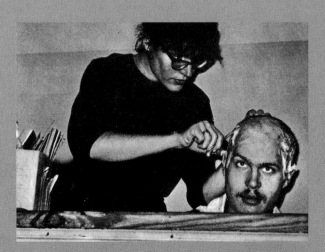

Alison KNOWLES, Dick HIGGINS,
Danger Music 2.
Fluxus Festival 1 à Wiesbaden, 1962.
© Harmut Rekort.

L'art cinétique

Bridget RILEY (née en 1931),
Cataract V (1968).
Émulsion sur carton (80 x 75 cm).
Coll. particulière. D.R.

Traditionnellement, les arts plastiques peuvent visualiser le mouvement, par exemple par la représentation décentrée dans le champ plastique d'un personnage en marche. Bien sûr, le tableau lui-même ne bouge pas. Son motif, qu'il soit figuratif ou non, reste statique. C'est le spectateur qui conclut au mouvement par le mouvement de son regard. Les motifs réguliers répétitifs de l'artiste londonienne de l'op art **Bridget Riley*** troublent la vue et donnent l'impression d'un mouvement scintillant, mais là encore le tableau lui-même reste figé, immobile. L'« art cinétique », au contraire, met réellement ses objets en mouvement. « *Nous nous libérons de l'erreur commise par les artistes pendant un millénaire, qui consiste à croire que seuls les rythmes statiques peuvent faire l'objet de l'art* », peut-on lire en 1920 dans le *Manifeste réaliste* des frères russes **Naum Gabo** et **Antoine Pevsner**. « *Nous déclarons, que les rythmes cinétiques, en tant que forme essentielle de notre sensation temporelle, sont les éléments principaux de l'art.* » Trois ans plus tard, les Hongrois **László Moholy-Nagy** et **Alfred Kemény** publient dans la revue *Sturm* leur « Manifeste de la sculpture cinétique ». Dès le premier siècle de notre ère, Héron d'Alexandrie avait construit des automates mus par l'eau, le vent et l'air chaud ; quant aux automates de Pierre Jacques Droz (1721-1790), le mouvement leur était imprimé à l'aide de ressorts remontés. Ce qui n'était alors qu'un jeu distrayant éveillant la surprise sera repris dans l'art du XXᵉ siècle pour devenir un principe de réalisation. Le développement de la technique à un rythme effréné, qui entraîne la mécanisation et l'augmentation de la mobilité de la société, la théorie de la relativité d'Albert Einstein (1905-1915) et la cybernétique de Norbert Wiener (1948) inspirent un art dynamique, qui intègre le temps comme une « matière » sous forme de mouvement et de transformation.

La *Construction cinétique n°1* de **Naum Gabo** (1920) se compose d'une tige d'acier à laquelle un moteur électrique imprime un mouvement d'oscillation, constituant ainsi une « vague dressée » vibrante, un volume virtuel. Quarante ans plus tard, **Jean Tinguely** reprend le principe. Des matériaux coincés dans une pince, entraînés par un moteur dans un mouvement de rotation à grande vitesse, constituent « des volumes à l'optique dématérialisée » – le mouvement à l'état pur. C'est à Paris, centre de l'art cinétique depuis les années 50, qu'est organisée en 1954 la première grande exposition, qui sera suivie par d'autres dans différentes villes européennes et américaines. Les groupes d'artistes qui se forment en Italie (« **Moviment Arte Concreta** », 1952), en Allemagne (« **Zero** », 1958), en France (« **Groupe de recherche d'art visuel** », 1960) et en Russie

Alexander CALDER (1898-1976), *Piège à homards et queue de poisson* (1939).
Acier et aluminium peints (260 x 290 cm).
Musée d'Art moderne, New York.

(« **Mouvement** », 1962), reflètent le caractère international de l'art cinétique. En 1967, l'artiste américain **George Rickey** écrit : « *L'expansion de l'art cinétique dépasse aujourd'hui la vision d'avenir la plus optimiste que Naum Gabo avait eue il y a un demi-siècle.* »

Les possibilités ouvertes par l'art cinétique sont diverses. Dès 1919, **Man Ray** suspend une spirale de papier qui tourne sur elle-même et s'étire. Un courant d'air ou un petit coup donné avec la main suffit à faire danser les mobiles en équilibre qu'**Alexander Calder*** conçoit à partir des années 30 ; tout comme les sculptures constructivistes de Rickey (réalisées à partir des années 50), ils reposent sur la loi physique régissant les mouvements d'un levier inégal. D'autres œuvres d'art cinétique sont mues par des moteurs. Ce sont des moteurs électriques qui impriment un mouvement par l'intermédiaire de courroies de transmission et de roues dentées à des disques, des spirales ou des éléments amorphes en bois, en verre, en métal ou en plastique, qu'il s'agisse des *Disques tournants* de **Marcel Duchamp** en 1920, ou de l'*Homme au marteau (Hammering Man)* de **Jonathan Borofsky***. À l'enthousiasme pour la technique qui se manifeste dans ce jeu esthétique, **Jean Tinguely** oppose une vision ironique et critique, avec ses *Antimachines dépourvues de sens* qui reflètent de manière ambivalente notre fascination et notre peur latente devant la domination incontrôlable de la machine. **Nicolas Schöffer*** cherche à réaliser la synthèse de l'espace, du mouvement, de la lumière et de la couleur dans une *œuvre d'art chronodynamique*, dont l'état se transforme en permanence par l'interaction de ses diverses structures. La lumière, « matériau immatériel », vient enrichir la dimension de l'art cinétique. Les spectacles luminodynamiques de Schöffer (1953), les stèles de lumière de **Heinz Mack** (à partir de 1956), le ballet de lumière d'**Otto Piene** (1959) reprennent une tradition dont les débuts remontent à l'art des luminaires du Danois **Thomas Wilfred** (à partir de 1905), à « l'optophonique du piano » mise au point par le Russe **Wladimir Baranoff-Rossinié** (1919) et aux jeux de lumières et de réflexivité de **Hartwig**, **Hirschfeld-Mack** et **Schwerdtfeger** dans le cadre du « *Bauhaus* » (1922).

D'autres représentants de l'art cinétique intègrent l'activité du spectateur dans leur œuvre. Ainsi **Jesus Rafael Soto** (né en 1929) invite le public à traverser une pièce au plafond de laquelle sont suspendus des lacets de nylon. Ce n'est que l'action du public qui confère à *La Statue pénétrable* (1971) son caractère cinétique spécifique. Le spectateur et l'œuvre d'art se fondent en une unité temporelle.

Art de l'« action »

Il y a là des points communs avec le « happening », un art de l'« action » qui remonte à la fin des années 50. L'artiste met en scène un événement auquel les spectateurs sont étroitement associés. **Allan Kaprow** (né en 1927), qui, en association avec

Jonathan BOROFSKY (né en 1942), *L'Homme au marteau* (1991). Aluminium (H. 215 cm). Francfort-sur-le-Main, devant la tour du Centre des foires et salons. © Dpa. - D.R.

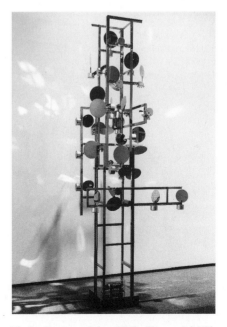

Nicolas SCHÖFFER (né en 1912), *Chronos 8* (1967). Duralumin, Plexiglas, moteurs électriques. © Musée national d'Art moderne, Paris. Centre Georges Pompidou. SPADEM, 1995.

Fabrizio PLESSI (né en 1940), *Roma 1987*. Documenta 8, Kassel.
Plaques de marbre, 43 écrans, bande transporteuse.
(380 x 1 000 x 700 cm).
© Claudio Franzini.

Nam June PAIK, *T.V.-Bouddha n° X*, (1982).
Statue de Bouddha coréenne datant du VIIᵉ siècle,
écran, terre, caméra.
Collection Black, New York. D.R.

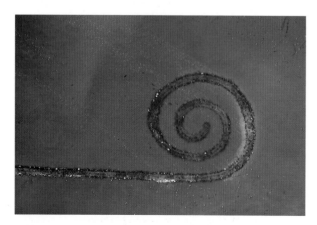

Robert SMITHSON (1938-1973), *Spiral Jetty in the Great
Salt Lake* (1970). États-Unis. © Gerster/Rapho. - D.R.

le musicien **John Cage** (1912-1992), est à l'origine du « happening », proclame le lien étroit qui existe entre cet art et la vie quotidienne. « *L'interaction entre l'action humaine et la réalité à laquelle l'homme est confronté est ainsi portée à son paroxysme.* » L'objectif est une perception plus consciente de la réalité. Le déroulement des événements déclenchés par l'artiste dépendant des réactions du public impliqué, l'issue de ces événements est incertaine. En Europe, **Wolf Vostell** (né en 1932) mène des actions semblables.

Le « happening » puise ses racines dans les manifestations organisées par les dadaïstes dans les cafés-théâtres. On peut lire dans un manifeste daté de 1918 : « *La vie apparaît comme un chaos simultané de bruits, de couleurs et de rythmes de l'esprit…, repris dans toute sa réalité brutale.* » Les « happenings », qui se sont d'abord heurtés à une large incompréhension et à un refus de la part du public, deviennent un moyen de protestation sociale au cours du mouvement étudiant de 1968. Le mouvement « Fluxus », dont l'origine remonte au Letton **George Macciunas**, met de nouveau la conception et l'exécution d'opérations souvent provocantes et absurdes entre les mains de l'artiste (cf. p. 283). Des festivals de « Fluxus » sont organisés entre autres à Wiesbaden, Copenhague et Paris (1962). Depuis les années 70, l'appellation « Performance• » s'est imposée pour désigner de manière générique les diverses formes d'art de l'« action ». Rappelant des rites initiatiques, l'artiste, presque assimilable à un chaman•, entend influencer le spectateur en suscitant en lui un intérêt spontané.

L'art de l'« action » exploite toutes les ressources possibles de l'image, du théâtre et des médias, sans s'occuper des limites pouvant exister entre ces formes d'expression. L'objectif est de représenter, au moyen de mises en scène absurdes, choquantes, humoristiques ou encore qui rappellent des rites, la prise de conscience du moi individuel dans le monde face aux conventions sociales et aux refoulements sexuels. L'installation vidéo de **Fabrizio Plessi***, qui allie la lumière à la bande magnétique, est purement médiatique. Il s'agit d'un jeu ironique et trompeur où le spectateur croit assister à la chute d'une pierre dans l'image aqueuse et réfléchissante des écrans. Le Coréen **Nam June Paik*** (né en 1932) ne s'intéresse pas à la fugacité, mais plutôt à une expérience temporelle tout à fait spécifique. Il met en présence un authentique Bouddha, symbole de l'éternité et de l'immobilité, et son image vidéo qui, enregistrée en direct par une caméra, est déterminée par le temps.

Les artistes du « *land art* », eux, montrent la fugacité et les changements dans le temps. **Robert Smithson*** réalise de vastes paysages typés situés dans des contrées retirées. Ses paysages artistiques ne sont pas destinés à durer ; au cours du temps, la nature détruira les traces de l'intervention humaine. D'autres artistes soumettent leurs œuvres en matières organiques à un processus de modifica-

Jochen Gerz (né en 1940), *Le Prospectus du Transsibérien* (1977). Pièce (1 020 x 1 000 cm), chaises, ardoise, cendres, morceaux de papier avec écritures. Documenta 6, Kassel. Coll. Museum Wiesbaden. © Nemeczek, Francfort.

tion, en les exposant par exemple à des moisissures (**Diter Roth**, **Harry Kramer**). Le caractère éphémère du monde temporel (et donc de l'humain), auquel les natures mortes (*memento mori*) du XVIIᵉ siècle renvoyaient de manière symbolique, est ici exprimé sans détour.

Jochen Gerz* emprunte le Transsibérien express à Moscou. Rideaux fermés, il parcourt seize mille kilomètres aller-retour, assis, sans descendre du train. Pendant le trajet, il remplit trois cahiers, qui seront brûlés symboliquement à la fin de l'expédition. Rien n'atteste son voyage en dehors des seize ardoises sur lesquelles il a posé ses pieds et qui ont gardé ses empreintes. Ces ardoises sont posées par terre devant seize chaises, formant un carré, qui correspondent à seize jours de voyage. Gerz est un représentant de l'« art conceptuel » (*concept art*), courant qui vise à faire jaillir l'œuvre d'art dans l'imagination du spectateur en fournissant quelques rares objets, des photos ou des textes, à partir de quoi le spectateur doit imaginer l'œuvre par associations d'idées.

Avec leur projet « The Umbrellas, Japon-USA, 1984-1991 »* les artistes américains Christo et Jeanne-Claude, quant à eux, organisent une œuvre d'art publique qui s'étend sur six ans, et lors de laquelle 3100 parasols se déploient simultanément pendant dix-huit jours, en Ibaraki, Japon et en Californie, et qui coûte aux artistes 26 millions de dollars. Le processus est tout aussi important que son résultat, et tous les participants sont impliqués. Témoignant d'une interférence entre l'art et le temps, l'œuvre d'art s'insère en tant qu'artefact temporel dans l'écoulement vivant du temps.

CHRISTO et JEANNE-CLAUDE (nés en 1935), *Parasols* (1984-1991). 3100 parasols bleus et jaunes, toile de nylon et aluminium, Japon-USA. © Christo, 1991. Photo Gerster-Rapho.

7 000 Chênes (1982)

Joseph BEUYS (1921-1986), Kassel, Documenta 7.

Joseph BEUYS, *Comment on explique les tableaux au lièvre mort.*
Performance. Düsseldorf, 26 novembre 1965.
© Studio Walter Vogel. ADAGP, Paris 1995.

En 1965, **Joseph Beuys** organise une manifestation de « Fluxus ». La tête dorée et enduite de miel, il porte un lièvre à travers une galerie d'art et lui montre des tableaux et des sculptures*. Cette action au caractère rituel est symbolique : le miel renvoie à la réflexion ; le lièvre symbolise l'incarnation. Beuys célèbre des représentations totémiques plutôt que des modèles de compréhension rationnels. À l'aide de visions non rationnelles du monde, il veut libérer des liens associatifs tombés dans l'oubli, pour étendre les possibilités de réflexion et d'action de l'homme d'aujourd'hui. Il proclame une conception étendue de l'art qui voit dans tous les domaines de la vie matière à la réalisation artistique. « L'art c'est la vie », « La pensée c'est la sculpture », voilà ses thèses centrales.

7 000 jeunes arbres, 7 000 stèles de basalte. © Photo Lothar Koch.

L'opération *7 000 Chênes* représente dans une certaine mesure une illustration de la conception de l'artiste d'une « sculpture sociale ». En même temps, elle est une « sculpture temporelle » (J. Stüttgen), qui, emmagasinant le temps et exigeant du temps, puisqu'elle allie un processus naturel à un processus commandé par l'homme, reflète le temps de manière diversifiée. Tandis que, lors des manifestations de « Fluxus », l'artiste exécute une opération devant un public qui se tient à distance, *7 000 Chênes* dépend de la participation du public, et lui confère ainsi un caractère d'utopie positive et peut-être désespérée : la réalisation du projet exige que, au fil du temps, beaucoup de personnes plantent des chênes avec les stèles de basalte qui leur sont attribuées. Le processus naturel de la croissance, qui fait prospérer ces jeunes arbustes, témoigne d'une société qu'il est nécessaire de chan-

ger et d'améliorer. Les stèles de basalte s'inscrivent dans le temps, des milliers d'années, de la lave jadis en fusion, puis solidifiée ; elles sont un symbole de la durée, de la sécurité, du temps qui s'écoule lentement. Plantées devant le Friedericianum à Kassel, les stèles forment une « horloge de pierre », conçue pour une durée limitée, puisque leur retrait progressif indique chaque fois qu'un autre arbre a été planté. Ce dernier est accompagné d'une stèle de basalte chargée d'abord de protéger la jeune plante jusqu'à ce que l'arbre ait poussé, dépassant la stèle et lui assurant à son tour une protection. C'est bien du *temps* que nécessite l'action commencée par Beuys lui-même et qui doit être perpétrée par d'autres. C'est lors de la huitième exposition « Documenta », en 1987, que la veuve de Beuys plantera le dernier arbre, un an après la mort de l'artiste.

Vladimir Ievgrafovitch TATLINE (1885-1953),
Monument à la IIIᵉ Internationale.
Maquette réalisée en 1920. Musée russe, Saint-Pétersbourg.
© APN - SPADEM, 1995.

Chapitre

Art et fonction : l'architecture et le design

Vladimir Tatline dessine en 1919 une tour devant faire office de *Monument à la IIIᵉ Internationale**. Il souhaite en faire une structure de verre et d'acier, avec des éléments rotatifs qu'on pourrait y suspendre et qui serviraient de salles utilitaires. La forme rigoureuse correspond aux principes du constructivisme. L'influence du style « Art nouveau » et de l'« expressionnisme » se ressent dans l'observatoire d'astrophysique construit par Erich Mendelsohn*. Si la *Machine mondiale* de Tatline est un hommage à l'ère de la technique, la construction massive en béton lisse de Mendelsohn, œuvre fonctionnelle au service de la science, renvoie à la théorie de la relativité d'Einstein. Les deux tours sont un symbole actuel de l'architecture moderne, dont l'esthétique sobre, claire et sans fioritures, se différencie résolument de l'éclectisme et du caractère pathétique du XIXᵉ siècle. La recherche d'un nouveau style s'accompagne de l'utilisation de nouveaux matériaux de construction, de nouvelles façons de concevoir et de nouvelles méthodes de production. Elle est aussi déterminée par un changement de la fonction de l'architecture, laquelle se considère comme au service de la société de masse. En 1928, la déclaration du C.I.A.M. (Congrès International d'Architecture Moderne) stipule que les architectes « *sont conscients du fait que les changements de structure qui s'accomplissent dans la société transforment aussi le bâtiment, et que la modification des notions liées à l'ordre qui sont constitutives de l'ensemble de notre vie intellectuelle se traduit aussi par une modification des notions constitutives du bâtiment.* » Forts de la conviction « *qu'une bonne architecture peut améliorer la qualité de la vie des hommes* » (Hitchcock), les architectes développent dans le monde entier un style international, qui travaille surtout en fonction de l'affectation des constructions, et exerce une influence déterminante sur l'architecture du XXᵉ siècle.

Erich MENDELSOHN (1887-1953), tour Einstein, Potsdam (1921).
© AGK/Erik Bohr.

L'abandon de l'ornement

Antonio GAUDI (1852-1926), *La Sagrada Familia*, Barcelone. © Artephot/Roland.

William VAN ALEN (1882-1954), *Chrysler Building* (1928-1930), New York. © Gérard Sioen/Agence Top.

La *construction sculpturale* du Catalan **Antonio Gaudi***, dont les formes bizarres associent des modèles ornementaux naturels avec des éléments du style néo-gothique et maniériste, est un prolongement singulier et excentrique de l'architecture du style « Art nouveau » jusqu'en 1926. Mais à l'ère de la technologie, les ondoiements et les rinceaux de l'« Art nouveau » ne satisfont pas de nombreux architectes qui considèrent que sa légèreté ludique est dépassée. Certes, cet art revit dans le style des années 20, dont l'ornementation rythmique et pleine de vie sert surtout à la décoration de magasins et de restaurants. Même **William Van Alen** décore le gratte-ciel Chrysler*, son ouvrage de 77 étages bâti à New York à la fin des années 20, dans le style « Arts déco ». S'inspirant des gargouilles des cathédrales gothiques, il installe l'emblème du constructeur automobile en décorant les frises avec des chapeaux de roues. Cependant, les caractéristiques de l'époque indiquent une autre orientation. Dans son livre intitulé *Ornement et Crime*, **Adolf Loos** écrit en 1908 : « *L'évolution de la culture signifie la suppression des ornements sur les objets d'usage courant.* » C'est ainsi que sa *Maison Steiner** est dépourvue de toute décoration extérieure. Loos s'intéresse davantage à la structure intérieure qu'à l'aspect extérieur. L'abandon de l'ornement qu'il préconise se fonde sur des raisons économiques et esthétiques ; sa motivation est aussi morale, dans la mesure où les ornements symbolisent l'architecture représentative du pouvoir du XIXe siècle qui ne s'intéressait pas aux problèmes de la société industrielle de masse.

L'utilisation de matériaux nouveaux accélère une construction rationnelle et standardisée, marquée par la technique industrielle. En France, **François Hennebique** (1842-1921) réalise des expériences avec le béton armé, un matériau pouvant recouvrir des espaces étendus et adopter n'importe quelle forme par coulage. C'est en béton armé que **Max Berg** construit la *Jahrhunderthalle* (Hall du Siècle) à Breslau (1913), bâtiment avec une coupole de 66 mètres de diamètre ; quant à **Eugène Freyssinet**, il s'en sert en 1923 pour les hangars de l'aéroport d'Orly, d'une portée de 80 m et d'une hauteur de 56 m. Le verre aussi, associé à des armatures en fer et en béton, stimule l'imagination des architectes. Le pavillon de verre de **Bruno Taut** (1880-1938), présenté en 1914 lors d'une exposition à Cologne, comporte une coupole en double vitrage, et les éléments constitutifs des murs et des marches sont en verre. Taut proclame en 1919 : « *Trois hourras pour notre empire de la non-violence !* ». La beauté, la pureté et la fragilité du verre inspirent, après l'horreur de la Première Guerre mondiale, une architecture pacifique.

Des utopies architectoniques

Taut et d'autres architectes dessinent des villes et des tours utopiques, fortement mécanisées, en verre, acier et béton, et conçues comme les « palais socialistes » d'une société moderne sans classe. On peut citer comme exemples la *Ville idéale* de **Ludwig Hilberseimer** (1924) ou encore le *Plan Voisin* de **Le Corbusier** (1925). Mais la plupart de ces projets, en particulier les plans urbanistiques rationnels et fonctionnels, ne dépasseront jamais le stade de la planche à dessin.

Déjà la « *città nuova* », la ville de l'avenir conçue par les futuristes, n'avait pas dépassé le stade de l'imagination. Selon les auteurs du manifeste de l'architecture futuriste (1914), enthousiasmés par la technique, elle devait « *ressembler à un grand chantier naval bruyant, et par toutes ses composantes être alerte, mouvante et dynamique.* » L'un de ces auteurs, **Antonio Sant'Elia***, développe, avec la liberté d'un illustrateur de science-fiction, « *une métropole du futur composée de gratte-ciel en escalier, de routes sur plusieurs niveaux et de façades d'usines qui se dressent hardiment.* »

Le style international

Parallèlement à ces fruits de l'imagination, une architecture internationale se développe après la guerre, qui doit se consacrer essentiellement à la construction de logements et de bâtiments industriels ; elle se veut démocratique. La fonction des bâtiments, caractérisée par la simplicité et la rigueur, se réduit à celle d'une enveloppe au service de l'affectation de ces constructions. Des bâtiments tels que les écoles, les hôpitaux, les usines et les logements doivent avoir un aspect qui correspond à leur fonction sociale. Un design sans fioritures, clair et largement standardisé, utilisant des matériaux modernes comme l'acier, le verre et le béton, et mettant en œuvre des techniques industrielles de production peu coûteuses, ne doit pas seulement refléter un monde dominé par la technologie, mais être le signe d'une responsabilité sociale collective. L'exemple typique auquel ont travaillé de grands architectes comme **Ludwig Mies van der Rohe**, **Le Corbusier** et **Walter Gropius** est le lotissement *Weissenhofsiedlung* bâti à Stuttgart en 1927.

En 1919, Gropius fonde le « *Bauhaus* » à Weimar et en prend la direction. Cette école, qui devait acquérir une importance mondiale, sera transférée à Dessau en 1925* (p. 294). Elle est dirigée à partir de cette date par **Hannes Meyer**, puis par **Ludwig Mies van der Rohe** (1886-1969) à partir de 1930 et jusqu'à sa dissolution par les nazis pour raisons politiques et idéologiques. Créé à l'origine pour réaliser l'unité de l'art et de l'artisanat, les architectes du « *Bauhaus* » utilisent les technologies nouvelles et ouvrent la voie à une production industrielle. Gropius (1923) préconise « *une architecture claire, dont la logique interne se propage et qui ne soit pas encombrée par des lignes, des façades et toutes sortes d'artifices* ».

Adolf Loos (1870-1933),
Maison Steiner (1910), Vienne.
© Adolf Loos archiv,
Albertina graphic coll., Vienne.
SPADEM, 1995.

Antonio Sant'Elia (1888-1916),
projet de *Città nuova* (1919).
© Muséo Civico, Côme.

Walter GROPIUS (1883-1969), *Bauhaus* (1925), Dessau.
© Erik Bohr. Archiv Für Kunst und Geschichte, Berlin.

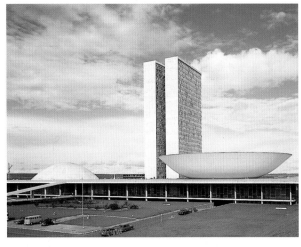

Oscar NIEMEYER (né en 1907). *Palais du Congrès,* Brasília, (1957-1960).
© Dagli Orti.

Richard Buckminster FULLER (1895-1983),
Pavillon des États-Unis (1967), Montréal. © P. Hinous/Agence Top.

En 1928 est créé en Suisse le Congrès international d'architecture moderne (C.I.A.M.), une association ayant pour objectif un urbanisme économique et social. Ce n'est qu'en 1956, après dix congrès, qu'elle sera dissoute. En font partie des architectes du « *Bauhaus* », des Américains comme **Philip Johnson** et le Suisse **Charles Édouard Jeanneret**, alias **Le Corbusier**, qui développent une architecture moderne standardisée. En 1932, l'Américain **Henri Russel Hitchcock** regroupe les œuvres de ce style sous l'appellation « *international style* ». Un toit plat, des murs blancs et lisses, des fenêtres en ligne et des piliers : voilà les caractéristiques du « style international » qui se veut « *lutte pour un nouveau style de vie* » (Mies van der Rohe).

L'unification à l'échelle mondiale s'oppose à l'emphase nationaliste des nouvelles dictatures européennes. C'est ainsi que, dans les années 30, les régimes fascistes d'Allemagne (cf. *la Maison de l'art allemand*, p. 299), d'Italie, d'Espagne et de l'U.R.S.S. stalinienne élèvent des constructions monumentales d'après le style classique.

Cependant, après la Seconde Guerre mondiale, les villes détruites par les bombardements doivent être reconstruites rapidement et à peu de frais, ce qui correspond aux principes du « style international ». La ligne droite, « quintessence de la raison », et le verre, « quintessence du gratte-ciel » (Ludwig Mies van der Rohe), caractérisent l'architecture comme dans la période d'avant-guerre. Entre 1957 et 1960, **Lúcio Costa** et **Oscar Niemeyer**, deux disciples de Le Corbusier, ont pu réaliser la vision urbaine des pères du « style international » lors de la construction de Brasília*, la nouvelle capitale du Brésil qui sera d'ailleurs un échec : les constructions monumentales grandioses s'épuisent à donner une image futuriste photogénique ; la ville-plan a oublié les individus, et la vraie vie se déroule dans des bidonvilles.

Victoire sur le fonctionnalisme

L'architecture purement fonctionnelle conduit à une monotonie perçue toujours davantage comme étant hostile aux hommes. Les expériences laissant une forte impression esthétique, comme les coupoles de l'Américain **Richard Buckminster Fuller***, ne sont que des exceptions. Ce qui domine, c'est la construction de grands ensembles d'habitation sans âme, contre lesquels s'élève une opposition de plus en plus forte, qui, ajoutée à une conscience écologique grandissante, impose depuis les années 70, un changement radical du mode de pensée.

Alors qu'auparavant de nombreux monuments avaient été démolis sans remords, on se met à conserver le patrimoine historique, et une architecture de « collage » appelée « postmodernisme », née aux États-Unis, fait son apparition en Europe.

Ironique et ludique, elle travaille sur des références de styles architecturaux qui réintègrent le décor et les couleurs et tentent d'accrocher la sensibilité*. La protestation postmoderne montre que l'architecture fonctionnaliste du XXᵉ siècle ne pouvait finalement pas satisfaire, dans la pratique, ses exigences démocratiques utopiques.

Le Corbusier lui-même avait soumis à une condition la construction de la *Machine à habiter*, logement produit en série : « *Il est essentiel que l'on crée un état d'esprit approprié afin que les gens puissent se sentir bien dans de tels logements.* » Mais après sa *Villa Savoye**, qui allie rigueur structurelle et liberté spatiale, il construit des maisons cubiques que ses nombreux détracteurs trouvent sans âme. L'expérience osée de **Frank Lloyd Wright**, la *Maison sur la cascade**, est un exemple d'architecture organique : elle tente de réaliser le principe de « l'espace qui s'écoule » et renonce à figer l'espace intérieur. Aujourd'hui on considère que le projet de Wright a préparé la voie à une architecture qui a eu raison du fonctionnalisme étroit. C'est également cette victoire que vise le projet « *Öko-Baumhaus**** » (maison-arbre écologique) de **Frei Otto**. Toute la surface de ce bâtiment est recouverte de verdure. Les rayons solaires et le vent sont captés, les eaux usées recueillies et le tout est réutilisé. L'idée est de réaliser un paysage d'habitation qui réponde à l'individualité de ses habitants et à leurs besoins et qui cherche à réconcilier le bâtiment, l'homme et la nature.

Michael Graves (né en 1934), dessin de l'*Immeuble des Services publics de Portland* (1980), Oregon.
© Michael Graves, architecte.

Le Corbusier (1887-1965),
Villa Savoye (1929-1931), Poissy.
© Marc Tulane/Agence Top. SPADEM, 1995.

Frank Lloyd Wright (1896-1959),
Maison sur la cascade (1936). Bear Run, Pennsylvanie.
© R. Bryant Archipress/Arcaid.

Frei Otto
(né en 1925),
Maison écologique
(1980), maquette.
© Deutsche Verlag.
Amstalt, Stuttgart.

295

Fauteuil rouge et bleu (1918)

Gerrit Thomas RIETVELD (1888-1964), Amsterdam, Musée municipal.

© Cassina, Milan. SPADEM, 1995.

Gerrit Thomas RIETVELD,
Maison Schröder (1924), Utrecht (Pays-Bas).
© Michel Denance/Archipress. SPADEM, 1995.

Le *Fauteuil rouge et bleu** de Rietveld est construit avec des pièces de bois peint préfabriquées à la machine. À le voir, on sait qu'il est dur, antianatomique, somme toute très inconfortable. Cette forme première, rigoureuse et puriste n'est utilisable comme chaise que si elle est servie par un autre matériau. C'est le cas des sièges en tubes d'acier de Breuer* (1925), de Mies van der Rohe* (1927) ou de Le Corbusier/Perriand*. Le *Fauteuil* de Rietveld ressemble plutôt à un objet en relief, un modèle abstrait, ou la démonstration d'un principe artistique. Gerrit Thomas Rietveld, originaire d'Utrecht, ébéniste, architecte, cofondateur du C.I.A.M. en 1928, est membre du groupe d'artistes constructivistes « De Stijl » de 1919 à 1931. Se limitant à ne travailler qu'avec une seule forme, le rectangle, et qu'avec les couleurs primaires, il a fait passer, avec sa chaise, le langage universel de son ami peintre Piet Mondrian de deux à trois dimensions.

On retrouve dans sa première œuvre architecturale* le même langage rigoureux des formes. Des éléments linéaires colorés reprennent également les couleurs primaires. Celles-ci accentuent l'isolement des surfaces grises et blanches et donnent à l'ensemble, comme dans le cas de la chaise, le caractère d'un assemblage de pièces constitutives. À l'instar des artistes du « Bauhaus », mais en plus radical, Rietveld supprime, par un concept artistique de base, la séparation entre le design, l'architecture et l'art. La réconciliation recherchée entre l'art et l'artisanat, telle que Van de Velde la préconise, inspire à Rietveld la réconciliation de l'art avec la production industrielle.

Marcel BREUER, *Fauteuil Wassily* (1925).
Tube, acier, cuir. Musée des Arts décoratifs, Paris.
© L. Sully-Jaulmes. D.R.

Ludwig MIES VAN DER ROHE, *MR* (1927). Tube d'acier chromé, vachette. Musée des Arts décoratifs, Paris. © L. Sully-Jaulmes.

LE CORBUSIER, Charlotte PERRIAND, *Fauteuil* (1928). Tube d'acier chromé, poulain. Musée des Arts décoratifs, Paris. © L. Sully-Jaulmes. SPADEM, 1995.

En réaction à l'ère du design, les artistes contemporains s'emparent de l'objet « chaise » et laissent agir leur créativité comme Robert FILLIOU, Antoni TÀPIES, Günther UECKER... qui amènent l'objet utilitaire au rang de la sculpture-installation.

Robert FILLIOU, *La Chaise* (1969). D.R.

Antoni TÀPIES, *Chaise voilée* (1970). © Fondation A. Tàpies, Barcelone. ADAGP, Paris 1995.

Günther UECKER, *Chaise à clous* (1963). D.R.

Centre national d'art et de culture Georges Pompidou (1977, Paris)

Renzo PIANO, Richard ROGERS.

© Dagli Orti.

Le *Centre national d'art et de culture** érigé dans le Paris historique sur le plateau Beaubourg, à proximité du complexe remodelé des Halles, se veut symbole lié au temps, emblème de la technologie moderne. Le projet retenu à la suite d'un appel d'offre international, celui des architectes Renzo Piano et Richard Rogers, s'articule autour de l'idée d'une boîte de verre suspendue, dont l'intérieur mobile et adaptable reprendrait toutes les facettes de la création artistique actuelle. Il ne s'agit pas d'un « temple des Muses », mais d'un lieu vivant de rencontre et d'inspiration. Cependant la réalisation diffère sensiblement du projet initial. La boîte de verre n'est pas suspendue, mais ancrée dans le sol ; les planchers des six étages, qui devaient être mobiles, sont solidement fixés. Les escaliers mécaniques et les systèmes d'alimentation et de portage ne sont plus placés à l'extérieur pour des raisons impératives de fonctionnalité, mais pour des raisons esthétiques. L'ensemble produit un effet gai et ludique, avec ses tuyaux colorés, la transparence des boyaux d'escalier mécanique et celle de la structure générale de cette « usine culturelle ».

Façade technique avec ses tuyaux apparents.
© Remy Poinot/Pix.

Élément de support des planchers et galerie de circulation.
© Doisneau-Rapho.

Alors que la construction de logements et de bâtiments industriels est, pour des raisons de formes, de fonctions, et de faibles coûts de production, caractérisée par une esthétique puriste unifiée, les architectes jouissent au contraire d'une grande liberté dans la construction d'ouvrages destinés à l'art, la culture et le sport.

La *Maison de l'art allemand** de Paul Ludwig Troost, construite après sa mort dans le style classique, est devenue le premier bâtiment monumental du régime nazi, un temple des Muses conçu pour être intemporel et qui excluait tous les éléments liés à une certaine époque, comme la décoration ou des traces visibles des techniques architecturales modernes. À l'inverse, le ludisme de l'architecture postmoderne est représenté par le *musée d'Art moderne* de Francfort-sur-le-Main, œuvre de plan triangulaire de l'architecte viennois Hans Hollein*, dont l'esthétique personnelle en fait une œuvre d'art.

Paul Ludwig TROOST (1878-1934),
Maison de l'art allemand (1933), Munich.
© Müller-Grieff/Bavaria.

Hans HOLLEIN, *musée d'Art moderne* (1983),
Francfort-sur-le-Main.
© Rudolf Nagel.

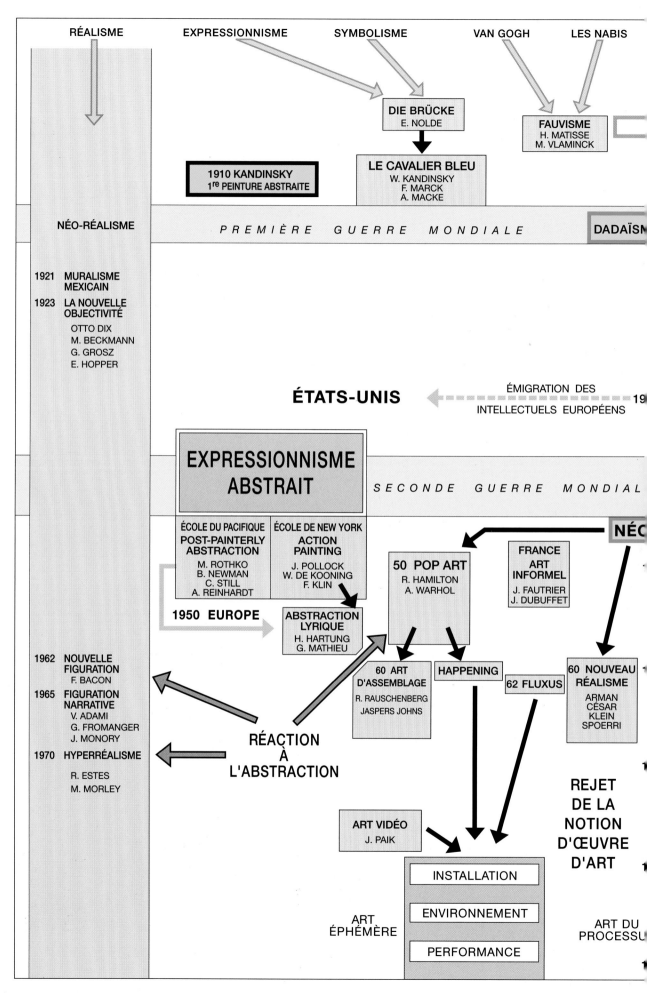

RÉALISME   EXPRESSIONNISME   SYMBOLISME   VAN GOGH   LES NABIS

DIE BRÜCKE
E. NOLDE

FAUVISME
H. MATISSE
M. VLAMINCK

1910 KANDINSKY
1re PEINTURE ABSTRAITE

LE CAVALIER BLEU
W. KANDINSKY
F. MARCK
A. MACKE

NÉO-RÉALISME

PREMIÈRE GUERRE MONDIALE   **DADAÏSM**

1921 MURALISME
MEXICAIN

1923 LA NOUVELLE
OBJECTIVITÉ
OTTO DIX
M. BECKMANN
G. GROSZ
E. HOPPER

ÉTATS-UNIS ⬅ EMIGRATION DES
INTELLECTUELS EUROPÉENS 19

EXPRESSIONNISME ABSTRAIT

SECONDE GUERRE MONDIAL

NÉO

ÉCOLE DU PACIFIQUE POST-PAINTERLY ABSTRACTION	ÉCOLE DE NEW YORK ACTION PAINTING
M. ROTHKO B. NEWMAN C. STILL A. REINHARDT	J. POLLOCK W. DE KOONING F. KLIN

50 POP ART
R. HAMILTON
A. WARHOL

FRANCE
ART
INFORMEL
J. FAUTRIER
J. DUBUFFET

1950 EUROPE

ABSTRACTION
LYRIQUE
H. HARTUNG
G. MATHIEU

60 ART
D'ASSEMBLAGE
R. RAUSCHENBERG
JASPERS JOHNS

HAPPENING

62 FLUXUS

60 NOUVEAU
RÉALISME
ARMAN
CÉSAR
KLEIN
SPOERRI

1962 NOUVELLE
FIGURATION
F. BACON

1965 FIGURATION
NARRATIVE
V. ADAMI
G. FROMANGER
J. MONORY

1970 HYPERRÉALISME
R. ESTES
M. MORLEY

RÉACTION
À
L'ABSTRACTION

REJET
DE LA
NOTION
D'ŒUVRE
D'ART

ART VIDÉO
J. PAIK

ART
ÉPHÉMÈRE

INSTALLATION

ENVIRONNEMENT

PERFORMANCE

ART DU
PROCESSU

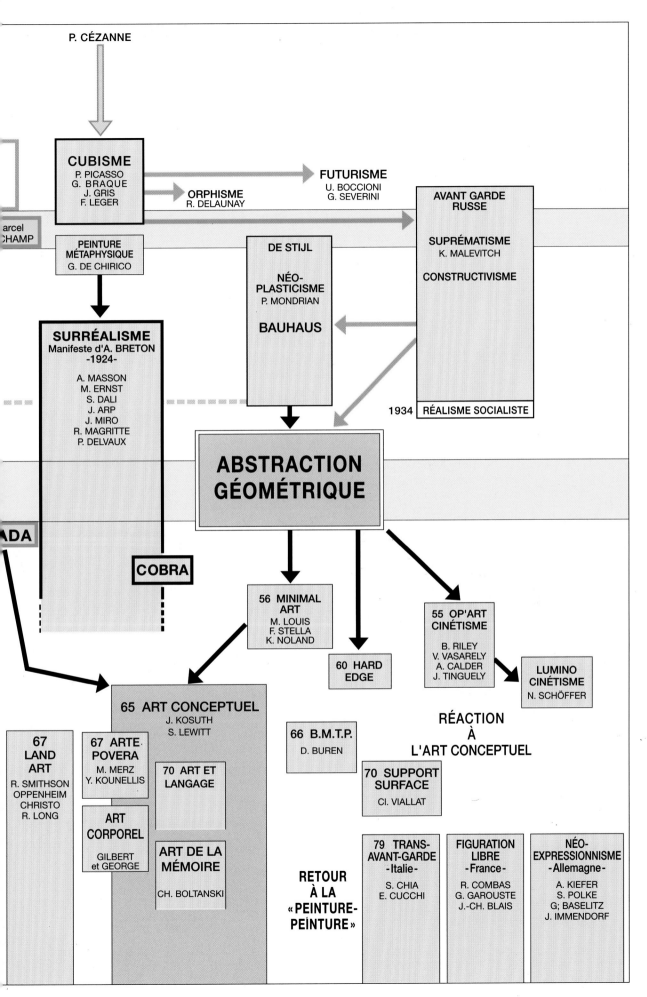

P. CÉZANNE

CUBISME
P. PICASSO
G. BRAQUE
J. GRIS
F. LEGER

FUTURISME
U. BOCCIONI
G. SEVERINI

ORPHISME
R. DELAUNAY

Marcel
CHAMP

PEINTURE
MÉTAPHYSIQUE
G. DE CHIRICO

DE STIJL

NÉO-
PLASTICISME
P. MONDRIAN

BAUHAUS

**AVANT GARDE
RUSSE**

SUPRÉMATISME
K. MALEVITCH

CONSTRUCTIVISME

SURRÉALISME
Manifeste d'A. BRETON
-1924-

A. MASSON
M. ERNST
S. DALI
J. ARP
J. MIRO
R. MAGRITTE
P. DELVAUX

1934 RÉALISME SOCIALISTE

**ABSTRACTION
GÉOMÉTRIQUE**

DADA

COBRA

**56 MINIMAL
ART**
M. LOUIS
F. STELLA
K. NOLAND

**60 HARD
EDGE**

**55 OP'ART
CINÉTISME**

B. RILEY
V. VASARELY
A. CALDER
J. TINGUELY

**LUMINO
CINÉTISME**
N. SCHÖFFER

65 ART CONCEPTUEL
J. KOSUTH
S. LEWITT

RÉACTION
À
L'ART CONCEPTUEL

**67
LAND
ART**

R. SMITHSON
OPPENHEIM
CHRISTO
R. LONG

**67 ARTE
POVERA**
M. MERZ
Y. KOUNELLIS

**70 ART ET
LANGAGE**

66 B.M.T.P.
D. BUREN

**70 SUPPORT
SURFACE**
Cl. VIALLAT

**ART
CORPOREL**

GILBERT
et GEORGE

**ART DE LA
MÉMOIRE**

CH. BOLTANSKI

RETOUR
À LA
« PEINTURE-
PEINTURE »

**79 TRANS-
AVANT-GARDE**
-Italie-

S. CHIA
E. CUCCHI

**FIGURATION
LIBRE**
-France-

R. COMBAS
G. GAROUSTE
J.-CH. BLAIS

**NÉO-
EXPRESSIONNISME**
-Allemagne-

A. KIEFER
S. POLKE
G; BASELITZ
J. IMMENDORF

Glossaire

Le signe * renvoie à une définition qui figure dans le glossaire.

A

Abside

Espace de plan semi-circulaire ou polygonal situé derrière l'autel dans une église.

Absidiole

Petite abside* ouvrant sur le déambulatoire ou sur le transept.

Abstrait

Représentation dans un dessin, une peinture ou une sculpture, qui ne fait pas référence au monde de la réalité.

Académie

– Institution qui régit l'enseignement de la peinture, de la sculpture et de l'architecture. Elle impose généralement sa définition du « beau » en art. On parle d'« *art académique* » souvent pour définir des créations restées très traditionnelles.

– Représentation peinte ou dessinée d'un modèle nu réalisée à titre d'exercice.

– Atelier privé où l'on enseigne les beaux-arts.

Acrylique

Nouvelle peinture à base de résine synthétique (la peinture acrylique s'emploie additionnée d'eau). Elle permet, dans une certaine mesure, d'obtenir des effets picturaux proches de la peinture à l'huile : matière épaisse, effets de transparence, etc... Elle peut être utilisée avec les aérographes pour donner des surfaces peintes à l'aspect très lisse et impeccablement réalisées.

Agora

Place publique grecque.

Ambon

Estrade servant dans une église pour la lecture de l'épître et de l'Évangile.

Amphore

Vase servant à contenir de l'huile ou du vin ; souvent le fond se termine par un élément pointu.

Anamorphose

Déformation de la représentation de la réalité obtenue comme par un effet de glace déformante. L'objet représenté reprend son aspect normal lorsqu'on l'observe sous un certain angle.

Anthropomorphe

Figure à représentation plus ou moins humaine.

Apadana

Grande salle du trône des palais perses.

Aplat

Couche de peinture dont l'épaisseur et la couleur restent identiques sur toute la surface.

Appareil

Façon de tailler et d'assembler les pierres d'un mur.

Aquarelle

Peinture composée de deux tiers de pigment coloré et d'un tiers de colle (gomme arabique). L'aquarelle s'utilise avec beaucoup d'eau. Les blancs s'obtiennent en laissant « en réserve » des surfaces non peintes, et les couleurs claires en jouant avec la transparence de l'aquarelle sur le fond blanc du papier.

Arts appliqués

Créations artistiques dans les domaines qui concernent la vie des hommes. Exemples : mobilier, céramique, orfèvrerie, vitrail, etc. Parfois appelés « arts mineurs » en opposition aux « arts majeurs » comme la peinture et la sculpture.

Assemblage

Création où sont associés plusieurs éléments d'origines différentes ou matériaux disparates pris dans le monde environnant.

Atrium

Pièce centrale dans la maison romaine ; puis cour entourée d'un portique située devant une basilique paléochrétienne et qui a donné naissance au cloître.

Attique

Étage placé en haut d'une façade, parfois au-dessus d'un entablement. Cet étage est moins haut que les étages inférieurs.

Auguste

Titre donné aux empereurs romains qui leur confère un caractère sacré.

Auréole

Disque indiqué derrière la tête de certains personnages pour désigner leur caractère de sainteté.

B

Bande lombarde

Série de festons saillants placée en haut d'un mur.

Baptistère

Édifice situé près d'une église, abritant une petite piscine dite « cuve baptismale » qui servait à la célébration des baptêmes par immersion complète.

Basilique

Chez les Romains, édifice civil qui servait pour rendre la justice ou traiter des affaires commerciales. Dans le monde paléochrétien, église dont le plan reprend celui de l'édifice romain : plan rectangulaire divisé en trois nefs par des rangées de colonnes. Aujourd'hui, église importante ou église construite dans un lieu où s'est déroulé un miracle.

Bistre

Pigment brun foncé extrait de la suie. Souvent utilisé pour la réalisation de lavis* au XVIe et au XVIIe siècle.

Bossage

Façon de tailler les pierres qui laisse sur les façades des blocs mal dégrossis et plus ou moins en saillie (en général à la base des édifices).

C

Calligraphie

Écriture très appliquée, élégante et ornée, réalisée par les dessinateurs de lettres.

Camaïeu

Peinture réalisée en n'utilisant qu'une seule couleur avec plus ou moins de blanc ou de noir. Le camaïeu de gris est dit « grisaille ».

Campanile

Tour située à côté d'une église et abritant les cloches.

Canon

Ensemble de proportions harmonieuses définies par un système de mesure. Cette recherche d'un idéal varie en fonction du temps et du lieu. Exemple : canon d'une statue grecque classique.

Cariatide

Statue féminine servant de support à la place d'une colonne. On emploie le mot « *atlante* » lorsqu'il s'agit d'un homme.

Carton

Dessin préparatoire exécuté en grandeur réelle.

Cartouche

Encadrement destiné à recevoir des initiales, un blason ou un motif décoratif.

Cathédrale

Église où siège l'évêque d'un diocèse.

Cella

Salle centrale d'un temple grec, puis romain, dans laquelle se dressait la statue du dieu. Cette salle est parfois appelée « naos* ».

Cène

Représentation du dernier repas pris par le Christ avec ses Apôtres à l'occasion duquel il institua l'eucharistie.

Chaire

– Grand fauteuil.

– Dans une église, petite tribune surélevée à laquelle on accède par un escalier et qui permet à un ecclésiastique de s'adresser aux fidèles.

Chaman

Nom donné aux sorciers de l'Asie septentrionale.

Champlevé

– (Émail) émail fondu dans des cavités creusées sur la surface d'un métal.

– (Bas-relief en pierre) motifs sculptés sur un fond légèrement creusé et rempli de mastic sombre ou parfois de pâte de verre colorée.

Châssis

Assemblage d'éléments en bois servant à tendre une toile pour peindre.

Chevalet

– Support en bois destiné à recevoir le tableau qu'un peintre exécute.

– La *peinture de chevalet* concerne les tableaux mobiles aux dimensions relativement restreintes réalisés sur le chevalet.

Chœur

Partie d'une église située au-delà du transept et qui abrite l'autel. Le chœur est réservé à l'usage du clergé. Il se compose de l'abside et d'une ou plusieurs travées.

Chronophotographie

Technique permettant d'obtenir une suite de clichés décomposant un mouvement.

Clair-obscur

Choix d'un éclairage particulier (bougie, flambeau, projecteur...) qui permet de juxtaposer des zones très éclairées avec des zones laissées dans une ombre profonde.

Classique

Qualifie les œuvres de l'Antiquité gréco-romaine ; par extension se dit des créations qui font référence à l'Antiquité ou qui se contentent de suivre une tradition.

Claustra

Mur constitué par un ensemble d'éléments comportant de nombreux trous qui laissent passer l'air et la lumière.

Claveau

Pierre taillée en trapèze constituant un des éléments d'un arc.

Clef

Claveau de la partie centrale d'un arc ; pierre placée la dernière, elle maintient toutes les autres.

Clef de voûte

Pierre placée à l'intersection des nervures d'une voûte. Dans le gothique finissant elle se transforme en clef pendante*.

Clef pendante

Pierre placée au point de rencontre des nervures d'une voûte et dont les sculptures se prolongent à la manière d'une stalactite.

Clocheton

Petit clocher servant d'ornement à la base des flèches ou aux angles d'un édifice. Surtout employé à partir du XIIIᵉ siècle, il prendra des formes de plus en plus sveltes avec des arêtes couvertes de crochets.

Cloître

Cour carrée située dans un monastère. Elle est entourée d'une galerie à arcades qui permet la circulation entre les différents bâtiments de la communauté religieuse.

Collage

Réalisation de faible épaisseur où certains matériaux, pris dans le monde extérieur, sont directement incorporés dans la production plastique. Exemples : papier, tissu, etc. (Le collage se distingue du photomontage*.)

Collégiale

Église où siège un chapitre de chanoines mais non l'évêque.

Colonnade

Galerie bordée de colonnes qui entoure l'extérieur d'un édifice ou d'une place, ce qui la distingue du péristyle*.

Colonne

Support de forme cylindrique. Lorsqu'elle est à moitié prise dans un mur, elle est dite « colonne engagée ». À distinguer du pilier*.

Conceptuel

L'art conceptuel propose une réflexion sur l'œuvre d'art. La réalisation d'une œuvre ne devient plus l'objet de la création artistique. Dans l'art conceptuel, l'idée seule importe.

Console

Élément de pierre, en saillie d'un mur, servant de support.

Contrefort

Masse de pierre, en forme de pile carrée, appuyée contre la face extérieure d'un mur pour le renforcer.

Crochet

Ornement en pierre en forme de crosse végétale placé sur les arêtes d'un élément architectural.

Croix latine

Croix dont la traverse est plus courte que l'élément vertical.

Croix grecque

Croix dont les deux branches d'égale longueur se croisent en leur centre.

Croix de Saint-André

Croix dont les deux branches d'égale longueur sont disposées en diagonale (en forme d'X).

Croquis

Dessin rapide exécuté d'après la réalité : personnage, paysage, objet...

Crypte

Église ou chapelle souterraine située sous le chœur d'une église. La crypte sert souvent de lieu de sépulture.

D

Décalcomanie

Technique inventée par le peintre Oscar Dominguez et utilisée par les surréalistes. Elle consiste en l'exploitation contrôlée de taches d'encre ou de peinture écrasée.

Diaphragme

Dans une église, mur transversal à la nef soutenu par un arc. Il fractionne la voûte en plusieurs parties correspondant aux travées.

Diptyque

Œuvre peinte ou sculptée sur deux panneaux articulés ou non.

Dôme

– Toiture souvent hémisphérique supportée par une charpente construite au-dessus d'une coupole intérieure.

– Nom donné à certaines cathédrales italiennes.

Drapé

Disposition des plis de l'étoffe d'un vêtement, transposée selon les besoins d'une représentation (dessin, peinture, sculpture).

E

Ébauche

Premières indications placées sur la toile par le peintre ou sur un bloc de matériau par le sculpteur. Le terme désigne parfois une œuvre inachevée. À distinguer de l'esquisse*.

Ébrasement

Évasement d'une baie vers la surface intérieure d'un mur. Cet élargissement se trouve parfois orienté vers l'extérieur du mur.

École de

Désigne une œuvre d'art dont l'attribution précise est incertaine. Le terme d'« école » s'applique aussi à une tendance artistique. Exemples : école de Fontainebleau , école de New York, etc.

Édicule

Petite construction réalisée par un architecte.

Église-halle

Église où les trois nefs (centrale et collatérales) ont la même hauteur ; ce qui engendre une structure générale présentant un caractère profondément unitaire.

Élévation

Représentation graphique d'une des faces verticales, intérieure ou extérieure, d'un édifice.

Empâtement

Couleur épaisse appliquée avec une brosse ou un couteau. Cette technique donne une texture à la surface du tableau. L'empâtement peut servir de dessous pour un glacis*.

Encre de Chine

Préparation liquide ou solide d'un noir très dense fabriquée à partir de noir de fumée broyé avec de la colle. S'utilise en l'étendant avec plus ou moins d'eau. Autrefois provenait de Chine.

Enluminure

Dans un manuscrit, décoration peinte destinée à embellir une initiale, une bordure ou toute une page. Se rencontre essentiellement dans les livres religieux du Moyen Âge.

Environnement

Dans l'art contemporain, correspond à l'attitude des artistes qui veulent se libérer des limites du support traditionnel pour étendre l'acte créatif à l'espace environnant. L'artiste cherche à mettre en relation l'œuvre d'art et le monde réel.

Esquisse

Première recherche avant la réalisation d'une œuvre ; exécutée sur un autre support que l'œuvre définitive, contrairement à l'ébauche*. À distinguer de l'étude*, parce qu'elle présente une composition globale où tous les éléments sont mis en place.

Estampe

Image reproduite au moyen d'une technique de gravure ou de lithographie.

Étude

Recherche portant sur un élément précis et pouvant servir de modèle pour la réalisation d'un tableau. À distinguer de l'esquisse*.

Eurythmie

Combinaison harmonieuse des proportions et des lignes.

F

Fanvalts

Du mot anglais *fan* : éventail. Disposition d'un grand nombre de nervures rayonnant sur une voûte à partir d'un pilier. Ces nervures forment un éventail qui couvre toute la surface de la voûte. Utilisé dans le gothique tardif anglais.

Figuratif

Dessin, peinture ou sculpture qui représentent des choses concrètes ou des personnes réelles ou imaginaires en faisant référence au monde de la réalité.

Figure noire

Dessin sur les poteries grecques représentant des silhouettes noires sur le fond ocre-rouge de la terre cuite.

Figure rouge

Le fond de la poterie est peint en noir tandis que sont réservées des zones destinées au décor où le peintre peut réaliser les détails les plus minutieux.

Filigrane

Réalisation d'un bijou fait de fines bandes ou de fils d'or ou d'argent entrelacés et soudés.

Fonte à la cire perdue

Ancienne technique de coulage des statues en bronze. Autour d'un noyau central à base d'argile, le sculpteur place une mince couche de cire dans laquelle il réalise les formes de la statue. L'ensemble est recouvert d'un moule extérieur en argile. Le bronze en fusion est versé par le sommet du moule et vient prendre la place de la forme en cire. En cassant le moule extérieur on dégage la statue. Cette technique ne permet d'obtenir qu'une seule épreuve car la statue « en cire est perdue ».

Forum

Dans la Rome antique, place de rassemblement où se traitaient les affaires publiques.

Fresque

Du mot italien *a fresco* : sur « l'enduit frais ». La fresque se réalise avec des pigments naturels délayés dans l'eau. Ce mélange se pose avec des pinceaux souples sur un enduit de mortier frais. Ne pas confondre avec la peinture murale*.
Les couleurs sont absorbées par le mortier et font corps avec celui-ci.
Seuls quelques rehauts sont appliqués *a secco*.

Frottis

Couche de peinture opaque posée d'une manière lâche et inégale sur une autre couche opaque, de façon à ce que celle-ci apparaisse à travers l'autre.

Fusain

Substance noire obtenue en carbonisant du bois de fusain ou de saule et qui sert à l'exécution de dessin ou d'ébauche.

G

Gâble

Pignon décoratif placé au-dessus des baies ou portails gothiques.

Genre

– Grandes catégories de sujets traités en peinture : la peinture d'histoire, le portrait, le paysage, la nature morte, etc.

– On appelle « *peinture de genre* » un tableau traitant une scène de la vie quotidienne.

Giralda

Tour carrée de la cathédrale de Séville. Cet ancien minaret du XIIᵉ siècle tire son nom d'une statue colossale de la foi qui le surmonte depuis 1568 et qui malgré son poids (1 288 kg) tourne au moindre vent et sert de girouette (*giraldillo*).

Gisant

Statue d'un personnage couché placée sur un tombeau.

Glacis

Peinture liquide mélangée à un médium* transparent et posée sur une couche de peinture opaque. Une forte luminosité apparaît produite par la réflexion de la lumière sur la couche opaque à travers le glacis.

Gloire

Sorte d'auréole entourant tout le corps du Christ. On dit aussi « mandorle ».

Glyptothèque

Musée de médailles, monnaies ou petits objets gravés.

Gouache

Peinture composée d'un tiers de pigment coloré plus deux tiers de gomme arabique. Cette technique s'utilise avec de l'eau. Contrairement à l'aquarelle*, les couleurs sont opaques et pour les éclaircir on leur ajoute du blanc.

Granulation

Agglomération de petits grains d'or soudés les uns à côté des autres sur la surface d'un bijou. Ce procédé permet d'« accrocher » la lumière d'une manière très particulière.

Gravure

Procédé consistant à inciser, au moyen d'une pointe, une plaque de métal. Lorsque la plaque est recouverte d'un vernis, les incisions tracées dans la couche de vernis sont ensuite attaquées à l'acide dit « *eau-forte* » afin de créer des sillons permettant l'encrage. La gravure peut aussi être réalisée en relief sur une plaque de bois ; on parle alors d'un « *bois gravé* » ou de « *xylographie* ».

H

Hanse

Association commerciale entre plusieurs villes de l'Europe du Nord au Moyen Âge.

Hypogée

Tombeau souterrain, parfois creusé dans une falaise.

Hypostyle

Grande salle au plafond très élevé soutenu par des colonnes.

Huile

Peinture composée de pigment coloré broyé dans une huile siccative (lin). Elle peut s'utiliser mélangée avec de l'essence (peinture maigre), ou additionnée d'huile (peinture grasse).

I

Icône

Image, représentation d'une scène religieuse dans l'art byzantin puis chrétien orthodoxe. Le plus souvent peint sur un panneau en bois.

Iconoclaste

Homme qui refuse la représentation du monde divin et qui brise les images existantes.

Iconographie

Littéralement : description des images. Désigne l'ensemble des sujets représentés dans les œuvres d'art.

Imperator

Sous la République romaine, titre conféré par les acclamations des soldats à un général victorieux.

Infographie

Ensemble des techniques permettant de créer des images avec l'intervention d'un ordinateur.

Installation

Dans l'art contemporain, réalisation qui tend à substituer à la notion d'œuvre l'ensemble des éléments d'une création en relation avec le lieu où ils sont exposés ou avec leur environnement.

J

Jaune d'argent

Utilisé à partir du XIVe siècle pour peindre les vitraux, ce sel d'argent colore, après cuisson, le verre blanc en jaune.

Jubé

Mur ajouré séparant la nef du chœur dans une église.

K

Koré

Statue de jeune fille dans la Grèce de la période archaïque.

Kouros

Statue de jeune homme nu dans la Grèce de la période archaïque.

L

Lambris

Panneaux de menuiserie revêtant les murs d'une pièce d'habitation.

Lanterne ou lanternon

Petite tourelle de forme circulaire ou polygonale ajourée de fenêtres, surmontant un dôme ou un toit.

Lavis

Application d'encre*, de bistre*, de sépia* ou d'aquarelle* fortement diluée dans l'eau.

Lésène

Sur un mur, bande verticale en faible saillie et ne possédant ni base ni chapiteau.

Lierne

Nervure supplémentaire d'une voûte gothique. Elle rejoint la clef de voûte à une des clefs secondaires des tiercerons*.

Ligue de Délos

Confédération maritime sous l'autorité d'Athènes dont le siège et le trésor se trouvaient dans l'île de Délos à partir de 478 avant J.-C.

Linteau

Poutre ou bloc de pierre horizontal enjambant une ouverture pour soutenir la maçonnerie située au-dessus.

Lithographie

Technique permettant la reproduction d'un dessin exécuté directement par l'artiste sur une pierre calcaire.

Loge ou loggia

Galerie à colonnes ouvrant à l'extérieur. Elle peut se situer à l'étage d'un édifice ou être conçue comme une construction isolée et surélevée.

M

Mâchicoulis

Balcon de fortifications dont le fond présentait des ouvertures permettant de surveiller le pied des murailles.

Marine

Peinture ayant pour sujet la mer et les bateaux.

Marqueterie

Technique consistant à juxtaposer des petites plaques de bois. Les couleurs des différentes essences permettent de dessiner des motifs.

Mastaba

Tombeau égyptien de forme parallélépipédique aux murs à faible inclinaison. Le sarcophage est placé dans une chambre funéraire creusée au fond d'un puits sous le mastaba.

Mausolée

Bâtiment funéraire de dimension imposante.

Médium

Liquide à base d'huile de lin ou de vernis permettant de diluer la peinture.

Mégaron

Dans les palais de Crète puis de Grèce, grande salle principale de forme carrée et à foyer central.

Meneau

Élément en pierre qui sépare une fenêtre en deux ou quatre parties.

Méplat

Type de bas-relief où le motif se présente comme une juxtaposition de surfaces planes séparées par des incisions peu profondes.

Mihrab

Niche dans le mur d'une mosquée, indiquant la direction de la Mecque.

Minaret

Dans une mosquée, tour du haut de laquelle le muezzin (officiant) lance l'appel à la prière.

Minbar

Chaire à prêcher dans une mosquée.

Modelé

Impression de relief obtenue en jouant avec les valeurs et les couleurs des zones éclairées et des zones d'ombre.

Monochrome

Peinture n'utilisant qu'une seule couleur passée uniformément. Seuls les accidents de la toile (déchirures, inclusions, etc.) peuvent modifier l'aspect de cette couleur.

Monophysisme

La doctrine de l'Église enseigne que le Christ est une seule personne possédant deux natures : à la fois totalement Dieu et totalement homme. Au Ve siècle, le monophysisme affirme que le Christ a une seule nature où se confondent le divin et l'humain. Cette croyance fut condamnée au concile de Chalcédoine en 451.

Monolithe

Œuvre réalisée dans un seul bloc de pierre.

Mosaïque

Technique qui permet de représenter un sujet en juxtaposant des petits cubes de pierre ou de pâte de verre de couleur : les tesselles.

Mouchette

Dans une fenêtre, élément en pierre du remplage* au dessin en courbe et contre-courbe ; apparaît pendant le style gothique flamboyant.

Mozarabe

Se dit de l'art qui s'est développé à partir du Xe siècle dans l'Espagne demeurée chrétienne. Fasciné par l'art musulman de l'Espagne du Sud, les architectes ont associé les traditions ibériques anciennes à des éléments spécifiques de l'art musulman.

Mudéjar

Art qui s'est développé à partir du XIIIe siècle sur les terres espagnoles reconquises par les chrétiens. Les artistes musulmans se sont mis au service de leurs nouveaux maîtres et ont créé un art typique.

Muquarnas

Dans l'architecture islamique, éléments juxtaposés en forme de stalactites accrochés aux arcs et aux coupoles. Ces éléments adoptent parfois des dispositions en nids d'abeilles.

N

Naos

– Dans un temple égyptien, édicule en pierre abritant au cœur de l'édifice la statue du dieu.

– Dans un temple grec puis romain, salle centrale dans laquelle se trouvait la statue du dieu. Cette salle porte parfois le nom de « cella* ».

Nature morte

Peinture ayant pour sujet un ou plusieurs objets ou des plantes ; parfois des animaux morts (gibier, poisson, etc.)

Nef

Partie centrale d'une église située entre l'entrée et le transept. La nef se divise en travées.

Niche

Creux pratiqué dans l'épaisseur d'un mur et qui abrite généralement une statue.

O

Obélisque

Haute pierre monolithe en forme de pyramide très élancée.

Oculus

Ouverture ronde (en forme d'œil) pratiquée dans un mur ou au sommet d'une coupole.

Oligarchie

Régime politique où le pouvoir est détenu par un petit groupe d'hommes ou de familles puissantes.

Opisthodome

Partie arrière d'un temple grec, à l'opposé du pronaos*.

P

Palette

Support en bois sur lequel un peintre dispose de la peinture et prépare les mélanges. Par extension, on parle de la *palette d'un peintre*, c'est-à-dire de l'ensemble des couleurs que l'on voit dans ses œuvres.

Pantocrator

Épithète attribué au Christ et particulièrement, dans l'art byzantin, aux représentations du *Christ en gloire*, c'est-à-dire entouré d'un cercle qui enveloppe son corps.

Parement

Désigne les deux faces visibles d'un mur et par extension les pierres ou les revêtements composant ces deux faces.

Pastel

– Pigment coloré présenté sous la forme d'un bâtonnet. L'adjonction d'une charge de kaolin permet d'obtenir des pastels plus ou moins durs.

– Œuvre sur papier réalisée avec des bâtonnets de pastel.

– On appelle « pastel gras » des pastels auxquels on a ajouté comme liant de l'huile ou de la cire.

Patène

Petit plat rond destiné à recevoir l'hostie consacrée.

Peinture murale

Œuvre exécutée à la peinture sur un mur préparé à l'avance. Ne pas confondre avec fresque*.

Performance

Dans l'art contemporain, remplace la notion d'œuvre par un « événement ». Cette démarche correspond à une « représentation », une « prestation ». La performance se situe entre les arts visuels et le spectacle qui fait intervenir le déroulement du temps.

Péristyle

Galerie de colonnes faisant le tour d'un édifice à l'intérieur de son mur d'enceinte, ce qui le distingue de la colonnade*.

Perspective

Méthode qui permet de représenter un espace à trois dimensions sur une surface plane qui n'en a que deux.

Photomontage

Réalisation plastique exécutée en assemblant plusieurs éléments prélevés dans des photos (le photomontage se distingue du collage*).

Piédroit

Montant vertical d'une ouverture.

Pietà

Représentation de la Vierge tenant son fils (le Christ) mort sur ses genoux.

Pigment

Matière colorante d'origine naturelle (minérale, végétale, animale) ou chimique utilisée dans la fabrication des peintures et pastels.

Pilastre

Pilier de section rectangulaire faisant saillie sur la surface d'un mur où il joue un rôle décoratif. Les pilastres comportent des chapiteaux qui se conforment aux ordres.

Pilier

Massif de maçonnerie, servant de support, de section carrée ou rectangulaire (par opposition à la colonne*).

Pinacle

Forme pyramidale placée en haut des contreforts et des culées des arcs-boutants. Cette masse de pierre renforce l'inertie de l'ensemble.

Pinacothèque

Musée de peinture.

Portique

Galerie ornant la façade d'une maison ou d'une église, constituée d'une rangée de colonnes et parfois surmontée d'un fronton.

Pot à feu

Sculpture décorative représentant un vase d'où s'échappent des flammes.

Prédelle

Compartiment en bas d'un tableau ou d'un retable où est représentée une série de sujets.

Princeps

– Homme d'État romain auquel ses qualités civiles et militaires ont conféré un rôle de premier plan dans la ville de Rome.

– Titre attribué à l'empereur dans le monde romain.

Pronaos

Porche d'entrée, limité extérieurement par des colonnes, donnant accès au naos* d'un temple grec.

Propylée

Porte d'entrée monumentale des palais ou des sanctuaires grecs.

Pseudopériptère

Du grec *pseud(o)* : faux. Édifice entouré de tous côtés par des colonnes appliquées le long des murs.

Pylône

Façade monumentale servant d'entrée à un temple égyptien.

Pyramide

Tombeau égyptien en forme de pyramide. Parfois la pyramide présente plusieurs degrés.

Q

Qibla

Dans une mosquée, mur orienté vers La Mecque.

R

Raccourci

Représentation d'un élément qui par un effet de perspective paraît plus court qu'il n'est. Le raccourci renforce l'effet de profondeur.

Remplage

Élément en pierre qui divise la surface d'une fenêtre, en particulier dans un vitrail*.

Retable

Panneau en bois peint ou sculpté, placé au-dessus d'un autel. Il peut se composer d'un seul ou de plusieurs panneaux : c'est un diptyque* s'il y a deux panneaux, un triptyque* s'il y en a trois et un polyptyque s'il y en a plus de trois.

Ronde-bosse

Statue indépendante d'un mur et sculptée sur toutes ses faces.

Rupestre

Exécuté dans les grottes, sur la paroi des roches.

S

Salle capitulaire

Dans un monastère, pièce où se réunit le chapitre (assemblée des moines).

Salon

Exposition de peintures et sculptures. Les expositions organisées par l'Académie des beaux-arts avaient lieu, depuis 1725, dans le « Salon carré » du Louvre. Depuis on a gardé le mot « salon » pour désigner les expositions à caractère officiel.

Sarcophage

Cercueil en bois ou en pierre souvent décoré de bas-reliefs et d'inscriptions.

Sed (fête-Sed)

En Égypte ancienne, fête célébrée tous les trente ans par les pharaons. Elle consistait en une répétition des rites du couronnement qui consacrait les pouvoirs divins du pharaon.

Sépia

Liquide obtenu à partir de l'encre de la seiche et servant à exécuter des lavis*.

Sérigraphie

Procédé d'impression à l'aide d'un écran de soie utilisé comme un pochoir.

Stuc

Mélange de plâtre, de poudre de pierre et de colle, servant à réaliser des sculptures ou des moulages pour la décoration des murs et des plafonds. Il peut être peint ou doré.

T

Tambour

– Élément composant le fût d'une colonne.

– Mur de forme cylindrique qui supporte une coupole.

Tapisserie

Pièce de tissu réalisée par l'entrecroisement de fils de laine de couleurs différentes.
Les scènes ainsi représentées servent généralement à orner les murs des habitations et des grands édifices.

Tempera

Peinture soluble à l'eau et dont les pigments sont liés avec de l'œuf.

Tétramorphe

Représentation, dans la scène du Jugement dernier, des quatre évangélistes sous des formes particulières : l'aigle de saint Jean, le taureau de saint Luc, le lion de saint Marc et l'ange de saint Matthieu.

Thalassocratie

État dont la puissance résidait principalement dans la maîtrise de la mer.

Thermes

Bâtiment abritant des bains publics. Chez les Romains les diverses salles (frigidarium, tepidarium, caldarium) étaient à des températures différentes.

Tholos

– Construction funéraire de forme circulaire couverte d'une sorte de coupole.

– Petit temple grec ou romain de plan circulaire.

Tierceron

Nervure supplémentaire dans une voûte d'ogives ne rejoignant pas la clef de voûte centrale.

Tour lanterne

Tour percée de baies permettant un éclairage abondant. Cette tour est souvent placée à la croisée du transept dans une église.

Transept

Partie d'une église située entre la nef et le chœur et dont la direction est perpendiculaire à l'axe de l'église. La surface du transept correspondant à la largeur de la nef se nomme « *croisée du transept* ».

Travée

Partie d'une nef d'église délimitée par quatre piliers.

Trépan

Outil servant à creuser des trous dans la pierre.

Triforium

Dans l'élévation d'une nef gothique, étroite galerie à arcatures qui court sous les fenêtres hautes. Cette galerie est aveugle car elle se trouve située à la hauteur des combles des bas-côtés. À la fin du gothique apparaît le *triforium à claire-voie* avec des baies ouvrant sur l'extérieur.

Triptyque

Peinture ou bas-relief composé de trois volets articulés.

Trois crayons

Dessin réalisé sur du papier teinté avec un crayon pierre noire, un blanc et un sanguine. Technique très utilisée aux XVIIᵉ et XVIIIᵉ siècles.

Trompe-l'œil

Peinture qui reproduit minutieusement les matériaux et objets de la réalité et qui donne l'illusion par une impression de relief qu'on se trouve en présence d'objets réels.

Trophée

Sculpture décorative représentant un ensemble d'armes suspendues à une colonne.

Tumulus

Tombe surmontée par une sorte de colline conique recouverte d'herbe.

Tyran

– Homme qui s'est emparé illégalement d'un pouvoir avec l'appui d'une faction armée ou de mercenaires étrangers.

– En Grèce, chef populaire qui exerce un pouvoir personnel obtenu par la force en s'appuyant sur le peuple contre l'aristocratie.

V

Vitrail

Assemblage de petites plaques de verre de différentes couleurs séparées par un réseau de plomb. L'ensemble sert de vitrage pour une fenêtre.

Voûte barlongue

Voûte sur croisée d'ogives dont le plan forme un rectangle allongé dans le sens perpendiculaire à la direction de la nef.

Voûte sexpartite

Voûte sur croisée d'ogives qui reçoit, pour la renforcer, une nervure transversale supplémentaire, parallèle aux arcs-doubleaux. Elle compte alors six voûtains.

Z

Ziggourat

En Mésopotamie, énorme massif plein, réalisé en brique, en forme de pyramide à degrés qui portait un autel à son sommet.

Zoomorphe

Figure à représentation animale.

Index des auteurs

La pagination en gras renvoie à une illustration

A

Abadie (Paul), 208
Adam (Robert), 192
Adler (Dankmar), 230
Aiguillon, 164
Albers (Josef), 252
Alberti (Leon Battista), 117, 122, 131, 141
Algardi (Alessandro), 152, 153
Amiet (Cuno), 262
Ammannati (Bartolomeo), **137**, 140
Androuet Du Cerceau (Jacques), 124
Antoni (Ib), **269**
Antunes (João), 161
Appel (Karel), 255, 264
Archipenko (Alexander), 243, **243**
Arcimboldo (Guiseppe), 267
Arman (Armand Fernandez, dit), 267
Arp (Hans), 252, **252**
Asam (Quirin), 180

B

Bach (Elvira), **263**, 264
Bacon (Francis), 263, 270, **270**, 271, **271**
Balla (Giacomo), 246
Baltard (Victor), 230
Baranoff-Rossinié (Wladimir), 285
Baron (H.), 230
Barry (Sir Charles), 208, **208**
Basquiat (Jean-Michel), 264
Bazille (Frédéric), 219
Beauneveu (André), 89
Beckmann (Max), 268, **268**, **269**
Behrens (Peter), 231
Bell (Lary), 251, **251**
Bellini (Giovanni), 122
Bellmer (Hans), 277
Berg (Max), 292
Bernard (Émile), 220, 221
Bernin (le), **148**, 153, **153**, 154,

154, 158, 159, 163, 168, **168**, 169, **169**
Berruguete (Alonso), 126, 143
Beuys (Joseph), 288, **288**, 289, **289**
Bianchi, 192
Bill (Max), 253
Boccioni (Umberto), 246, 247, **247**
Boffrand (Germain), **176**, 178
Bologne (Jean de, Giambologna ou Giovanni da Bologna), **135**, 140
Bonington (Richard), 205
Borofsky (Jonathan), 285, **285**
Borromini (Francesco), 153, **153**, 156, 169
Bosch (Jérôme), 143
Botticelli (Sandro), 119, **121**
Bouchardon (Edme), 179
Boucher (François), 179
Boudin (Eugène), 219
Bourdelle (Émile Antoine), 219
Bouts (Dirk), 127
Boyle (Richard), 192, **192**
Bramante (Donato), 121, 122, 132, **132**, 133, 152, 161
Braque (Georges), 244, **244**
Brauer (Erich/Arik), **278**, 279
Breuer (Marcel), 296, **296**
Brongniart (Alexandre-Théodore), 192
Bronzino (Agnolo), 139, **139**
Bruant (Libéral), 158
Bruegel l'Ancien (Pieter), **142**, 143
Brunelleschi (Filippo), **115**, **116**, 117, **117**, 122, 128, 131
Buffet (Bernard), **269**
Bullant (Jean), 124
Burne-Jones (Edward), 203, **203**, 208
Burri (Alberto), 255

C

Cabanel (Alexandre), 215
Calder (Alexander), **284**, 285
Callicratès, 34

Cambiaso (Luca), 137, **137**
Canaletto (Antonio Canal dit), 180
Cano (Alonso), 161
Canova (Antonio), 193
Caratti (Francesco), 163
Caravage (le), **155**, 156, 162
Carpeaux (Jean-Baptiste), 218
Carrà (Carlo), 246, **246**, 276
Carrache (Annibale), 156, **156**, 157
Casasy Novoa (F.), 160
Castilho (João de), 125
Cellini (Benvenuto), 124, 139, 141
Cézanne (Paul), 131, 215, 219, 220, 221, **221**, 243, 244, 248
Chagall (Marc), 263, 279, **279**
Chalgrin (Jean), 192
Champaigne (Philippe de), 159
Chantereine (Nicolas), 125
Chassériau (Théodore), 208, **208**
Chippendale (Thomas), 180
Christo (Ch. Javacheff, dit), 287, **287**
Chritus (Petrus), 127
Cimabue, 90, 94
Citroën (Paul), 239, **239**
Clodion (Claude Michel, dit), 178
Clouet (Jean), 125, **125**
Coello (Sanchez), 143
Colville (Alex), 264
Constable (John), **202**, 203, 205, 219
Contamin (Victor), **229**, 230
Cornelius (Peter von), 203, 207
Corot (Jean-Baptiste), **217**, 218
Corrège (le), 139, **140**, 156, 190
Cortone (Dominique de), 124
Cortone (Pierre de), 153
Costa (Claudio), 267
Costa (Lúcio), 294
Courbet (Gustave), 214, 215, **215**, 216, 217, 222, **222**, 263
Cousin (Jean), **141**, 142
Coysevox (Antoine), 159
Cranach l'Ancien (Lucas), 127, **127**
Cruz (Cipriano da), 161, **161**
Cuijpers (Peter), 208
Cuvilliés (François de), **177** 179, 180

Références des citations

Page 254, Georges Mathieu : Interview avec Klaus-Jürgen Fischer, parue dans *Das Kunstwerk* (l'œuvre d'art), avril 1959.

Page 258, J.-F. Lyotard : L'Instant, Newman, in *Le temps, quatrième dimension dans l'art*, pp. 99 et suivantes, M. Baudson éditeur, Weinheim, 1985.

Page 258, Kleist : Journaux du soir de Berlin, 1810. Source : *Caspar David Friedrich. L'œil et le paysage*, pp. 132 et suivante, Insel 1974 (1980), Francfort-sur-le Main.

Page 273, Hanson : Catalogue L'art d'après nature. Association d'art de Hanovre, 1973/74. Citation : *En tant que bon réaliste, je suis obligé de tout inventer.* Catalogue Hambourg, association d'art 1978/79, p. 117.

Page 275, Breton : *Manifeste du Surréalisme.* Société Nouvelle des Éditions Jean-Jacques Pauvert, Paris.

Page 277, Breton : *Genèse et Perspective artistiques du Surréalisme* (1941), in *Le Surréalisme et la Peinture*, Gallimard, Paris, 1965.

Page 278, Dali : *La Conquête de l'irrationnel*, Éditions surréalistes, Paris, 1935.

Page 281, Magritte : *La Pensée et les Images*, Catalogue Bruxelles, Palais des beaux-arts, 1954.

Page 291, Congrès international d'architecture moderne, CIAM : Déclaration de La Sarraz (Suisse). 1928.

Crédits photographiques des documents des pages d'ouverture de parties

Première partie, p. 11 :
Art de la Grande Grèce.
Statue en bronze d'Ugento dit *Poséidon*, 500 avant J.-C.
Musée archéologique, Tarente (Italie).
© Dagli Orti.

Deuxième partie, p. 55 :
France, XIIᵉ siècle.
La reine de Saba, statue en pierre provenant du portail occidental de l'église Notre-Dame-de-Corbeil.
Musée du Louvre, Paris.
© Photo RMN - G. Blot.

Troisième partie, p. 111 :
DONATELLO (1386-1466). *Dieu Amour*, bronze.
Musée national du Bargello, Florence.
© Lessing/Magnum.

Quatrième partie, p. 187 :
RODIN, *L'Homme qui marche*, bronze. Coll. privée.
© Edimedia.

Cinquième partie, p. 237 :
Alberto GIACOMETTI (1901-1966). *Le Chariot*, 1950, bronze (H. 142,5 cm). Galerie Beyeler, Bâle.
© Len Sirman Photos/Giraudon. ADAGP, Paris 1995.

Imprimé en ITALIE par LITHO 800 - MILAN
Dépôt légal N° 2374 - 05/97 - Collection N° 08 - Edition N° 03
13/5001/6